"十三五"高等教育教学改革行动计划系列教材 · 经管类专业基础课

Speech & Eloquence

演讲与口才

主编 · 高 薇

副主编 · 刘育红

电子工业出版社·
Publishing House of Electronics Industry
北京 · **BEIJING**

图书在版编目（CIP）数据

演讲与口才 / 高薇主编. —北京：电子工业出版社，2018.3

ISBN 978-7-121-33661-4

Ⅰ. ①演… Ⅱ. ①高… Ⅲ. ①演讲－高等学校－教材②口才学－高等学校－教材

Ⅳ. ①H019

中国版本图书馆 CIP 数据核字(2018)第 026283 号

策划编辑：刘淑丽

责任编辑：刘淑丽　　文字编辑：杨振英

印　　刷：北京盛通商印快线网络科技有限公司

装　　订：北京盛通商印快线网络科技有限公司

出版发行：电子工业出版社

　　　　　北京市海淀区万寿路 173 信箱　邮编 100036

开　　本：787×1092　1/16　印张：14.5　字数：353 千字

版　　次：2018 年 3 月第 1 版

印　　次：2022 年 11 月第 9 次印刷

定　　价：39.80 元

凡所购买电子工业出版社图书有缺损问题，请向购买书店调换。若书店售缺，请与本社发行部联系，联系及邮购电话：(010) 88254888，88258888。

质量投诉请发邮件至 zlts@phei.com.cn，盗版侵权举报请发邮件至 dbqq@phei.com.cn。

本书咨询联系方式：(010) 88254199，sjb@phei.com.cn。

出版说明

　　"十三五"高等教育教学改革行动计划系列教材是电子工业出版社为贯彻落实《国务院关于加快发展现代职业教育的决定》精神，积极响应《高等职业教育创新发展行动计划（2015—2018 年）》，邀请多位职业教育教学专家参与指导，在总结近年来我国高等职业教育教学改革系列成果的基础上，依托国家示范院校，组织全国 20 多所高等职业教育示范院校共同编写，契合当前高等职业教育教学发展趋势的重磅产品。

　　本系列教材遵循职业教育教学规律，顺应职业教育发展趋势。教材建设充分借鉴了工作过程系统化的课程开发原理，采用项目课程的开发方法，重新设计了各专业的课程体系，围绕专业课程标准进行了教学项目设计。在进行教学项目设计时注重学生在校学习与实际工作的一致性，按照岗位工作内容组织教学内容，按照行业工作过程的顺序梳理教学过程；根据工作项目确定教学项目，根据岗位工作任务设定相关学习目标。通过教材建设，有效推进了项目导向、任务驱动等有利于高职学生能力培养的教学模式的实施。

　　在系列教材建设过程中始终坚持"能力本位、持续发展、工学结合、校企合作"的职业教育理念，以"职业能力"培养作为根本出发点，以"典型岗位任务"为中心整合"知识、素质、技能"等教学内容，突出能力培养过程所必需的"情境"设计、"职业环境"描述、"实践操作"指导等要素，使学习者在学习中逐渐熟悉职业岗位任务，提高职业岗位能力。同时，教材充分考虑了学生的职业发展诉求，在理论教学内容"必需够用"的基础上，兼顾一定的职业延展性。在完成"相关知识"和"业务操作"的基础上，学生可以通过"相关链接""拓展阅读""小思考"等栏目，思考实际工作中出现的各类实务性问题，提升在基本学习前提下的创新能力和对职业实践操作的逻辑思维能力。多位具有丰富实践经验的行业专家参与了本次教材建设，从而确保教材贴近行业岗位工作实际。

　　系列教材内容紧跟时代发展步伐，既充分体现了最新法律法规精神，又真正兼顾了相关行业的最新发展趋势。例如，会计、税法相关教材均反映了最新的营改增内容；市场营销专业教材考虑了互联网技术发展以及新媒体营销等新的业态；国际贸易专业综合考虑了电子商务尤其是跨境电商等近年来的发展趋势。为丰富教材的呈现形式，增强学习者的学习兴趣，部分配套资源丰富的教材在书中设置有二维码，方便学生使用移动设备进行移动学习，既丰富了教学和学习手段，又拓展了相关知识和内容。

　　本系列教材陆续出版之际，诚挚地感谢山西省财政税务专科学校赵丽生校长在设计思路、专家推荐、大纲审定、教材审定等多个环节给予的倾心指导与帮助。诚挚感谢浙江金融职业学院章安平教授、广州番禺职业技术学院杨则文教授在国际贸易专业和金融专业教材建设上给予的全力指导和帮助。感谢丽水职业技术学院梁伟祥院长、无锡商业职业技术学院马元兴教授、安徽商业职业技术学院丁增稳教授、河南财政金融学院宁艳岩副教授等专家给予的鼎力支持和帮助。

衷心地希望本系列教材的出版能够为我国高等职业教育教学改革提供一个新的思路和载体。同时，我们也深深知道本系列教材的问世仅仅是我们在职业教育改革进程中的一个新起点。随着经济社会和各个行业的不断发展以及职业教育教学改革的不断深化，我们将持续对教材进行修订和完善，为我国经济社会建设和职业教育事业的繁荣做出应有的贡献。

"十三五"高等教育教学改革行动计划系列教材编写委员会

前　言

戴尔·卡耐基曾说："好口才是社交的需要，是事业的需要，是生存的需要。它不仅是一门学问，还是你赢得事业成功常变常新的资本。"可以说，口才既是人际交往的必备技能，也是建立事业、走向成功的基本保证和重要因素。古往今来，大凡优秀的人物，都有着卓越的口才。而今随着社会的发展和时代的进步，口才日益成为我们走向职场或在职场中拼搏竞争的必备素质，而且呈现出不可缺少和替代的地位与作用，如面试求职、竞聘演讲、产品营销、业务谈判、接待主持、技能培训……口才已经成为现代人适应社会发展、展示才能、成就自我的一项基本能力。

口才是一门学问。口才的核心和基础是才，是才学，真正好的口才是需要知识积累和文化积淀的。只有多读书多学习，增加知识储备，拓宽知识面，才能找到与人沟通交流的切入点，才能使谈话或演讲内容"言之有物"，令人信服。口才也是一种艺术。口才是用口语表达感情、交流思想的一种巧妙的形式。懂得语言艺术、善于运用说话技巧的人，往往能在人际交往中从容应对，游刃有余，也能在职场商界进退裕如，出奇制胜。好的口才会让我们的生活、工作、事业如虎添翼，锦上添花。

当今，日新月异的社会发展对具备综合素质的人才有了更加迫切的需求。古人曾云："君子敏于行，而讷于言。"然而在当今，真正高素质的人才不仅要富于行动力，更要拥有出色的口才。高校教育应重在培养学生的综合素质，促进学生的全面发展，而出色的口才则是综合素质教育的重要组成部分，也是一个合格人才必备的基本素质。好口才需要经过科学系统的训练，需要日积月累、循序渐进地提高，更需要抓住每一次当众锻炼的机会，勇于尝试和体验，通过一次次或成功或失败的量的积累，最终达到质的突破。

因此，在长期演讲与口才教学实践和理论研究的基础上，我们编写了这部教材，旨在通过介绍普通话、口语表达与演讲的基本知识与技能，使学生掌握普通话的发音方法与口语表达和演讲的技巧，培养良好的语感，做到发音准确、吐字清晰、旨意明确、思路清晰、用语得体、仪态自然，具备良好的心理素质与自信坚定的品格，从而提高学生的口语交际能力，锻炼逻辑思维能力与灵活的应变能力。

本书在进行体例设计和内容选编时，始终遵循理实并重和循序渐进的原则，其独到之处体现在：

一、本书在编排体例时，从口才训练入手，分为基础训练和专项训练两个模块，涵盖了普通话语音训练、演讲训练、社交口才和行业口才训练等内容，各部分有机衔接，形成了完整的体系，实现由浅入深、由易到难、由基础到高标准的渐进过程。符合口语教学过程的基本规律。

二、本书各章节内容包括基础理论、典范示例、相关链接、问题讨论和实战演练等环节，一方面使学生在系统学习基础理论的基础上，通过典范实用的实例掌握方法与技巧，为实践训练奠定基础；另一方面借助相关链接进行知识延展，开拓思维，通过问题讨论加深理解，引发思考，进而进行相关的实践训练。这样，各个环节有序衔接，最终达成学以致用的教学目标。

三、本书选取了大量贴近现实、具有代表性与实用性的实例，既与相应的理论知识联系紧密，又便于后续进行针对性强、易操作的实践训练，强化实践效果。另外，多方面、多角度的实例充实丰富了全书内容，提升了本书的信息与文化含量。

本书由高薇担任主编，刘育红担任副主编，进行全书的体系设计与总纂以及审核统稿工作。全书的具体编写分工如下：高薇（山西省财政税务专科学校）编写第一、四、五章；刘育红（山西省财政税务专科学校）编写第二章；袁虹（山西省财政税务专科学校）编写第七章；杨建越（山西省财政税务专科学校）编写第六章；樊尚婧（山西省财政税务专科学校）编写第三章。

在本书的编写过程中，我们参考借鉴了一些专家、学者以及报纸杂志和网络发表的专著、论文等有关文献，未能一一注明出处，在此谨表谢意。由于编写时间仓促，加之水平有限，不足与疏漏之处在所难免，敬请各位专家、同人与广大读者朋友们给予批评指正。

编　者

2018 年 2 月

目　录

第二部分　演讲与口才专项训练

第一部分　演讲与口才基础训练

第一章 | 演讲与口才概述

学习目标

　　本章主要介绍演讲与口才的含义及特点，演讲与口才的分类及作用，以及演讲与口才的联系及区别，旨在让学生掌握演讲与口才的基本知识，为以后的讲演及口才的训练奠定理论基础。

第一节　演讲概述

【知识要点】

演讲的含义

演讲的特征

演讲的类型

演讲的作用

一、演讲的含义

（一）演讲的定义

　　对于什么是演讲，《说文解字》解释为："演，水长流也。讲，和解也。"由此，演讲可引申为表演、阐述、论说等，《辞源》注释"演说"为"引申阐述""讲说"。具体而言，演讲就是演讲者为达到一定目的，在特定的时空环境中，借助于以有声语言为主、态势语言为辅的艺术方法，公开向听众传递信息、表述见解、阐明事理、抒发感情，从而达到感召听众并促其行动的一种现实的信息交流活动。

（二）演讲的构成要素

　　作为一场完整的演讲活动，它必须具备以下四个要素：演讲的主体（演讲者）、演讲的客体（听众）、演讲的媒介（语言）、演讲的时空（时间与环境）。这四者缺一不可，也就是说，离开任何一个条件，都不足以揭示演讲的本质属性。

　　1. **演讲的主体**

　　演讲者，是演讲活动的承担者和执行者，是构成演讲活动的首要因素。一个优秀的演讲者必须具备良好的素质与较强的综合能力。现代理论家认为"德""识""才""学"是演讲者必备的四要素。

　　2. **演讲的客体**

　　听众作为演讲活动的参与者，是演讲活动不可缺少的要素。他们根据自身的不同情况能动地接受演讲信息，并通过脸色、眼神、笑声、喊声、掌声等渠道对演讲产生信息反馈。

3. 演讲的媒介

演讲者要想发表自己的意见、陈述自己的观点和主张，从而达到影响、说服、感染他人的目的，就必须通过与其内容相一致的传达手段。演讲的传达手段主要有有声语言、态势语言和主体形象。

（1）有声语言。有声语言是演讲活动最主要的物质表达手段，是信息传达的主要载体。它是由语言和声音两种要素构成的，以流动的声音运载演讲者的思想、态度和情感，直接诉诸听众的听觉器官，产生效应。有声语言的要求是吐字清楚、准确，声音清亮、圆润、甜美，语气、语调、声音、节奏富于变化，注重形式美和声音美。

（2）态势语言。态势语言是演讲过程中不可缺少的一个媒介，是演讲者的姿态、动作、手势、表情等，它是流动着的形体动作，辅助有声语言运载思想和感情，作用于听众的视觉器官而产生效应。演讲者运用态势语言，要做到准确、鲜明、自然、和谐和轻灵，要有表现力和说服力，能够使听众的听觉与视觉产生同步效应。

（3）主体形象。在演讲过程中，演讲者以整体形象，包括形体、仪表、着装、发型和神态等直接作用于听众的视觉器官。主体形象的美与丑、好与差不仅直接影响着演讲者思想感情的表达，而且也直接影响着听众的心理情绪和审美享受，这就要求演讲者在自然美的基础上，讲究一定的艺术美。

4. 演讲的时空

演讲是在特定的时间和空间中进行的活动。因此，强调时间与环境对演讲的重要意义有两层含义：一是要求演讲者审时度势，因人而异，随境而发，相机行事，根据演讲的场合和对象决定演讲的内容；二是演讲活动应该有合适的场合、适当的布置、良好的音响、恰到好处的色彩和光线等，因为它在一定程度上促进或制约着演讲者的内容、语言及其表现方式。

二、演讲的特征

演讲之所以优于其他一切口语表达形式，具有重要的社会作用与较大的魅力，就是因为演讲不但具有一般有声语言的特点，而且具有与众不同的特征。

（一）社会性

演讲活动发生在社会成员之间，它是一个社会成员对其他社会成员进行宣传鼓动活动的口语表达形式。因此，演讲不只是个体行为，还具有很强的社会性。

（二）现实性

演讲属于现实活动范畴，不属于艺术活动范畴，它自始至终都是一种实实在在的现实社会活动，而不是经过加工虚构的艺术活动。它是演讲者通过对社会现实的判断和评价，直接向广大听众公开陈述自己主张和看法的现实活动，时代色彩十分强烈。因此，演讲是反映真实的现实生活的，而且是演讲者的个性化的表达。

（三）工具性

演讲是一门科学，更是一种工具，是人们交流思想的工具。任何思想、任何学识、任何发明和创造，都可以借助演讲这个工具来传播。黑格尔的《美学演讲录》是由他为大学开课的讲稿发展而成的。马克思的《资本论》中的某些基本思想和观点是他先在工人中演讲过的。物理学家杨振宁、李政道的学术思想也经常借助演讲进行传播。总之，各行各业、各种身份的人都可以利用演讲这个工具来进行信息的交流，可以说，演讲是最经济、最实用、最方便的传播工具，任何人都可以利用它。

（四）鼓动性

演讲活动是进行宣传教育、鼓舞人心的有力武器。鼓动性是演讲成功与否的一个标志。一次成功的演讲离不开鼓动性；没有鼓动性，就不成为演讲。政治演讲也好，学术演讲也好，都必须具备强烈的鼓动性。费孝通教授曾经说过，充满激情的演讲能够"使糊涂的人清醒过来，怯懦的人勇敢起来，疲倦的人振作起来，而反动派则战栗地倒下去"。

（五）艺术性

演讲是现实活动的艺术，但它优于一般的现实口语表达形式，它要求演讲者去除一般讲话中的杂乱、松散、平板的因素，以一种集中、凝练、富有创造色彩的面貌出现，并通过有声语言和态势语言的手段显示出来。它既具有文学艺术特征、朗诵艺术色彩和富有感召力的体态语言所形成的和谐统一的美感，还具备戏剧、曲艺、舞蹈、雕塑等艺术门类的某些特点，并将其与演讲融为一体，形成具有独立特征的演讲活动。

（六）针对性

演讲是一种设计实践活动。社会发展日新月异，演讲内容也要紧跟时代步伐，与时俱进。演讲者的观点要源于对现实社会生活的归纳和提炼。同时，演讲主题应是众所周知的问题，要注意听众的年龄、身份、文化程度等。只有这样，演讲才有说服力、感召力。

三、演讲的类型

演讲有许多类型和形式，可以从不同的方面、不同的角度进行划分。分类角度不同，分类结果也不同。

（一）按内容划分

按照演讲内容的不同，演讲可分为政治演讲、教育演讲、法律演讲、经济演讲和生活演讲等。

1．政治演讲

政治演讲是一种高度严肃的演讲，具有鲜明的思想性、严密的逻辑性和强烈的鼓动性。它是指针对国内外的政治问题与现实生活中发现的思想认识问题，进行分析、评论，阐明和宣传某种政治观点和主张的演讲。政治演讲包括外交演讲、军事演讲、政府工作报告、政治性集会上的讲话以及为社会政治服务的各类主题演讲。政治演讲较之其他演讲更具有宣传成分，它要以自己鲜明、坚定的立场，充实而雄辩的说理来说服、征服或慑服听众，促使听众接受演讲者的观点和主张，继而见之于行动。

 示例

在世界的悠久历史中，只有很少几个世代的人被赋予这种在自由遭遇最大危机时保卫自由的任务。我绝不在这责任之前退缩；我欢迎它。我不相信我们中间会有人愿意跟别人及别的世代交换地位。我们在这场努力中所献出的精力、信念与虔诚，将照亮我们的国家以及所有为国家服务的人，而从这一火焰所聚出的光辉必能照明全世界。

　　所以，同胞们：不要问你们的国家能为你们做些什么，而要问你们能为国家做些什么。

　　全世界的公民：不要问美国愿为你们做些什么，而应问我们在一起能为人类的自由做些什么。

（美国前总统约翰·肯尼迪 1961 年 1 月 20 日在华盛顿的就职演说）

2. 教育演讲

　　教育演讲包括知识讲座、学术报告等。它是指演讲者就某些系统、专门的知识和学问而发表的演讲。它是高层次的演讲，通常指学校和其他场合的专题讲座、学术报告、学术发言、学术评论。它必须具有内容的科学性、论证的严密性和语言的准确性三大特点。这是与其他类型演讲的区别所在。

 示例

　　儒家提倡仁爱，但是仁爱是无边的吗？是没有节制的吗？如果现在我问大家，有人说我能以德报怨——"怨"大家知道，就是这世界上发生的不公平、冷漠、伤害、不公正——如果有人告诉你，这个世界给了你这样一些负面的待遇，你还能用美好的道德、宽容、原谅，继续对他好下去，你觉得这是君子的美德吗？中国人觉得以德报怨多了不起啊，当年孔子的学生就这样去问老师：我能做到这一点，你觉得我怎么样呢？孔子当年就反问学生一个问题，他说：以德报怨，何以报德？也就是说，别人伤了你，对不起你，你对人家好，你以为不耗费你的生命资源吗？孔子最终的回答十分肯定：以直报怨，以德报德。这八个字，是在两千五百多年以前说出来的。而我们今天想一想，不是更适用于当下吗？任何的仁爱、美德都是有底线的。直也是一种道德，一个人的正直坦荡也是好的……我一开始就说了，中国文化不意味着一切，它不能够"迎刃而解"现在的所有问题，它只是给我们的心灵一个坐标而已。不要过分夸大文化和道德的力量，去改变整个世界，它只能作用于人心，改变我们的态度。它让我们可以乐观，可以坚强，让我们可以辽阔，可以回归到赤子的蓬勃欢心，它让我们在面对整个苍茫世界的时候，终于还能够懂得内心的取舍标准在哪里。

（于丹《儒道兼济：构筑中国人格两岸》）

3. 法律演讲

　　法律演讲是指以法律为内容的各种形式的演讲，包括法庭演讲、诉讼演讲、辩护演讲、法律咨询和仲裁活动，以及其他有关普及法律知识的报告、讲座等。其特点是有鲜明的政策性、材料的准确性、言辞的严密性。

 示例

　　……死刑问题在中国是一个严重的问题。大家知道，在中国，死刑是一个既严重又敏感，甚至令人不知所措的一个问题。中国每年到底杀多少人，我们并不知道，这是国家绝密——据说在这个国家只有三四个人知道中国一年到底杀多少人。据说有一次，总书记要问一下了："我们国家一年到底杀多少人啊，外国人老问这个事？"最高法院院长说："对不起，总书记，我不能在电话里和您说，我怕泄露了秘密，我要当面和您说。"当然他可能想乘机见一见总书记……我们每个人都有责任去向周围的人宣传死刑的危害，这也是我们要达到目标的重要步骤。不管怎么说，只要这个世界上还有一个痛苦的母亲——比如聂树斌的母亲，当儿子被枪决的消息传出来后，我们看到南方周末上的那张令人痛苦、令人悲愤的照片：母亲扑倒在儿子低矮的小土坟上哭喊着，叫着儿子的名字，没有任何力量把他的儿子重新还给她，任何金钱的补偿都没有了意义。所以在这个世界上，只要还有一个母亲在为被国家冤杀的儿子而哭泣，我们每个人的心灵就不会得到安宁！

（北京大学教授贺卫方《九大问题拷问中国死刑制度》）

4. 经济演讲

经济演讲是指政府或部门财经管理人员及企业家做的关于经济问题的演讲。它是为了长期或短期的经济目的，向社会公众发表的旨在宣传企业、产品、服务等内容的讲话，包括公共关系演讲等。经济类演讲的基本特点是：重视信息，讲究策略，有高度的求实性，坦诚相待，实事求是，语言明确，以解说为主。

示例

当年，中国对经济全球化也有过疑虑，对加入世界贸易组织也有过忐忑。但是，我们认为，融入世界经济是历史大方向，中国经济要发展，就要敢于到世界市场的汪洋大海中去游泳，如果永远不敢到大海中去经风雨、见世面，总有一天会在大海中溺水而亡。所以，中国勇敢迈向了世界市场。在这个过程中，我们呛过水，遇到过旋涡，遇到过风浪，但我们在游泳中学会了游泳。这是正确的战略抉择。

世界经济的大海，你要还是不要，都在那儿，是回避不了的。想人为切断各国经济的资金流、技术流、产品流、产业流、人员流，让世界经济的大海退回到一个一个孤立的小湖泊、小河流，是不可能的，也是不符合历史潮流的。

人类历史告诉我们，有问题不可怕，可怕的是不敢直面问题，找不到解决问题的思路。面对经济全球化带来的机遇和挑战，正确的选择是，充分利用一切机遇，合作应对一切挑战，引导好经济全球化走向。

（习近平主席在世界经济论坛 2017 年年会开幕式上的演讲）

5. 生活演讲

生活演讲是指演讲者就社会生活中存在的各种问题、风俗、现象而做的演讲，它表达了演讲者对这些问题的看法、见解和主张。生活演讲涵盖的内容非常广泛，悼词、贺词、欢迎词、欢送词、答谢词等都属于此类型。

示例

感谢文化部和上海市委批准我的辞职请求。但是，刚才几位领导对我评价实在太高，就像是把追悼会提前开了。（众人大笑）

这些年我确实做了不少事，而且天地良心，确实做得不错。（热烈掌声）但是，这不应该归功于我，而应该归功于"势"，也就是从社会到学院的大势所趋。我，只是顺势下滑罢了。

想起了一件事，前些年云南边境的战争中，一位排长以身体滚爆山坡上的一个地雷阵，上级决定授予他"特等英雄"的称号。但是，他对前来采访的记者说："那次不是有意滚雷，而是不小心摔下去的。"记者说："'特等英雄'的称号立即就要批下来了，提拔任命的一切准备工作也做完了，你还是顺着'主动滚雷'的说法说吧，这样彼此省力。"但是，这位排长始终坚持，他是不小心摔下去的。

结果，那次获得"英雄称号"的是另外两个军人，现在他们都已经成了省军区副司令。但那位排长很快就复员了，仍然是农民，在农村种地。有人问他是否后悔，他说："我本是种地的，如果摔一跤摔成了大官，那才后悔呢！"（掌声，笑声）

我做院长的顺势下滑，与那位排长的摔跤下滑，差不多，因此，他是我的人生导师。（热烈掌声）

我的另一位导师陶渊明说："归去来兮，田园将芜胡不归？"

所不同的是，我没有田园，连荒芜了的都没有。（笑声）因此，我不如陶渊明，也不如那位排长，无法回去，只有寻找，去寻找我的田园。

找到或者找不到，我都会用文字方式通报大家。

谢谢！

（余秋雨《在离职欢送会上的答谢演讲》）

（二）按形式划分

按照演讲形式的不同，演讲可以分为命题演讲、即兴演讲和论辩演讲。

1. 命题演讲

命题演讲是指演讲者根据事先拟定好的题目或演讲范围，并经过准备后所做的演讲。它包含两种形式：全命题演讲和半命题演讲。全命题演讲的题目一般是由演讲组织部门来确定的。半命题演讲是指演讲者根据演讲活动组织单位限定的范围，自己拟定题目进行的演讲。命题演讲的特点是：主题鲜明、针对性强、内容稳定、结构完整。

2. 即兴演讲

即兴演讲即演讲者在事先无准备，由于受某些因素的触动有感而发，就眼前场面、情境、事物、人物临时起兴发表的演讲。即兴演讲有主动和被动两种。所谓主动是指没有外力的推动和督促而发表的演讲，演讲者一般是会议的主持人。例如，主持演讲会，要介绍会议内容、宗旨、介绍演讲者；主持欢迎会、欢送会、茶话会、喜庆宴等，要做开场白和一些即兴讲话。所谓被动是指演讲者本未打算演讲，但在外力（如主持人的敦请）推动下，不得已临时发表演讲。它的特点是：有感而发，时境感强，话语集中，时空感强，短小精悍。它要求演讲者要紧扣主题，抓住由头，迅速组合，言简意赅。

示例

教育不振则实业不兴，国民之生计日绌……言念及此，良可悲已。吾国今处列强肘腋之下，成败存亡千钧一发，自非急起力追难逃天演之淘汰。鄙人所以奔走海外，茹苦含辛数十年，身家性命之利害得失，举不足撄吾念虑。独于兴学一事，不惜牺牲金钱，竭殚心力而为之，唯日孜孜无敢逸豫者，正为此耳。诸生青年志学，大都爱国男儿，尚其慎体鄙人兴学之意，志同道合，声应气求，上以谋国家之福利，下以造桑梓之麻桢，懿欤休哉，有厚望焉！

（陈嘉庚在厦门大学创建时的即兴演讲《致集美学校诸生书》）

3．论辩演讲

论辩演讲是指对某一事物持不同观点的双方，因对某个问题产生不同意见而展开的面对面的语言交锋，论辩、比较，以断定其是非曲直的演讲。它常用于政治界、学术界、外交界和一些演讲比赛。其目的是坚持真理、批驳谬误、明辨是非。论辩演讲较之命题演讲、即兴演讲更难些，要求演讲者必须具备正确的思想、高尚的品质、严密的逻辑性、较强的应变性。

 示例

1981 年，C 先生在北京某大学给外国留学生讲汉语口语。有一次，有位美国留学生在课堂上突然发问："密司特 C，请问大陆汉语与台湾汉语是一个方向还是两个方向？"C 先生知道提问的学生曾在台湾待过三年，在大陆也已待了两年，如果说是"一个方向"，对方肯定要我们拿出事实，如果说是"两个方向"，一些别有用心的人就会利用此事做文章。C 先生又不愿在提问人的挑衅面前示弱，用"不知道"搪塞过去。C 先生灵机一动，猛然想起斯大林同志在《马克思主义与语言学问题》一书中说过的话——看一个民族的语言主要应看基本词汇和语法构造，便说："根据斯大林先生这个意见，如果台湾汉语和大陆汉语在基本词汇和语法构造方面百分之八十相同，那就应该说是一个方向；如果只有百分之二三十相同，那就可以算两个方向了。至于这里面的比例多大，我无法知道，因为贵国的舰队横在台湾海峡，使我们无法到我们神圣的领土台湾进行语言调查。"

（中国社会科学院语言文字应用研究所陈建民先生曾讲）

（三）按功能划分

按照演讲功能的不同，演讲可分为"能使人有所知"的演讲、"能使人有所信"的演讲、"能使人有所激"的演讲、"能使人有所动"的演讲和"能使人有所乐"的演讲等。

1．"能使人有所知"的演讲

这是一种以传达信息、阐明事理为主要功能的演讲。它的目的在于使人知道、明白。

 示例

近代中国的伤痛与机会

——甲午海战的伤痛

甲午海战有两场，其中第一场的第一炮是丁汝昌下令打的。当时我们用的是定远舰，射程可达 5 300 米。然而为什么最后惨遭失败？

一是战术素养差。我们当时排成了雁子阵，按照空气动力学原理，这是很好的一种排列。而当时的日军排成了"T"字横头形。殊不知，在海战中，要抢占的正是这种阵形——"T"字横头形。

据说当时我们的第一炮打出后，舰桥震塌了，而主帅丁汝昌也受伤了。

二是海战观念差。当时开战之后，我们的炮 5 分钟才能发一发，而对方的 1 分钟能发 10 发。我们受到了日军的饱和攻击。中国的海炮曾错失世界大航海时代。郑和下西洋，是为世界大航海时代的开幕。其他国家的航海都是以去占有、掠夺资源为目的，只有中国是个例外。因此我们永远都是防御性海军，从不想着去进攻。

三是清流与李鸿章之间的竞争。1891 年，李鸿章要买速射炮。由于正逢慈禧大寿，户部的翁同龢从中阻拦。山东巡抚李秉衡曾与李鸿章有过节，趁此机会让日军悉数开拔入内，如入无人之境。最后导致日军全歼北洋水师的结局。而主帅丁汝昌抱犬自杀沉入海底。

中国人的内耗是伤痛的根本原因，其背后又是制度问题。

（2014 年 10 月 19 日郦波教授在深圳演讲）

2.“能使人有所信”的演讲

这类演讲的主要目的是使人信赖、相信。它从“使人知”的演讲发展而来。其特点是观点独到、正确，论据翔实、确凿，论证合理、严密。

示例

1940 年，肩负着反对法西斯德国侵略的重任，丘吉尔出任英国首相，他在 5 月 13 日下院特别会议上发表了首次施政演讲。“我要向人民说：‘我没有什么可以奉献的，有的只是热血、辛劳、眼泪和汗水。’摆在我们面前的，是一场极为痛苦的严峻的考验，在我们面前，有许多许多漫长的斗争和苦难的岁月。你们问：‘我们的政策是什么？’我要说：‘我们的政策就是用我们的全部能力，用上帝所给予我们的全部力量，在海上、陆地和空中进行战争，同一个在人类黑暗悲惨的罪恶史上所从未有过的穷凶极恶的暴政进行战争。这就是我们的政策。’你们问：‘我们的目标是什么？’我可以用一个词来回答：‘胜利——不惜一切代价，去赢得胜利；无论多么可怕，也要赢得胜利；无论道路多么遥远和艰难，也要赢得胜利。’此时此刻，我觉得我有权利要求大家的支持，我要说：‘来吧，让我们同心协力，一道前进。’”丘吉尔的演讲充满战斗激情和胜利自信。时至今日，仍然能强烈地感受到这篇演讲中的催人奋进的震撼力量。

3.“能使人有所激”的演讲

这类演讲意在使听众激动起来，在思想感情上与你产生共鸣，从而欢呼雀跃。

示例

美国黑人运动领袖马丁·路德·金的《在林肯纪念堂前的演说》，用他的几个“梦想”激发广大的黑人听众的自尊感、自强感，激励他们为“生而平等”而奋斗。

4.“能使人有所动”的演讲

这类演讲比“使人有所激”的演讲进了一步，它可使听众产生一种欲与演讲者一起行动的想法。

示例

著名的军事统帅拿破仑，有一次在对一支需要整顿的部队演讲时说：“士兵们，你们没有衣服穿，吃得也不好，我想带你们到世界最富庶的国家去。”几句话说得士兵们顿时振奋起来，战斗力大增，后来一举征服了意大利。由此可见演讲取得成功的力量所在。

5.“能使人有所乐”的演讲

这是一种以活跃气氛、调节情绪、使人快乐为主要功能的演讲，多以幽默、笑话或调侃为材料，一般出现在喜庆的场合。它的特点是材料幽默，语言诙谐。

示例

崔永元在纽约法拉盛高校联盟大会上的演讲

来之前，我问主办方给多少钱演出费。对方诚恳地说："崔哥，您能义演吗？"（一片哄笑。）我谦虚地问："这次又为哪个不缺钱的人募捐呀？"（笑声）

主办方不好意地说："崔哥，就是义演，送票，都不见得有人来看呢。（笑）在纽约演出一般都得管饭，饭里没肉观众也不满意。"（鼓掌）

我安慰说："这不能怪别人，只能怪像我这号的人太多了，看不到华人都忙着上班、挣钱、逼孩子上名校、和老公打架、健身、减肥什么的，多忙呀，非哭着喊着给别人演出，烦不烦人哪。事实证明，人世间最难办的就是向海外华人推票。"（热烈鼓掌）

某个老外曾说，上帝是公平的，不可能让又聪明又勤劳的中国人再团结，那样就没别的民族混的份儿了。所以华人一盘散沙是必然的。我听了这样的话无比愤怒，真想在他酒里投点什么，可惜我化学基础太差了。（笑声）书到用时方恨少。

四、演讲的作用

演讲，作为一种社会实践活动，作为人类的精神财富，之所以从古到今绵延不衰，就是因为它有着不可估量的社会作用和社会价值。这种作用包括对演讲者本身的作用和对社会的作用。

（一）对演讲者的作用

1. 促进演讲者成长

演讲家不是天生的，是演讲的实践所造就的。艰苦的、多方面的努力是演讲者成为演讲家的必经之路。演讲家在讲台上口吐莲花、滔滔不绝，台上的工夫离不开演讲者的刻苦学习与磨炼，最后成就一个演讲家。而当他在加倍努力学习与磨炼，尚未成"家"的时候，他也在思想、学识、智能等方面得到了极大的提高。所以说，演讲对促进人的成材有极大的作用。

2. 促进演讲者不断地自我完善

演讲在人类口语中是最高级、最完善、最具有美学价值的一种口语表达形式。作为演讲者，既需要掌握演讲学本身的理论和经验，又需要运用哲学、美学、逻辑学、心理学、教育学、语言学和写作学等学科的基本理论和知识。鉴于此，如果我们学习、了解、掌握了演讲艺术并付诸实践，那么就能使自己增长才干，开阔眼界，陶冶情操，积累知识，加强修养，锻炼口才，培养气质，展示形象，扩大知名度，提高事业的成功率。

3. 促进演讲者培养良好人际关系和高尚情操

现代社会是人们交往日益密切的社会，是信息广为交流和传播的文明社会。演讲者不仅在台上需要有悬河之口和文雅的举止，就是在台下，其一言一行也要起到表率作用。他们的言谈应是谦逊、高雅的，他们的举止应是得体、大方的。这样的言行举止不仅有利于创造祥和的气氛，而且也有利于人们的交往。

（二）对社会的作用

1. 演讲是祛邪扶正、形成正确舆论的有力武器

人类社会文明史就是真善美与假恶丑的斗争史。而演讲历来是这种斗争的主要工具之一。古今中外一切正义的演讲家都是拿着演讲这个武器，宣传真理，唤醒民众，推动

社会进步的。历代政治家往往以演讲为武器，发表政见，阐明观点，批驳政敌和争取盟友。古今中外有许多著名的例子，诸葛亮"舌战群儒"最终促成了孙刘联盟；美国演讲家帕特里克·亨利在弗吉尼亚的一次集会上的抗英演讲，迅速地唤起了千百万人民坚定地投身到斗争中，他的"不自由，毋宁死"的名言至今仍教育着千万民众为自由而战。可见，正确的演讲可以启迪人心，传播文化，宣传真理，祛邪扶正，把人类社会推向理想境界。

2. 演讲是培养情感、进行思想教育的最佳形式

演讲家在演讲时，总是用正确的道德情感来感染和影响听众，从而培养听众的情感，诸如爱国主义情感、国际主义情感、集体主义情感、革命英雄主义情感等，这正是演讲魅力之所在。古希腊学者、唯物主义哲学家德谟克利特有一句名言："用鼓动和说服的语言来造就一个人的道德，显然比用法律和约束更能成功。"所以，运用演讲的特殊手段和魅力来"鼓动和说服"听众，对群众特别是对青年一代进行前途、理想、道德、纪律的教育，是最理想的形式。

3. 演讲是唤起听众行动和实践的战斗号角

一次成功的演讲，除了启迪人心、传播真理、培养情感外，最终目的是唤起听众的行动和实践，使之投身于改造主客观世界的社会活动中。"一人之辩，重于九鼎之宝；三寸之舌，强于百万之师"说的就是这个道理。2011年，英国电影《国王的演讲》中乔治六世临危受命，登基加冕，克服巨大的生理和心理障碍，发表了鼓舞人心的演讲："在这个庄严的时刻，也许是我国历史上最生死攸关的时刻，为了我们珍惜的一切，我们必须接受这个挑战。我将永远和我的人民在一起。"诚恳的话语唤起了雷鸣般的掌声，激励了全国人民反法西斯的斗志。

4. 演讲是传播知识和精神的有效途径

演讲是高级的、完善的口语表达形式，能最大限度地发挥语言在传授知识、探讨学问、宣传成果、交流经验方面的作用。英国幽默大师、演讲家萧伯纳曾说过："你有一个苹果，我有一个苹果，我们彼此交换，每人还是一个苹果；你有一种思想，我有一种思想，我们彼此交换，每人可拥有两种思想。"彼此交换，靠的是什么交换？就是靠语言来交换。

当今，尽管科学技术高度发展，知识传播的途径增多，但作为直接运用语言进行传播的演讲，由于现场的作用，能对人体感受进行多重的综合刺激，高度调动人们的注意力，促进思维活动，并且使听众在情绪、情感、意志等方面同时受到影响，从而加深对演讲所传播的科学知识的理解，增强学习效果，因而它始终是传播科学文化知识，提高文化素养的有效途径。

可以说，一切成功的演讲必须引导出听众正确的行动。不能引导出听众正确行动的演讲绝不是好的演讲。所以，每位演讲家都应当刻意追求这种引导作用，使演讲产生强烈的现实意义和历史价值。

第二节　口才概述

【知识要点】

口才的含义
口才的特点
口才的基本要素
口才素质的形成
口才的作用

一、口才的含义

（一）口才的定义

口才是口语交际中说话（口语表达）的才能。具体地说，口才是在交谈、演讲、谈判、论辩、社交等口语交际活动中，表达者根据特定的交际目的和任务，结合特定的言语交际环境，准确、得体、生动地运用连贯、标准的有声语言，并辅之以适当的体态，表情达意，以取得圆满交际效果的口头表达能力。这是一个人知识水平、思维能力、反应能力、表达能力的综合体现。简言之，口才就是口语表达的才能，或者说是口语表达的艺术和技巧。

（二）口才应具有的能力

从人们的语言交际的实践看，口才主要表现为说话的六种才能或能力，即说明能力、吸引能力、说服能力、感人能力、创造能力和控制能力。

1．说明能力

即把话说得准确明白的能力。也就是说，讲话能把意思讲准确、讲明白，使听者一听就明白，也不是很容易的。

示例

宋朝时，有一位青年，为人乐善好施，喜欢四处游学。机缘巧合，偶然认识了微服出巡的皇帝。皇帝心血来潮，写字画画儿去卖，只可惜水准实在不高。这位青年告诉皇帝，他的画儿只值一两银子。皇帝听了很生气，但也不方便当场发作。

第二年，这位青年进京赶考，高中状元，觐见皇帝时才发现，原来当年卖画儿的人竟然是皇帝。皇帝也认出了他，皇帝拿出当年只值一两银子的那幅画，问道："你认为这幅画价值几何？"这位状元赶紧上前一步说道："这幅画如果是陛下送给微臣的，那就价值万金。因为无论陛下送的何物，对微臣来说，都是无价之宝。但如果拿去卖的话，这幅画就值一两银子。"皇帝听了，不禁拍掌大笑，知道自己有了一位才学渊博、品行端正的忠心之士。

2．吸引能力

即通过说话把别人的注意力留住的能力。也就是吸引周围的人倾听自己说话，使人愿意听、听得进，并有所乐、有所得。

示例

2016 年易中天回厦大开讲《文明与信仰》，他的开场白，从厦门大学的校庆日子说起。

"厦大的校庆日子真是好，两天前是清明节，是中国感恩节；再过两天，则是农历三月三，上巳节，是中国情人节。而现在大家过的七月七，其实是劳动节。前两天，清明节，我们感谢祖先；过两天，参加校庆，感谢母校；两天后，情人节，所以，散会后，诸位就去谈情说爱吧。"

因此，有人产生疑问，产生了兴趣，问：中国情人节不是七月七吗？对此，易中天表示：错！这是没文化的人在误导群众。易中天告诉听众们，牛郎织女的故事，主题不是爱情，而是男耕女织。因此在这天要进行劳动技能的竞赛，叫乞巧节。三月三就不一样。暮春时节，植物发芽，动物发情。所以周代规定，这一天男男女女可以到河边踏青，合法地自由恋爱，私订终身。读一读《诗经》中的《溱洧》就知道，女孩子看中哪个男孩，就会邀请他一起到河边去玩。如果两人情投意合，还会相互赠送芍药花。显然，三月三是情人节，七月七是劳动节。

言归正传，易中天开始论述起他对文明和信仰的看法。

3．说服能力

即说话能打动人心，使听者心悦诚服的能力。

 示例

朱镕基妙答 CNN 敏感问题：我们年轻时都为民主而斗争

1999 年 4 月 13 日，朱镕基接受美国有线电视新闻网（CNN）记者伍德拉夫采访时，伍德拉夫问道："有个问题是关于你自己的经历的。你曾两次被下放，我知道你在养猪场干了很多年，从事的是重体力劳动。你的经历是否告诉你，中国不怕不同政见？"

朱镕基回答："我不认为我个人经历的细节值得在这里讨论。但我认为，如果你注意观察，你会发现，我们的领导人都有类似的个人经历。我们年轻时都为民主斗争，为我们国家的自由、独立和解放而斗争。不可想象，我们这些毕生为改善中国人民的人权状况而斗争的人会去侵犯中国人民的人权。"

4．感人能力

即用语言感动人的能力。也就是要求讲话人以自己的激情感动听者，获得以情动人的效果。如果演讲者的感情平淡，语言贫乏，必然感动不了听众。

 示例

3 月 14 日下午两点三刻，当代最伟大的思想家停止思想了。让他一个人留在房间里不过两分钟，等我们再进去的时候，便发现他在安乐椅上安静地睡着了——但已经是永远地睡着了。

这个人的逝世，对于欧美战斗着的无产阶级，对于历史科学，都是不可估量的损失。这位巨人逝世以后所形成的空白，不久就会使人感觉到……正因为这样，所以马克思是当代最遭忌恨和最受诬蔑的人。各国政府——无论专制或共和政府——都驱逐他；资产者——无论保守派或极端民主派——都竞相诽谤他，诅咒他。他对这一切毫不在意，把它们当作蛛丝一样轻轻抹去，只是在万分必要时才给予答复。现在他逝世了，在整个欧洲和美洲，从西伯利亚矿井到加利福尼亚，千百万革命战友无不对他表示尊敬、爱戴和悼念。而我敢大胆地说：他可能有过许多敌人，但未必有一个私敌。

他的英名和事业将永垂不朽！

（恩格斯《在马克思墓前的讲话》）

5. 创造能力

即讲话中根据思想表达的需要创造语言的能力，或者说是创造性地运用语言来表达自己思想的能力。

 示例

有一次，何炅的节目中请来了一个男媒人做嘉宾。这位男媒人在形容自己与老婆相识时，这样说："……我当时接到她的电话，一听觉得她的条件不错，就想把她发展成我们的会员。"何炅听了后幽默地说："这样倒好，真的是会员，而且是终身会员。"这句趣话刚出口，引得全场观众爆笑。何炅接着男媒人的话题，以"终身会员"妙语双关，不但是他公司的会员，更是他的终身会员——老婆。如此趣言打趣，既掌握了玩笑的分寸，也暗藏对嘉宾夫妻携手一生的美好祝愿，同时营造了与嘉宾同乐的友好氛围。

6. 控制能力

即控制自己语言所能引起后果的能力。就是说，只会把话说出来，却不会顾及自己说的话所能引起的后果，实际是瞎说一通，这算不上有口才。控制自己语言所引起的后果的能力，表现在几个方面：一是准确把握说话分寸的能力。既要把意思说到，又不说过头，说得恰如其分，这是一种控制能力。二是说话要因人而异，根据不同的场合采用不同的谈话方式。三是在谈话过程中已经出现问题的情况下，改用恰当语言予以补救的能力。

 示例

何炅刚出道时，就以清秀阳光的形象和睿智幽默的口才吸引了广大观众，在主持湖南卫视《快乐大本营》和其他节目中，他处理突发问题时表现出来的冷静和理智，以及鬼马精灵地插科打诨，赢得了观众的认可。他在舞台上张绣口，诉锦心，机智幽默，妙语连珠，巧言调侃打圆场，笑语随意皆逗乐，让人在笑声中回味不已。他巧打圆场，妙语开脱。有一次，谢娜送嘉宾祝福时说错话，她大大咧咧地说："……所以我也希望你跟你的妻子好聚好散，希望你们……"现场一下子陷入冷场的尴尬局面，何炅赶紧解围说："有一次人家结婚，她上去送给大家一首歌：'分手快乐，祝你快乐'。"立马逗乐了观众。当谢娜一时口快说了错话，难免尴尬冷场，何炅用他的才智和机灵巧妙地打圆场，以"她送人结婚贺词'分手快乐，祝你快乐'"的玩笑话岔开话题，顺利转移了嘉宾与现场观众的注意力，巧妙圆场，使得现场的气氛重新活跃了起来。

二、口才的特点

（一）简明性

即要把话说得精练、简洁，让听者懂得所传递的信息，或明白、理解他所不知晓、不了解的事情。当然，要想讲话精练，首先，就要对自己讲话的内容做认真的思考，明确中心，抓住要点，厘清思路，设想好表达方式，做到胸中有数；其次，推敲文字，精益求精。

（二）大众性

口才的"大众性"的特征主要表现在词汇上。具体地说，大众性表现在词汇的通俗化或用词通俗化上。要做到词汇通俗化、大众化，就必须注意：一是多用现代词汇，少用古代词汇；二是多用通行词汇，少用方言词汇；三是多用口语词汇，少用书面词汇。

（三）灵活性与适应性

即表达者为实现特定的目的，在因人、因事、因物、因景而进行的讲说中，必须会灵活机智地选用特定的表达方式和技巧以切合语言内容，切合特定语境，切合自己的身份和交际对象的特点。只有具有高度灵活性的表达，才能创造出效果良好的口才佳品来，否则将会适得其反。

（四）综合性

优秀的口才是一个人素质和能力的全面综合反映。这里的素质主要包括思想境界、道德情操、知识学问和天赋秉性。能力则主要包括观察能力、思维能力、决断能力、记忆能力、表达能力、交际能力和应变能力。人的素质和能力综合形成一种潜在的文化储备，这种储备在特定的语境中，通过想象和联想、发挥和创造，为讲说者获得讲说材料和讲说方式，从而实现口语表达的目的，起到积极的支持作用。所以，从根本上讲，好的口才是表达者学识、素养和能力的综合表现。

三、口才的基本要素

（一）口才的主体要素

在人际交流的过程中要讲好一席话，首先要有良好的口才，而口才的主体要素即口语表达者必须具备以下的能力和要素：具备调整场合气氛和控制情绪的能力，具有把握说话内容方向的能力，具有较好的文化修养和较强的应变能力，具有较好的形象思维和逻辑思维能力，具有较成熟的心理素质。

（二）口才的客体要素

在人际交往中，口语表达者要达到理想的交际目的，就必须了解口才的客体要素。口语的客体要素一般来说是指口语表达对象和口语表达环境。口语表达对象要分析受众者年龄与性别方面的差异、心理方面的差异、职业地位方面的差异、文化教养方面的差异等。口语表达环境要分析场合环境的不同、社会环境的不同、时间环境的差异、人际关系环境的区别等，做到具体问题具体分析。

四、口才素质的形成

口才是恰当的语言与熟练的应用技巧的结合，"能说话"只是形成口才的一个基本条件，"会说话""说得好"才是口才的突出特征。它的形成还有重要的素质条件，即丰富的知识积累、敏捷的思维能力、高超的口语表达能力和良好的心理素质。形成口才的智能结构就犹如一座"金字塔"，塔基是知识积累，塔身是思维能力，塔顶是口语表达能力。其中，思维能力包括思辨能力、想象力和应变能力。

（一）勤奋学习，积累知识

知识是人们在社会实践活动中所获得的认识和经验的总和。它是口语表达内容的坚实基地，也是形成优秀口才的必备条件。卡耐基曾说："在这个世界上，全新的事物实在太少了。即使是伟大的演说者，也要借助阅读的灵感和得自书本的资料。"知识渊博、学贯中西、博古通今，是演讲大厦的根基。有了宽厚的"塔基"，口语表达才能纵横捭阖，卓有成效；才能左右逢源，雅俗共赏；才能给人知识，启人心智，自成风景。一个人知识素养的形成主要来源于社会历史、自然科学、专业知识的积淀。就口才而言，尤其要注意语言文化知识的积累。

（二）勇于实践，提高能力

"冰冻三尺，非一日之寒。"口才是说话者综合素质的集中体现，精彩的口才靠的是非凡的智力做后盾。口才提高的过程是语言能力、思维能力不断得到培养和锻炼的过程。因此，提高敏捷的思维能力、锻炼稳定的承受能力、培养准确的领悟能力是成为一位优秀的演讲者的必要条件。口才并不是一种天赋，古今中外一切口若悬河、能言善辩的演讲家、雄辩家，都是靠坚持不懈、努力训练而走向成功的。丘吉尔的儿子这样评价他的父亲："我的父亲把自己一生中最宝贵的年华都花在写演讲稿和背演讲稿上了。"

 示例

古希腊演说家德摩斯梯尼从小生活在一个富裕的家庭里，父亲是富有的雅典公民。但他体弱多病，发育不健全，身体瘦小，脸色青黄，并且还患有严重的发音不清和口吃症，还有耸肩的坏习惯。在他 7 岁时父亲就已去世。黑心的伯父作为监护人肆意侵吞了他的财产，到他成年时留给他的还不及他应得的十二分之一。德摩斯梯尼想诉讼，可在威严的法庭上，法官对他进行审问，他仍然口吃得不能对答，惹得别人哄堂大笑，自己无地自容。从此，他加倍努力，虚心向著名的演员请教发音的方法；为了改进发音，他把小石子含在嘴里朗读，迎着大风和波涛讲话；为了去掉气短的毛病，他一边在陡峭的山路上攀登，一边不停地吟诗；他在家里装了一面大镜子，每天起早贪黑地对着镜子练习演说；为了改掉说话耸肩的坏习惯，他把自己剃成阴阳头，以便能安心躲起来练习演说。经过十多年的磨炼，德摩斯梯尼终于成为一位出色的演说家，他的著名的政治演说为他建立了不朽的声誉，他的演说词结集出版，成为古代雄辩术的典范，打动了千千万万读者的心。

五、口才的作用

古人云："一人之辩，重于九鼎之宝；三寸之舌，强于百万军师。"足见口才的魅力非凡。

（一）事业成功的敲门砖

戴尔·卡耐基说："一个人的成功，约有 15%取决于知识和技术，85%取决于人际沟通和口才等综合素质。"这个成功学的公式已经为大多数人所认可，而这举足轻重的85%，恰恰是很多人成功的绊脚石。现实生活中，绝大多数事业有成就的人都具有良好的口才，而且口才越好，其活动天地就越大，成就也就越突出。可见，口才对一个人的生活和事业是何等重要。

（二）社交场合立足制胜的法宝

一个人社交能力的提高，其主要表现就是说话艺术的高低。在我国古代很早时便有"一言可以兴邦，一言可以误国"的话，可见舌头的威力！六朝时期著名的文学评论家刘勰描述"战国争雄，辩士云涌，纵横参谋，长短角势，可谓盛况空前"。春秋战国时期，毛遂自荐使楚，口若悬河，迫使楚王歃血为盟；苏秦游说诸侯，身挂六国帅印，促成合纵抗秦联盟。三国时诸葛亮出使东吴，舌战群儒，说服吴主孙权联刘抗曹，而获赤壁大捷。

第三节　演讲与口才的关系

【知识要点】

演讲与口才的联系

演讲与口才的区别

一、演讲与口才的联系

演讲与口才都属于语言的艺术范畴，都是运用有声语言、辅以体态语言将说话主体的思想、观点、主张、情感等信息传递给对方。

（一）演讲是提高口语表达能力的重要方法

演讲是口语表达的一种形式，一个人可以通过演讲来锻炼自己的口才。演讲又不同于其他口语表达形式，是较高层次的口语艺术。因此，我们可以这样看待二者的关系：

（1）演讲能增强信心，克服当众说话的恐惧感。第一次登台演讲，往往会眼睛不敢看听众，由于紧张，说话会语无伦次。经常进行演讲练习，就会逐渐消除恐惧感，增强自信心，口语表达也就会自然流畅。

（2）演讲能提高选词造句、组段成篇的能力，使口语表达精练、生动、逻辑性强。要想成功地进行演讲，就必须用最生动的词语和事例、最精练的语言、最强的逻辑性来感染听众。经常进行演讲训练，就会养成一种正确运用语言的习惯，积累丰富的知识，将这些运用到其他场合也一样会得心应手，从而提高口头语言的表现力。

（二）演讲优于其他口语表达形式，是最有审美价值的口语表达形式

1. 演讲阐述的观点全面系统

正式的重要的演讲都要有讲稿，起码要有腹稿。这就决定了演讲者会较全面而系统地阐述自己的观点，不能离了纲而随心所欲。这样，听众才会跟随演讲者深刻的理论阐述，从其丰富而生动的事例描述中受到感染，从而接受演讲者的观点。

2. 演讲是艺术性较强的实践活动

演讲，是以"讲"为主，以"演"为辅，要求调动有声语言（讲）和态势语言（演）等一切积极因素和手段，在大庭广众之下，交流思想、表达感情。因此，它不同于领导

做报告，不同于服务员招待顾客，也不同于业务谈判。所以说，演讲是最完善、最有审美价值的口语艺术。

3. 演讲是最具有鼓动性的实践活动

演讲，不同于二人的交谈，也不同于不同意见的争辩，它是一个人讲、众人听的活动。在演讲中，演讲者会以极强的说服力和感染力，紧紧吸引听众，使听众信服、感动、跃跃欲试，从而行动。这是其他口语表达形式所不能及的。

二、演讲与口才的区别

（1）演讲是演讲主体对多人同时进行的语言表达活动，而口才是表达主体在学习、工作、生活中所形成的一种语言表达上的综合素质。演讲是一种正在进行的语言活动，而口才是在交流过程中对语言表达、表达效果等所形成的综合素质的一种评价。

（2）口才的外延很大，它几乎涉及社会生活中的各行各业，如主持口才、销售口才、领导口才、演讲口才、公关口才、论辩口才等。而演讲只是口才展示的形式之一，虽然也有广泛的使用空间和较高的使用频率，但它毕竟是在特殊的环境中才能进行的。

（3）口才不受时间、地点的影响，随时随地能得以展现。但是对于演讲来说，没有锻炼的口才，成功的演讲只能是一种空想。要想演讲得精彩、成功，必须有意识地锻炼自己的口才。

总之，口才是所有运用有声语言进行表达的基础，而演讲与口才的关系尤为密切，出色的口才可以使演讲达到更好的效果。理解了演讲与口才的关系，就会以更积极的态度训练口才，进行演讲。

 **相关链接**

教育的意义
董仲蠡

大家好，我叫董仲蠡，是一名英语培训师。我培训过的学员少说应该也有 15 万，我曾经教过考研全市第一的学生，每年听我的课而通过四六级的人更是不计其数。同学们都很信任我，爱戴我，叫我小董老师，我自己也特别喜欢这个称谓。

然而作为一名老师，我有的时候总有一些困惑，我讲的大多都是考试类的课程，如大学英语四六级、考研英语等。有一次我在讲四级翻译的时候，讲到林语堂先生如何翻译贾岛的"松下问童子，言师采药去"；讲到许渊冲先生如何翻译李清照的"寻寻觅觅，冷冷清清，凄凄惨惨戚戚"；讲到王佐良先生把塞缪尔·厄尔曼的《青春》翻译成"年岁有加，并非垂老，理想丢弃，方堕暮年"，我不禁手舞足蹈，作为老师的那种自豪感爆棚。然而就在这个时候，底下有一个女生直接质问我说，你讲这个东西有什么用啊？能提分吗？你就是在浪费我们的时间。我自认也算伶牙俐齿，但是在那一刻，我竟无言以对。

是啊，她说的对，没用，不能提分。但是，亲爱的同学，我并没有在浪费你的时间，因为刚刚那一刻，我不是在教你怎么考试，我是在做教育！作为一名老师，一名教育工作者，我希望我在课堂上，所传授的不仅仅是实用的知识，因为如果单纯只是拼知识，拼记忆，我们已经输了！

1997 年，由美国 IBM 公司所开发出来的电脑深蓝，挑战世界排名第一的国际象棋大师卡斯帕罗夫，号称为人类尊严而战的卡斯帕罗夫，以一胜二负三平的战绩败给深蓝。

当时就有人说，这国际象棋太简单，看我们的围棋，博大精深、变化无穷，你让计算机玩个围棋试试。二十年后的今天，就在今年的上半年，由谷歌所开发出来的人工智能程序，传说中的阿尔法狗，以4比1的战绩，完胜世界围棋冠军李世石九段。这场人机大战再次以机胜人败的结局告终，那真是啪啪打脸。人工智能，聪明过人；网络信息，知识过人；电脑反应，敏捷过人。我们现在已经听到了，有的家长有这样的言论，说：你看，现在这个语文、历史网上信息都有，都能查得到，根本就不用背；数学物理有人工智能，根本也不用算；翻译软件越来越高级，外语也根本不用学。

教育，还有啥用？教育，还有啥用啊！是啊，教育它到底还有啥用？网上前段时间流行过一个段子，说我们之所以要多读书多受教育，就是因为当看到湖面上有一群鸟飞过的时候，我们能吟诵出"落霞与孤鹜齐飞，秋水共长天一色"，而不是在那儿吵吵：我去，全都是鸟！当我们去戈壁旅游，骑着骏马奔腾之时，心中默念着"大漠孤烟直，长河落日圆"，而不是在那儿喊：哎呀妈呀，都是沙子，快回去吧！当然这是一种调侃，但是不自觉间，就道出了教育的核心含义。教育不仅仅是传授给人以知识，更是提高个人的修为，增强我们对生命的感受力，从而更好地认知自己并且不断地提升自己，我认为这是教育的核心目的，也是指引我们前行的希望的明灯。

其实不仅仅是同学们，就我们老师也是一样的，因追逐名利而失去了自我，也开始变得浮躁。考试前我们押题，我们预测，考试之后我们又牵强地说我们押中了多少个题，有多少个同学因为自己的学习之后提高了多少分，营造出了一种老师高明、学生高超、家长高兴的其乐融融的假象。当年，我对研究考试技巧那也是乐此不疲，选项怎么选，同学们记好，三长一短选一短，三短一长选一长，齐头并进选2B，参差不齐选4D，对不对！同学们特别地买账，奉我为什么考神、偶像、人生导师。慢慢地，他们开始问我一些跟学习不直接相关的内容：老师，我不太想工作，我看同学都去考研了，要不我也去考个研；老师，我爸想让我出国，我妈有点担心，我自己也有点害怕，老师你说我是出国还是不出国；老师，我本科学的是经济，硕士学的是环境工程，你说我毕业之后应该做什么样的工作……

老师，我以后应该做什么？这种迷茫已经成为了一种普遍的现象，我们教了十几年，学生学了十几年，你们竟然不知道自己要做什么。西方的先贤们早就提出过哲学的三大终极问题：我从哪儿来？我是谁？我要去哪？我们之所以不知道我们自己要做什么，就是因为我们不知道自己是谁，而这是教育的巨大缺失与悲哀。

自古强大的民族，都是重视教育的民族，以色列、德国、日本，这些国家的教育，是我们全世界学习的典范。在以色列，小学就开设宗教课；在德国，中学生哲学是必修课；我们去日本访问的时候，我们看到日本的大学生，除了要有繁重的学业之外，还要去参加茶道培训、艺术鉴赏这样的活动。我们同行的一位老师，当时就问了一个特别经典的问题，这有啥用啊？那个日本的老师非常淡然，说：这些活动是教育的重要组成部分，是修心啊！这样才能更好地让同学们了解自己。是啊，不了解自己，我们怎么可能知道我们将来要做什么，如果个人都不知道自己要做什么，国家与民族就更不知道自己要做什么，那怎么会有在战火中依然强大的以色列？怎么会有在"二战"的废墟之上崛起的德国与日本？

而我们的国家，我们的民族更是如此啊，我们中国被称为文明古国，经千年颠沛而魂魄不散，历万种灾厄而总能重生，就是因为我们重视教育，我们尊师重道。早在我们文化的起源，就已经将孔子这位伟大的教育家，立为我们这个文化的精神图腾。而对于教育的执念，即便在最困苦的岁月，最艰难的日子里，总有人不抛弃，总有人把教育重新拾起、擦拭，奉还于我们的神坛！

曾经我们说，读书无用，才学与财富不成正比，造就了这个社会浮躁的状态，然而什么都可以浮躁，唯独教育不可以！教育是什么，教育是社会良心的底线，是人类灵魂的净土，是立国之本，是强国之基。教育有啥用？教育就是帮助我们个人认知自己，帮助这个民族认知自己，我们才有可能掌握个人的命运，并且创造这个国家的未来。我们作为教育者，作为受教育者，要始终谨记，教育、读书的终极目的：为天地立心，为生民立命，为往圣继绝学，为万世开太平！

所以下一次，我再讲课的时候，我还会在课程的规定时间之内，教给同学们答题的方法和技巧，但是我会多讲五分钟，我多讲五分钟的林语堂，多讲五分钟的许渊冲，多讲五分钟的王佐良……请别再问我，这有啥用？这五分钟，我不教你考试，请允许我做一次教育！谢谢大家！

（2017年《演说家》第七期）

问题讨论

1．演讲的特征有哪些？为什么说一次成功的演讲离不开鼓动性？
2．演讲对演讲者本身和社会分别有什么作用？
3．演讲分为哪几类？比较政治演讲和法律演讲的不同。

实战演练

1．结合本章内容，集体观摩一次演讲与论辩比赛，或观看电视演讲赛与辩论赛录像，从感性上认识演讲与口才的性质、功能。

2．请结合董仲蠡老师的演讲《教育的意义》，谈谈教育演讲的主要特点。

第二章 普通话语音训练

学习目标

　　本章主要通过普通话语音学习与训练，认识学习普通话的目的和意义，了解普通话语音的基础知识，掌握普通话声母、韵母与声调的发音方法与方音辨正，掌握普通话语流音变的规律，掌握朗读的基本要求与朗读技巧，使学生能准确发音，提高普通话水平和朗读水平，并将普通话作为交际语言来提高自身的口语表达能力。

第一节　普通话及其语音概述

【知识要点】

普通话概述

普通话的地位与作用

普通话语音概述

普通话的吐字归音

一、普通话概述

　　普通话是现代汉语的标准语，普通话口语是现代汉语的标准口语，是我国汉民族各方言地区和我国各民族之间进行交际的工具，即我们国家的通用语言。

　　1955年10月，相继在北京召开的全国文字改革会议和现代汉语规范问题学术会议，将现代汉民族共同语正式定名为"普通话"，并为"普通话"下了科学的定义：普通话是以北京语音为标准音，以北方方言为基础方言，以典范的现代白话文著作为语法规范的现代汉民族共同语。

　　"普通"是"普遍通行""共通"的意思。此定义从语音、词汇、语法三方面确定了现代汉民族共同语的标准："以北京语音为标准音"是语音规范，但摒弃了北京话中的一些土音、异读和轻声、儿化；"以北方方言为基础方言"是词汇规范，但也排除了北方方言中的土语成分，选择性地吸收了古汉语、其他方言和外国语中的词汇；"以典范的现代白话文著作为语法规范"，突出了以书面语为标准的规范性与示范性。

二、普通话的地位与作用

　　普通话是我国法定的全国通用语言。《中华人民共和国宪法》第19条明确规定："国家推广全国通用的普通话。"由全国人大常委会通过，自2001年1月1日起施行的《国家通用语言文字法》，明确了普通话作为国家通用语言的地位。

　　普通话是以汉语授课的各级各类学校的教学语言；是以汉语传送的各级广播电台、

电视台的规范语言,是汉语电影、电视剧、话剧必须使用的规范语言;是我国党政机关、团体、企事业单位干部在公务活动中必须使用的工作语言。

普通话是口语展示过程的语音形式,因此,学好普通话,提高普通话水平,培养良好的语感,有助于提高学生的口语表达能力,进而增强社交交流和沟通的能力。

三、普通话语音概述

语言是人类最重要的交际工具,而语音则是语言的物质外壳,是由人的发音器官发出来的能够表示一定意义的声音。音节是构成语音的基本单位,它既是听感上最易分辨的最小的语音片段,也是语流中最自然的语音单位。一般而言,一个汉字的读音就是一个音节(儿化韵除外)。

在语音学上,音素是构成语音的最小单位,音节通常由一个或数个音素组成。音素分为元音、辅音两大类。元音也叫母音,是在发音时声带振动,气流通过口腔、鼻腔不受任何阻碍而形成的音,声音响亮。辅音也叫子音,是在发音时声带不一定振动,气流通过口腔受到阻碍而形成的音,声音不响亮。普通话中,一个音节最少有一个音素,最多有四个音素。"wu"只有一个音素,"guang"有四个音素,即 g、u、a、ng。在普通话语音中,共有 32 个音素,即 10 个元音和 22 个辅音。10 个元音即 10 个单韵母,包括 7 个舌面元音 a、o、e、ê、i、u、ü,2 个舌尖元音 -i(前)、-i(后),1 个卷舌元音 er;22 个辅音即 21 个辅音声母和韵尾 ng。

普通话语音系统主要包括声母、韵母、声调以及音变等。其中,汉字音节由声母、韵母、声调三部分组成,而常见的音变现象包括变调、轻声、儿化和"啊"的变读。

四、普通话的吐字归音

普通话的吐字归音是指一个汉字的发音过程。它把汉字的发音过程分成出字、立字和归音三个阶段,即吐字发音时要咬准字头,发响字腹和咬紧字尾,从字头滑到字腹,再滑到字尾,形成一个"枣核形"的整体。这样才能收到吐字有力、归音到位、全字清晰、声音饱满、弹发有力的好效果。

我国传统的戏曲语言很重视吐字归音,要求字正腔圆。一些老艺人提出"嘬字如嘬虎",意思是吐字发音好比老虎叼着虎仔过山涧,既不能咬死,又不能松掉,用力必须恰到好处。这一比喻形象地说明了吐字发音必须既准且美的道理。

培养良好的语感必须正确地吐字归音。吐字归音要求发音既要准确规范,又要清晰集中。吐字要符合普通话声、韵、调、音节、音变等发音标准,声母发音出字要部位准确,弹发有力;韵腹发音立字要稳而长,趋向鲜明;韵尾归音要到位,干净利落。因此,在普通话训练中要注重发音方法,提高字音质量,字字真切,清清楚楚,毫不含糊。吐字归音还要求声音既圆润饱满,又流畅自如,声音要悦耳,无杂音噪声,如珠圆玉润,字音组合灵活轻捷,富有节奏感和音乐美。可以说,吐字归音对培养语感有重要的作用。

第二节 语音基础训练

【知识要点】

汉字音节构成

普通话声母、韵母、声调的基本知识

普通话声母、韵母、声调的发音训练

普通话声母、韵母、声调的发音辨正

一、汉字音节构成

普通话语音系统主要包括声母、韵母、声调以及音变等。其中，汉字音节由声母、韵母、声调三部分组成。声母是音节开头的部分。普通话共有 21 个辅音声母和一类零声母（由韵母直接构成的音节）。韵母是音节中声母后面的部分，主要由元音或以元音为主要成分构成。普通话共有 39 个韵母，分为单韵母、复韵母和鼻韵母三类。声调是音节在发音时的高低升降变化，包括阴平、阳平、上声、去声。声调是音节结构中不可缺少的部分，有区别意义的作用。一个音节可以没有声母，但不能缺少韵母和声调。

二、声母

（一）声母概述

声母是音节开头的部分。普通话共有 21 个声母。声母的发音取决于其发音部位和发音方法。根据发音部位的不同，声母可分为以下七类。

（1）双唇音。发音时，上唇和下唇闭合构成阻碍，包括 3 个：b、p、m。

（2）唇齿音。发音时，上齿和下唇靠拢构成阻碍，包括 1 个：f。

（3）舌尖中音。发音时，舌尖和上齿龈接触构成阻碍，包括 4 个：d、t、n、l。

（4）舌根音。发音时，舌根和软腭接触构成阻碍，包括 3 个：g、k、h。

（5）舌面音。发音时，舌面和硬腭前部接触构成阻碍，包括 3 个：j、q、x。

（6）舌尖前音。发音时，舌尖和上门齿背接触构成阻碍，包括 3 个：z、c、s。

（7）舌尖后音。发音时，舌尖和硬腭的最前端接触构成阻碍，包括 4 个：zh、ch、sh、r。

普通话的声母都是辅音声母，但辅音发音不响亮，为便于教学，常常在声母的本音后加上一个元音来读，这样发出的音叫作呼读音。发声母呼读音时，元音应尽量短一些，以突出声母本音。

除辅音声母外，还有一类零声母，即没有辅音声母，是由韵母直接构成的零声母音节，如 ai、ou、en、yu、wu 等。

（二）声母发音训练

1. 双唇音：b、p、m

发音时，上唇和下唇闭合构成阻碍。呼读音为：bo、po、mo。力量应集中在双唇中央，爆发成声，归音到圆唇的 o。

示例

b	宝贝 bǎobèi	颁布 bānbù	辨别 biànbié	把柄 bǎbǐng	标榜 biāobǎng
p	偏僻 piānpì	澎湃 péngpài	品评 pǐnpíng	偏旁 piānpáng	乒乓 pīngpāng
m	门面 ménmiàn	美满 měimǎn	盲目 mángmù	茂密 màomì	埋没 máimò

2．唇齿音：f

发音时，上齿和下唇靠拢构成阻碍。呼读音为：fo。上齿与下唇自然成阻，轻擦成音，不要上齿咬下唇，归音到圆唇的 o。

 示例

f	佛法 fófǎ	防范 fángfàn	肺腑 fèifǔ	纷飞 fēnfēi　丰富 fēngfù

3．舌尖中音：d、t、n、l

发音时，舌尖和上齿龈接触构成阻碍。呼读音为：de、te、ne、le。舌尖抵住并灵活有力地弹击上齿龈，归音到展唇的 e。

 示例

d	导弹 dǎodàn	大度 dàdù	电灯 diàndēng	调动 diàodòng	断定 duàndìng
t	淘汰 táotài	疼痛 téngtòng	谈吐 tántǔ	推脱 tuītuō	天堂 tiāntáng
n	奶牛 nǎiniú	能耐 néngnai	泥泞 nínìng	恼怒 nǎonù	扭捏 niǔniē
l	理论 lǐlùn	伶俐 línglì	老练 lǎoliàn	利落 lìluo	褴褛 lánlǚ

4．舌根音：g、k、h

发音时，舌根和软腭接触构成阻碍。呼读音为：ge、ke、he。舌头后缩，舌根抬起，抵住软腭，归音到展唇的 e。

 示例

g	规格 guīgé	灌溉 guàngài	巩固 gǒnggù	广告 guǎnggào	挂钩 guàgōu
k	开垦 kāikěn	苦口 kǔkǒu	亏空 kuīkōng	宽阔 kuānkuò	可靠 kěkào
h	海涵 hǎihán	花卉 huāhuì	欢呼 huānhū	黄河 huánghé	好坏 hǎohuài

5．舌面音：j、q、x

发音时，舌面和硬腭前部接触构成阻碍。呼读音为：ji、qi、xi。舌面轻抵硬腭前部，先塞后擦，归音到齐齿的 i，不能圆唇。

 示例

j	经济 jīngjì	解决 jiějué	家具 jiājù	军舰 jūnjiàn	绝技 juéjì
q	亲切 qīnqiè	请求 qǐngqiú	前期 qiánqī	恰巧 qiàqiǎo	权且 quánqiě
x	学习 xuéxí	现象 xiànxiàng	虚心 xūxīn	血型 xuèxíng	校训 xiàoxùn

6．舌尖前音：z、c、s

发音时，舌尖和上门齿背接触构成阻碍。呼读音为：zi、ci、si。舌尖平伸，触及上门齿背成阻，气流冲出破除阻碍，摩擦成声，归音到齐齿的-i（前）。

示例

z	自在 zìzài	造作 zàozuò	藏族 zàngzú	总则 zǒngzé	最早 zuìzǎo
c	从此 cóngcǐ	猜测 cāicè	仓促 cāngcù	参差 cēncī	粗糙 cūcāo
s	思索 sīsuǒ	色素 sèsù	琐碎 suǒsuì	洒扫 sǎsǎo	松散 sōngsǎn

7. 舌尖后音：zh、ch、sh、r

发音时，舌尖和硬腭的最前端接触构成阻碍。呼读音为：zhi、chi、shi、ri。舌尖翘起，与硬腭前端成阻，气流冲出破除阻碍，摩擦成声，归音到齐齿的-i（后）。

 示例

zh	政治 zhèngzhì	住宅 zhùzhái	珍珠 zhēnzhū	主张 zhǔzhāng	招展 zhāozhǎn
ch	初春 chūchūn	惆怅 chóuchàng	拆除 chāichú	赤诚 chìchéng	穿插 chuānchā
sh	手术 shǒushù	山水 shānshuǐ	声势 shēngshì	伤神 shāngshén	闪烁 shǎnshuò
r	仍然 réngrán	容忍 róngrěn	柔弱 róuruò	人瑞 rénruì	荣辱 róngrǔ

（三）声母发音辨正

1. 分辨平舌音 z、c、s 与翘舌音 zh、ch、sh

（1）正音训练。z、c、s 与 zh、ch、sh 的发音方法完全相同，唯一不同的是发音部位。因此，找准平、翘舌音的发音部位，纠正发音偏误。

首先，分辨舌的动作：发 z、c、s 时，舌尖向前平伸，舌面是平的；发 zh、ch、sh 时，舌尖向上翘起，舌面微微上翘，但不能卷舌。

其次，体会舌尖接触的部位：发 z、c、s 时，舌尖抵住上齿背；发 zh、ch、sh 时，舌尖抵住硬腭前端。

最后，注意唇形的不同：发 z、c、s 时，唇形平展；发 zh、ch、sh 时，嘴唇稍向外突出。

 示例1

z-zh	杂 zá—闸 zhá	仄 zè—这 zhè	
	增 zēng—争 zhēng	怎 zěn—诊 zhěn	
	造就 zàojiù—照旧 zhàojiù	自愿 zìyuàn—志愿 zhìyuàn	
	阻力 zǔlì—主力 zhǔlì	姿势 zīshì—知识 zhīshi	
c-ch	擦 cā—插 chā	藏 cáng—尝 cháng	
	草 cǎo—吵 chǎo	村 cūn—春 chūn	
	葱郁 cōngyù—充裕 chōngyù	蚕丝 cánsī—禅师 chánshī	
	木材 mùcái—木柴 mùchái	粗布 cūbù—初步 chūbù	
s-sh	伞 sǎn—闪 shǎn	俗 sú—熟 shú	
	算 suàn—涮 shuàn	髓 suǐ—水 shuǐ	
	私人 sīrén—诗人 shīrén	桑叶 sāngyè—商业 shāngyè	
	撒气 sāqì—杀气 shāqì	搜集 sōují—收集 shōují	

示例2

历史使人聪明，诗歌使人机智，数学使人精细，哲学使人深邃，道德使人严肃，逻辑与修辞使人善辩。

示例 3

红砖堆、青砖堆，砖堆旁边蝴蝶追，蝴蝶绕着砖堆飞，飞来飞去蝴蝶钻砖堆。

紫瓷盘，盛鱼翅。一盘熟鱼翅，一盘生鱼翅。迟小池拿了把瓷汤匙，要吃清蒸美鱼翅。一口鱼翅刚到嘴，鱼刺刺进齿缝里，疼得小池拍腿挠牙齿。

石、斯、施、史四老师，天天和我在一起。石老师教我大公无私，斯老师给我精神粮食，施老师叫我遇事三思，史老师送我知识钥匙。我感谢石、斯、施、史四老师。

（2）掌握平、翘舌音字的规律。掌握了平翘舌音的准确发音，还要进一步分辨平、翘舌音字。在普通话常用字中，平、翘舌音字的比例是：翘舌音字占 70%左右，平舌音字占 30%左右。利用以下规律，可以分辨、记忆平、翘舌音字。

① 利用声韵母拼合规律。

一是 ua、uai、uang 不与 z、c、s 相拼，而与 zh、ch、sh 相拼。

示例

zh　抓 zhuā　　拽 zhuài　　庄 zhuāng

ch　踹 chuài　　闯 chuǎng

sh　耍 shuǎ　　帅 shuài　　爽 shuǎng

二是 z、c、s 与 en、eng 相拼的字常用的只有十多个（包括以"曾"为声旁的字），其余都是翘舌音与 en、eng 相拼。

示例

z　怎 zěn　　曾 zēng

c　参岑涔 cēn　　层曾 céng

s　森 sēn

三是 ong 与 s 相拼，但不与 sh 相拼。

示例

s　松 sōng　嵩 sōng　怂 sǒng　耸 sǒng　颂 sòng　诵 sòng

② 利用形声字声旁类推。

一是通常一个字的声母是平舌音，以这个字为声旁的字也是平舌音；一个字的声母是翘舌音，以这个字为声旁的字也是翘舌音。

示例

子 z　　孜孳仔籽字 z

次 c　　瓷茨 c　资姿咨恣 z

司 s　　伺（伺机）饲嗣 s　词祠伺（伺候）c

中 zh　　钟盅忠衷肿种仲 zh　冲 ch

辰 ch　　震振赈 zh　晨宸唇 ch　娠蜃 sh

生 sh　　笙甥牲胜 sh

有个别情况例外，本来是平舌音（或翘舌音）的字，做声旁时，有些字成了翘舌音（或平舌音）。

示例

宗 z　棕综踪鬃粽 z　崇 ch

才 c　财材 c　豺 ch

叟 s　搜艘嗖馊 s　瘦 sh

占 zh　沾粘毡站战 zh　钻 z

察 ch　檫嚓礤 ch　擦 c

沙 sh　纱沙莎砂鲨痧裟 sh　娑 s

二是通常如果一个字的声旁的声母是 d、t，或者虽然声母不是 d、t，但在声母是 d、t 的字中做声旁，那么这个字多是翘舌音。

示例

声旁的声母是 d：

带 d—滞 zh　兑 d—税说 sh　单 d—婵禅（参禅）蝉 ch　禅（禅让）sh

声旁的声母是 t：

土 t—社 sh　台 t—治 zh　始 sh　童 t—撞幢 zh

在声母是 d、t 的字中做声旁：

待等 d　特 t—痔 zh　持 ch　诗侍特 sh　地 d　他拖 t—池驰弛 ch

2. 分辨鼻音 n 与边音 l

（1）正音训练。n 与 l 都是舌尖中音，它们的发音部位相同，但发音方法不同。

发鼻音 n 时，舌尖及舌面均上抬，舌尖抵住上齿龈，软腭下降，堵住口腔通道，打开鼻腔通道，气流从鼻腔通过。

发边音 l 时，舌尖上抬，抵住上齿龈，软腭上升，挡住鼻腔通道，气流从舌头两边通过。

示例 1

奶酪 nǎilào　　农林 nónglín　　留念 liúniàn　　冷暖 lěngnuǎn

年代 niándài—连带 liándài　女客 nǚkè—旅客 lǚkè　年息 niánxī—怜惜 liánxī

示例 2

门外有四辆大马车，你爱拉哪两辆就拉哪两辆。

大柳河旁有六十六棵大青柳，大青柳下有六十六个柳条篓，六十六个小朋友学编篓，教编篓的是大柳河乡大柳河村的六十六岁的刘老六。

（2）掌握以 n 和 l 为声母的字的规律。掌握了 n 和 l 的准确发音，还要进一步分辨以 n 和 l 为声母的字。

① 利用形声字声旁类推。普通话里 l 声母的字多，n 声母的字少，可以先记住以 n 声母字做声旁的字，如"那内乃南尼宁农奴囊儿辇念聂"，或以 n 为声母的同声旁的字，

如"恼粘孽扭诺糯"。

 示例

内 n　呐纳钠衲 n

奴 n　驽孥弩努笯怒 n

扭 n　妞钮纽忸杻狃 n

孽 n　蘖蘖 n

② 记少不记多。en 与 n 相拼，不与 l 相拼。eng、iang、in、ou 与 n 相拼的字很少，其余都是与 l 相拼。

 示例

n　嫩恁 nèn　　　能 néng　　　酿 niàng　　　您恁 nín　　　耨 nòu

3. 分辨唇齿音 f 与舌根音 h

（1）正音训练。f 与 h 的发音部位完全不同，但发音方法相同，由于受方言的影响，二者经常混淆。

发 f 时，上齿与下唇内缘接触，唇形向两边展开，气流从上齿与下唇间挤出。

发 h 时，舌头后缩，舌根抬起抵住软腭，气流从舌根与软腭间挤出，唇齿不能接触。

 示例 1

发挥 fāhuī　　　返航 fǎnháng　　　恢复 huīfù　　　横幅 héngfú

开发 kāifā—开花 kāihuā　　　方圆 fāngyuán—荒原 huāngyuán

公费 gōngfèi—工会 gōnghuì　　　附注 fùzhù—互助 hùzhù

 示例 2

洪湖荷花好绘画，画好洪湖画荷花。

黄虹飞，翻粪肥。肥混粪，粪混灰，不知是灰混粪还是肥混灰。

（2）掌握以 f 和 h 为声母的字的规律。掌握了 f 和 h 的准确发音，还要进一步分辨以 f 和 h 为声母的字。

① 利用声韵拼合规律。

一是 ua、uai、uang、ui、uo、un、ong 与 h 相拼，但不与 f 相拼。

 示例

h　化 huà　坏 huài　黄 huáng　辉 huī　或 huò　婚 hūn　宏 hóng

二是声旁声母是 b、p 的形声字，通常有一部分字读 f 声母；声旁声母是 g、k 的形声字，通常有一部分字读 h 声母。

 示例

畐 b　福幅辐蝠副富 f

干 g　鼾犴顸邗罕汗旱 h

② 利用形声字声旁类推。

 示例

方 f 芳坊房肪妨防仿纺访昉放 f

皇 h 凰煌惶蝗篁湟隍徨遑 h

三、韵母

(一)韵母概述

韵母是音节中声母后面的部分(零声母音节的全部)。韵母是一个普通话音节中最重要的部分,它在一个音节中所占的时值较长,动程较大,所占的音节结构部分也较多。没有韵母,音节就无法发出,也就无法表达意思。

普通话共有 39 个韵母。韵母由韵头、韵腹和韵尾三部分组成,韵腹也叫主要元音,它的发音比韵头、韵尾清晰响亮,是韵母的核心,是韵母必不可少的部分。根据内部结构特点的不同,韵母可分为以下三类。

1. 单元音韵母

单元音韵母是指由一个元音构成的韵母,简称单韵母。普通话有 10 个单韵母。

(1)舌面元音。包括 7 个:a、o、e、ê、i、u、ü。

(2)舌尖元音。包括 2 个:-i(前)、-i(后)。

(3)卷舌元音。包括 1 个:er。

2. 复元音韵母

复元音韵母是指由两个或三个元音组合而成的韵母,简称复韵母。普通话有 13 个复韵母。

(1)前响复韵母。由韵腹(响音)和韵尾构成的复韵母,包括 4 个:ai、ei、ao、ou。

(2)中响复韵母。由韵头、韵腹(响音)和韵尾构成的复韵母,包括 4 个:uai、uei、iao、iou。

(3)后响复韵母。由韵头和韵腹(响音)构成的复韵母,包括 5 个:ia、ie、ua、uo、üe。

3. 鼻韵母

鼻韵母是指由一个或两个元音与鼻辅音 n 或 ng 组合而成的韵母。普通话有 16 个单韵母。

(1)前鼻韵母。以-n 为韵尾的韵母,包括 8 个:an、en、in、ian、uan、üan、uen、ün。

(2)后鼻韵母。以-ng 为韵尾的韵母,包括 8 个:ang、eng、ing、iang、uang、ueng、ong、iong。

(二)韵母发音训练

1. 单韵母

单韵母发音时无动程,唇形和舌位始终保持不变。

(1)舌面元音。发音时,舌面起主要作用。根据舌位的高低、舌的前后与唇的圆展形成不同的舌面元音。

示例

a	发达 fādá	打靶 dǎbǎ	麻纱 máshā	刹那 chànà
o	泼墨 pōmò	薄膜 bómó	磨破 mópò	卧佛 wòfó
e	色泽 sèzé	特色 tèsè	割舍 gēshě	车辙 chēzhé
ê	贴切 tiēqiè	月缺 yuèquē	血液 xuèyè	铁鞋 tiěxié
i	集体 jítǐ	利益 lìyì	笔记 bǐjì	洗衣 xǐyī
u	瀑布 pùbù	读书 dúshū	服务 fúwù	出路 chūlù
ü	区域 qūyù	须臾 xūyú	语句 yǔjù	女婿 nǚxù

（2）舌尖元音。发音时，舌尖起主要作用。舌尖元音的舌位都很高，不圆唇，但是，-i（前）舌尖靠前，只出现在 z、c、s 后面；-i（后）舌尖靠后，只出现在 zh、ch、sh、r 后面。

 示例

| -i（前） | 自私 zìsī | 刺死 cìsǐ | 恣肆 zìsì | 字词 zìcí |
| -i（后） | 支持 zhīchí | 食指 shízhǐ | 日食 rìshí | 迟滞 chízhì |

（3）卷舌元音。发音时，是由元音加卷舌动作形成的。er 虽由两个字母表示，仍是单元音韵母，r 只是表示卷舌动作的符号。

 示例

| er | 儿 ér | 而 ér | 耳 ěr | 二 èr |

2. 复韵母

复韵母发音时有动程，即由一个元音逐渐滑动到另一个元音，唇形和舌位都会发生变动，中间没有界限，浑然一体；且韵腹发音清晰响亮，时值长。

（1）前响复韵母。前响复韵母发音时，韵腹发音清晰响亮，时值长，韵尾发音轻短模糊。

 示例

ai	白菜 báicài	拆台 chāitái	买卖 mǎimài	灾害 zāihài
ei	飞贼 fēizéi	黑妹 hēimèi	配备 pèibèi	蓓蕾 bèilěi
ao	号召 hàozhào	跑道 pǎodào	报告 bàogào	照抄 zhàochāo
ou	丑陋 chǒulòu	欧洲 ōuzhōu	豆蔻 dòukòu	收购 shōugòu

（2）中响复韵母。中响复韵母发音时，韵头发音轻短，韵腹发音清晰响亮，时值长，韵尾发音轻短模糊。

 示例

iao	逍遥 xiāoyáo	巧妙 qiǎomiào	苗条 miáotiao	缥缈 piāomiǎo
iou（iu）	优秀 yōuxiù	悠久 yōujiǔ	牛油 niúyóu	绣球 xiùqiú
uai	摔坏 shuāihuài	外快 wàikuài	怀揣 huáichuāi	外踝 wàihuái

uei（ui）　　汇兑 huìduì　　　摧毁 cuīhuǐ　　　水位 shuǐwèi　　　尾随 wěisuí

（3）后响复韵母。后响复韵母发音时，韵头发音轻短，韵腹发音清晰响亮，时值长。

示例

ia	假牙 jiǎyá	掐架 qiājià	下嫁 xiàjià	加价 jiājià
ie	结业 jiéyè	贴切 tiēqiè	歇业 xiēyè	谢帖 xiètiě
ua	挂花 guàhuā	耍滑 shuǎhuá	花袜 huāwà	画画 huàhuà
uo	火锅 huǒguō	堕落 duòluò	阔绰 kuòchuò	蹉跎 cuōtuó
üe	雀跃 quèyuè	决绝 juéjué	绝学 juéxué	约略 yuēlüè

3. 鼻韵母

鼻韵母发音时有动程，即由元音向鼻辅音逐渐滑动的过程。

（1）前鼻韵母。前鼻韵母发音时，元音开头，前鼻辅音-n 收尾，收尾时舌尖前伸，抵住上齿龈，气流从鼻腔出来，嘴唇的开口度稍小。

示例

an	安然 ānrán	橄榄 gǎnlǎn	谈判 tánpàn	展览 zhǎnlǎn
en	根本 gēnběn	认真 rènzhēn	深沉 shēnchén	振奋 zhènfèn
in	贫民 pínmín	殷勤 yīnqín	民心 mínxīn	金银 jīnyín
ian	简练 jiǎnliàn	绵延 miányán	检验 jiǎnyàn	变天 biàntiān
uan	贯穿 guànchuān	婉转 wǎnzhuǎn	专断 zhuānduàn	宽缓 kuānhuǎn
üan	源泉 yuánquán	全员 quányuán	轩辕 xuānyuán	渊源 yuānyuán
uen（un）	昆仑 kūnlún	春笋 chūnsǔn	混沌 húndùn	温顺 wēnshùn
ün	军训 jūnxùn	均匀 jūnyún	菌群 jūnqún	逡巡 qūnxún

（2）后鼻韵母。后鼻韵母发音时，元音开头，后鼻辅音-ng 收尾，收尾时舌尖后缩，舌根抬起抵住软腭，气流从鼻腔出来，嘴唇的开口度稍大。

示例

ang	帮忙 bāngmáng	肮脏 āngzāng	沧桑 cāngsāng	厂房 chǎngfáng
eng	丰盛 fēngshèng	整风 zhěngfēng	更正 gēngzhèng	增生 zēngshēng
ing	宁静 níngjìng	平定 píngdìng	命令 mìnglìng	倾听 qīngtīng
iang	响亮 xiǎngliàng	强将 qiángjiàng	踉跄 liàngqiàng	像样 xiàngyàng
uang	窗框 chuāngkuàng	装潢 zhuānghuáng	狂妄 kuángwàng	双簧 shuānghuáng
ueng	嗡嗡 wēngwēng	水瓮 shuǐwèng	老翁 lǎowēng	
ong	从容 cóngróng	轰动 hōngdòng	工农 gōngnóng	总统 zǒngtǒng
iong	穷窘 qióngjiǒng	汹涌 xiōngyǒng	穷凶 qióngxiōng	炯炯 jiǒngjiǒng

（三）韵母发音辨正

1. 分辨前后鼻韵母

（1）正音训练。发好前后鼻韵母的关键在于分清前后鼻音韵尾-n、-ng 的发音部位。

发-n 时,舌头向前伸,抵住上齿龈,嘴唇的开口度较小。发-ng 时,舌头后缩,舌根抬起抵住软腭,嘴唇的开口度稍大。

把 n、-ng 发准后,再和前面的元音结合,就能发准前后鼻韵母了。为了找准 n、ng 的发音部位,练习时,可以在前鼻韵母的字后面配一个声母是舌尖中音(d、t、n、l)的字,在后鼻韵母的字后面配一个声母是舌根音(g、k、h)的字。

 示例 1

喧闹 xuānnào	忍耐 rěnnài	亲昵 qīnnì	愠怒 yùnnù
滥调 làndiào	阴毒 yīndú	看台 kàntái	婚礼 hūnlǐ
降格 jiànggé	正规 zhèngguī	清高 qīnggāo	忠骨 zhōnggǔ
宁可 nìngkě	统考 tǒngkǎo	融合 rónghé	航海 hánghǎi

示例 2

烂漫 lànmàn—浪漫 làngmàn　　　　环城 huánchéng—皇城 huángchéng
开饭 kāifàn—开放 kāifàng　　　　　市镇 shìzhèn—市政 shìzhèng
陈旧 chénjiù—成就 chéngjiù　　　　身材 shēncái—生财 shēngcái
信服 xìnfú—幸福 xìngfú　　　　　　金银 jīnyín—经营 jīngyíng
亲近 qīnjìn—清静 qīngjìng　　　　　勋章 xūnzhāng—胸章 xiōngzhāng
春分 chūnfēn—冲锋 chōngfēng　　　应允 yīngyǔn—英勇 yīngyǒng

示例 3

扁担长,板凳宽,扁担没有板凳宽,板凳没有扁担长,扁担绑在板凳上,板凳不让扁担绑在板凳上,扁担偏要绑在板凳上。

天上满天星,地上满山灯,满天星亮满天庭,满山灯接满天星。星映灯,灯映星,分不清是灯还是星。

(2)掌握前、后鼻音字的规律。
① 利用声韵母拼合规律。
一是声母 b、p、m、d、t 只与 ian 相拼,不与 iang 相拼。

示例

ian　边编贬扁变辫 b　　篇便片骗 p　　棉眠免勉面 m
　　　巅滇点典电垫店 d　天添田甜舔 t

二是声母 d、t、n、l、z、c、s、r 只与 uan 相拼,不与 uang 相拼。

示例

uan　端短段断锻 d　湍团 t　　　暖 n　　　峦孪栾卵乱 l
　　　钻攥纂 z　　余窜撺篡 c　酸算蒜 s　软阮 r

三是声母 d、t、n 多与 ing 相拼,一般不与 in 相拼("您恁 nin"除外)。

示例

ing 丁叮鼎顶订定 d 厅听亭停廷庭挺 t 宁拧凝咛宵佞 n

四是声母 d、t、n、l 多与 eng 相拼，一般不与 en 相拼（"扽 den、嫩恁 nen"除外）。

 示例

eng 灯登凳戥等邓 d 疼腾藤滕誊 t 能 n 棱冷楞愣 l

五是 üan 韵母没有对应的后鼻音韵母，因此，韵母是 üan 的字肯定是前鼻音。

 示例

üan 捐娟卷眷绢隽倦 j 圈全泉拳犬蜷劝 q 轩瑄悬玄旋选癣 x
冤源圆缘园员远院 y

② 利用形声字声旁类推。一般而言，以前鼻韵母字为声旁的字也是前鼻韵母字；以后鼻韵母字为声旁的字也是后鼻韵母字。常做声旁的前、后鼻韵母字有：

an(ian)—安番半般曼反旦南兰甘干占山展善奋延扁面

en—本分门文昆甚辰申壬刃

in—因音阴引金今斤巾宾民林亲禽心辛

ang(iang)—昂亢印旁方亡当唐堂上尚良长丈昌庄仓向襄

eng—彭朋蒙风丰登更正争成呈生声曾

ing—英应鹰婴丙并平名明丁定廷亭宁令茎青竟星刑

 示例

申 en 伸绅砷珅呻神审婶
昌 ang 唱娼倡猖菖阊鲳

有个别情况例外，需特殊记忆，如并 bìng—拼 pīn 骈 pián，兵 bīng—宾 bīn，令 lìng—拎 līn 等。

2. 分辨 ai、uai 与 ei、uei

（1）正音训练。ai、uai 与 ei、uei 都是复韵母，区别主要在于开口度的大小不同。ai、uai 的主要元音是 a，发音时从 a 滑向 i，动程较明显，开口度较大；ei、uei 的主要元音是 e，发音时从 e 滑向 i，动程不明显，开口度较小。

 示例

小麦 xiǎomài—小妹 xiǎomèi 分派 fēnpài—分配 fēnpèi
埋头 máitóu—眉头 méitou 怪人 guàirén—贵人 guìrén
外来 wàilái—未来 wèilái 卖力 màilì—魅力 mèilì

（2）掌握 ai、uai 与 ei、uei 字的规律。总体而言，ai 韵字比 ei 韵字多，uai 韵字比 uei 韵字少。可以采用记少不记多的方法进行记忆。

一是 d、g、h、z 与 ei 相拼的字极少，如"得 děi、给 gěi、黑嘿 hēi、贼 zéi"，其余的读成 ai 韵字即可。

示例

ai　待 dāi　戴 dài　改 gǎi　概 gài　还 hái　海 hǎi　灾 zāi　宰 zǎi

二是 uai 韵字只与 g、k、h、zh、ch、sh、w 相拼，常见的有三十多个字，其余的读成 uei 韵字即可。

示例

guai　乖拐怪
kuai　快块会筷侩脍狯
huai　怀淮槐踝徊坏
zhuai　拽跩转
chuai　揣搋踹
shuai　摔衰甩帅率蟀
wai　歪喎崴外

四、声调

(一) 声调概述

汉语是一种有调语言，不同的声调可以区别不同的意义，还有区别词性以及产生韵律美等多方面的作用，因此，对汉语来说，声调是非常重要的。

声调也叫字调，是指音节中具有区别意义作用的音高变化。声调的实际读法，即音节读音高低、升降、曲折、长短的具体变化值，叫作调值。普通话中有四种调值，即 55、35、214、51；分别对应四种调型，即高平、中升、降升、全降。调值、调型一般采用五度标记法（见图 2-1）进行描述。

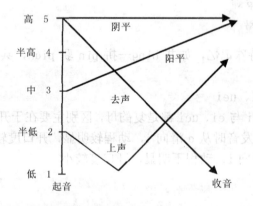

图 2-1　五度标记法

把调值相同的音节归在一起，可以分出不同的类，这些不同声调的类别叫作调类。普通话中有四种调值，对应就有四种调类：阴平、阳平、上声、去声。在教学中常常称为：一声、二声、三声、四声。

标记声调的符号叫作调号，即五度标记法图形的简化形式，也就是《汉语拼音方案》规定的四个调号：　̄、　́、　̌、　̀。调号一般标在一个音节的主要元音（韵腹）上。韵母 iu、ui，调号标在后面的字母上，i 标声调时省去上方的小点。

（二）声调发音训练

1. 阴平

声调高而平，没有升降变化，为高平调。

 示例

春 chūn   方 fāng

东风 dōngfēng   谦虚 qiānxū

收割机 shōugējī   单相思 dānxiāngsī

珍惜光阴 zhēnxī-guāngyīn   江山多娇 jiāngshān-duōjiāo

2. 阳平

声调由中向高扬起，为中升调。

 示例

年 nián   棉 mián

和平 hépíng   才能 cáinéng

联合国 liánhéguó   情人节 qíngrénjié

人民银行 rénmín-yínháng   名存实亡 míngcún-shíwáng

3. 上声

声调由半低降到最低，再升到半高，这是先低降、再升高的曲折调，为降升调。

 示例

古 gǔ   口 kǒu

永远 yǒngyuǎn   古典 gǔdiǎn

展览馆 zhǎnlǎnguǎn   冷处理 lěngchǔlǐ

美好理想 měihǎo-lǐxiǎng   岂有此理 qǐyǒu-cǐlǐ

4. 去声

声调由最高降到最低，中间没有曲折，为全降调。

 示例

热 rè   月 yuè

政治 zhèngzhì   浪漫 làngmàn

创造力 chuàngzàolì   会议室 huìyìshì

变幻莫测 biànhuàn-mòcè   背信弃义 bèixìn-qìyì

第三节 语流音变训练

【知识要点】

语流音变概述

轻声的作用与发音规律

儿化的作用与发音规律

上声和 "一" "不" 的变调

"啊" 的音变

一、语流音变概述

在朗读、说话时,连续不断地发出一连串音节,就会形成语流。

音变就是在连续语流中产生的语音变化。说话时,不可能一个个音节按原有的声音发出来,因为在连续的语流中,前后音节或声调相连时会相互之间受到影响,从而产生各种语音上的变化,这就是普通话语音的音变。

普通话中常见的语流音变现象主要包括轻声、儿化、变调和 "啊" 的音变。其中,轻声、儿化属于语言规范要求的音变,因此在书面拼音形式上有相应的标示规定;变调和 "啊" 的变读属于语流连读中的自然音变,因此在书面拼音形式上不做标示。

二、轻声

普通话的每个音节都有它的声调,但在语流中,有些音节会失去原有的声调,读成短而轻的音,这就是轻声。有轻声音节的词叫作轻声词。

轻声是语流音变中音节读音弱化而产生的音变现象,是一种特殊的变调,不是一个独立的调类,因此轻声只能在词语或句子里体现出来,不能独立存在。普通话阴平声、阳平声、上声、去声这四个声调都可能变为轻声。《汉语拼音方案》规定,轻声音节不标声调。

(一)轻声的作用

轻声在普通话里有其独特的重要作用。它不但能够在语流中调节语音节奏,产生听觉上的美感,更重要的是可以起到区别词义、词性甚至短语的作用。

示例

区别词义　老子 lǎozǐ（指道家创始人老聃）—老子 lǎozi（指父亲）

区别词性　花费 huāfèi（动词,因使用而消耗掉）—花费 huāfei（名词,消耗的钱）

区别短语　煎饼 jiānbǐng（动宾短语）—煎饼 jiānbing（名词,一种饼食）

在普通话中,大多数轻声词并不具有辨义等功能,但如果该读轻声而不读,就会使人听起来比较生硬,有时可能会影响语意的表达。

(二)轻声的发音规律

（1）轻声在非上声（阴平、阳平、去声）后,一般读短促的低降调,调值为 31。

示例

阴平·轻声	桌子 zhuōzi	哥哥 gēge	先生 xiānsheng
阳平·轻声	房子 fángzi	婆婆 pópo	头发 tóufa
去声·轻声	扇子 shànzi	弟弟 dìdi	困难 kùnnan

（2）轻声在上声后,一般读短促的半高平调,调值为 44。

示例

上声·轻声　　嗓子 sǎngzi　　姥姥 lǎolao　　耳朵 ěrduo

（三）轻声词的规律

1．根据词语特征或词尾进行记忆

（1）结构助词"的、地、得"。

示例

他的 tāde　　　　　红的 hóngde　　　　愉快地 yúkuàidi
慢慢地 mànmànde　　唱得好 chàngdehǎo　　说得对 shuōdeduì

（2）时态助词"着、了、过"。

示例

走着 zǒuzhe　　听着 tīngzhe　　看了 kànle
用了 yòngle　　来过 láiguo　　吃过 chīguo

（3）语气助词"啊、吧、呀、吗、呢"等。

示例

来啊 lài'a　　走吧 zǒuba　　好呀 hǎoya
想吗 xiǎngma　　谁呢 shuíne

（4）名词、代词后缀"子、儿、头、巴、么、们"等。

示例

孩子 háizi　　　鸟儿 niǎo'er　　馒头 mántou
嘴巴 zuǐba　　　这么 zhème　　　我们 wǒmen

（5）名词后面表方位的"上、下、里、边"等。

示例

天上 tiānshang　　　地下 dìxia
哪里 nǎli　　　　　这边 zhèbian

（6）动词后表趋向的"来、去、上、下"等。

示例

过来 guòlai　　出去 chūqu　　　　带上 dàishang
坐下 zuòxia　　笑起来 xiàoqilai　　看出来 kànchulai

（7）名词、动词重叠的第二个音节。

示例

宝宝 bǎobao　　　星星 xīngxing
尝尝 chángchang　说说 shuōshuo

（8）有些联绵词的第二个音节。

 示例

玻璃 bōli　　　疙瘩 gēda　　　篱笆 líba
含糊 hánhu　　萝卜 luóbo　　喇叭 lǎba

（9）口语中约定俗成的双音节词的第二个音节。

 示例

时候 shíhou　　告诉 gàosu　　咳嗽 késou
行李 xíngli　　凉快 liángkuai　搅和 jiǎohuo

2. 根据词语意义分类别进行记忆

（1）与人体器官有关的轻声词。

 示例

脑袋 nǎodai　　眉毛 méimao　　舌头 shétou
耳朵 ěrduo　　骨头 gǔtou　　　脊梁 jǐliang

（2）与动物有关的轻声词。

 示例

苍蝇 cāngying　刺猬 cìwei　　燕子 yànzi
骆驼 luòtuo　　狐狸 húli　　　蛤蟆 háma

（3）与植物、饮食有关的轻声词。

 示例

牡丹 mǔdan　　石榴 shíliu　　豆腐 dòufu
粮食 liángshi　茄子 qiézi　　柿子 shìzi

（4）表器具、用品的轻声词。

示例

扁担 biǎndan　扫帚 sàozhou　钥匙 yàoshi
口袋 kǒudai　　杯子 bēizi　　戒指 jièzhi

（5）表属性、状态的轻声词。

　📖 **示例**

利落 lìluo 　　　踏实 tāshi 　　　苗条 miáotiao
勤快 qínkuai 　　 舒坦 shūtan 　　　麻烦 máfan

（6）表职业、身份的轻声词。

　📖 **示例**

木匠 mùjiang 　　会计 kuàiji 　　　裁缝 cáifeng
大夫 dàifu 　　　 先生 xiānsheng 　　上司 shàngsi

（7）表亲属、称谓的轻声词。

　📖 **示例**

妈妈 māma 　　　嫂子 sǎozi 　　　女婿 nǚxu
丈人 zhàngren 　　侄儿 zhí'er 　　　爱人 àiren

三、儿化

　　普通话的儿化现象主要由词尾"儿"变化而来。词尾"儿"本是一个独立的音节，当它跟在别的音节后面时，口语中处于轻读的地位，长期与前面的音节流利地连读而产生音变。于是"儿"失去了独立性，"化"到前一个音节，使前一个音节带上了一个轻短微弱的卷舌音，而且前一个音节的韵母也或多或少地发生音变，这种音变现象就叫作"儿化"。后面带有卷舌音的韵母叫作"儿化韵"。

　　儿化是用两个汉字代表一个音节。《汉语拼音方案》规定，拼写儿化时，只在前一个音节的韵母后面加上一个卷舌音符号"r"即可。

　　值得注意的是，在普通话中，有一些词虽然以"儿"结尾，但"儿"是一个独立的音节，不属于儿化的音变现象，如婴儿 yīng'ér、胎儿 tāi'ér、男儿 nán'ér 等。

（一）儿化的作用

儿化不是一种单纯的语音现象，它在表达词语的语法意义和感情色彩上都起着积极的作用。

1. 区别词义

　📖 **示例**

头 tóu（指脑袋）—头儿 tóur（指领导、带头的）
眼 yǎn（指眼睛）—眼儿 yǎnr（指小窟窿、小孔）
信 xìn（信件）—信儿 xìnr（指信息、消息）

2. 区别词性

　📖 **示例**

画 huà（动词）—画儿 huàr（名词）
盖 gài（动词）—盖儿 gàir（名词）
尖 jiān（形容词）—尖儿 jiānr（名词）

3. 表示细、小、轻微之意

 示例

月牙儿 yuèyár　细丝儿 xìsīr　心眼儿 xīnyǎnr　小鱼儿 xiǎoyúr

4. 表示亲切、喜爱等感情色彩或语气

 示例

脸蛋儿 liǎndànr　宝贝儿 bǎobèir　花裙儿 huāqúnr　女孩儿 nǚháir

普通话中还有一些词在儿化后并不改变词义、词性，或附加感情色彩，是口语表达的习惯，只体现一种口语色彩，如床单儿、跑腿儿等。

(二) 儿化的发音规律

(1) 韵腹或韵尾是 a、o、e、ê、u 的韵母，儿化时原韵母直接加卷舌动作 r。此类韵母包括 a、ia、ua、o、uo、ao、iao、e、ie、üe、u、ou、iou。

 示例

板擦儿 bǎncār	刀把儿 dāobàr	豆芽儿 dòuyár	香瓜儿 xiāngguār
围脖儿 wéibór	干活儿 gànhuór	灯泡儿 dēngpàor	纸条儿 zhǐtiáor
唱歌儿 chànggēr	模特儿 mótèr	锅贴儿 guōtiēr	丑角儿 chǒujuér
碎步儿 suìbùr	面糊儿 miànhúr	小偷儿 xiǎotōur	加油儿 jiāyóur

(2) 韵尾是 i、n 的韵母 (in、ün 除外)，儿化时去掉韵尾，韵腹加卷舌动作 r。此类韵母包括 ai、uai、ei、ui、an、ian、uan、en、un。

 示例

车牌儿 chēpáir	一块儿 yīkuàir	刀背儿 dāobèir	油水儿 yóushuǐr
笔杆儿 bǐgǎnr	圆圈儿 yuánquānr	窍门儿 qiàoménr	嘴唇儿 zuǐchúnr

(3) 韵母 i、ü 儿化时，加上元音 [ə] 并卷舌；韵母 in、ün 儿化时，去掉韵尾，加上元音 [ə] 并加卷舌动作 r。

 示例

玩意儿 wányìr	小曲儿 xiǎoqǔr	背心儿 bèixīnr	合群儿 héqúnr

(4) 后鼻音韵母儿化时，去掉韵尾 ng，韵腹变成鼻化元音，并加上卷舌动作 r。

示例

帮忙儿 bāngmángr	药方儿 yàofāngr	板凳儿 bǎndèngr	门缝儿 ménfèngr
花瓶儿 huāpíngr	门铃儿 ménlíngr	酒盅儿 jiǔzhōngr	抽空儿 chōukòngr

(5) 舌尖韵母 -i (前)、-i (后) 儿化时，韵母改为元音 [ə]，并加上卷舌动作 r。

示例

瓜子儿 guāzǐr　　　　挑刺儿 tiāocìr　　　　有事儿 yǒushìr　　　　树枝儿 shùzhīr

四、变调

在语流中，音节与音节相连，有些音节在连读时受相邻音节声调的影响而发生声调的变化，这种音变现象叫作连读变调。变调在汉语中是很常见的现象，一般是由后一个音节的声调影响前一个音节的声调，因此，变调的关键取决于后一个音节的声调。常见的变调主要包括上声的变调和"一""不"的变调。

（一）上声的变调

上声在阴平、阳平、上声、去声前都会产生变调，只有在单念或处于词语末尾、句子末尾才读原调。

1. 上声与非上声相连的变调

（1）上声在非上声（阴平、阳平、去声）音节前，其调值由 214 变为半上声 21。

 示例

上+阴　北方　火车　演出　摆脱
上+阳　祖国　导游　指南　旅行
上+去　想念　稳重　鼓动　晚会

（2）上声在轻声音节前，有以下两种情况：

一是单音节动词重叠和一些习惯上第二个音节读轻声的双音节词，第一个音节的上声调值由 214 变为阳平 35。

 示例

走走　想想　扫扫　等等
打手　哪里　想起　可以

二是亲属称谓中的上声重叠词、由"子"构成的名词等，第一个音节为上声的轻声词，第一个音节的上声调值由 214 变为半上声 21。

 示例

奶奶　姥姥　姐姐　椅子
本子　马虎　老实　口袋

2. 上声与上声相连的变调

（1）两个上声连读时，前一个上声的调值由 214 变为阳平 35。

 示例

友好　首长　处理　本领

（2）三个上声连读时，有以下两种形式：

一是"2+1"，即"双音节+单音节"结构，前两个上声的调值都由 214 变为阳平 35。

示例

展览馆　演讲稿　古典美　领导组

二是"1+2"，即"单音节+双音节"结构，第一个上声的调值由214变为半上声21，第二个上声的调值由214变为阳平35，最后一个上声一般不变调。

 示例

纸老虎　老领导　党小组　冷处理

（3）四个或四个以上的上声相连，先按语音停顿自然分节，然后根据双音节、三音节上声连读变调的规律去读。一般是停顿前的上声读半上，最后一个上声读全上。

 示例

古朴典雅　美好理想　永远友好

（二）"一""不"的变调

1."一"的变调

"一"的原调是阴平，调值为55。在单独使用、表示序数或处于词语末尾、句子末尾时，"一"读原调。例如，第一、十一、一组、统一、不管三七二十一。

"一"一般标原调，不标变调。在语言教学等方面，可根据需要按变调标写。

（1）在阴平、阳平、上声前，"一"的调值由55变为去声51。

 示例

"一" + 阴平　　一般　一天　一端　一生

"一" + 阳平　　一直　一同　一年　一条

"一" + 上声　　一口　一早　一体　一起

（2）在去声前，"一"的调值由55变为阳平35。

 示例

"一" + 去声　　一概　一瞬　一半　一致

（3）夹在三音节词语之间时，"一"读为轻声。

 示例

听一听　看一看　来一碗　尝一下

2."不"的变调

"不"的原调是去声，调值为51。在单独使用、在非去声（阴平、阳平、上声）前或处于词语末尾、句子末尾时，"不"读原调。例如，绝不、毫不、不亲、不平、不想。

"不"一般标原调，不标变调。在语言教学等方面，可根据需要按变调标写。

（1）在去声前，"不"的调值由51变为阳平35。

📖 **示例**

"不" + 去声　　不去　不是　不要　不做

（2）夹在动词和形容词之间，以及动词和补语之间时，"不"读为轻声。

📖 **示例**

谈不谈　会不会　打不开　拿不动

五、"啊"的音变

"啊"是一个表达语气和感情的基本词语。它的本音读作"a"。"啊"有两种用法：一是做叹词，用在句首；二是做语气助词，用在句尾。

（一）"啊"做叹词

"啊"做叹词时，主要是声调存在变化。其声调会随着语言环境和说话的思想感情而变化，可以分别读成阴平、阳平、上声和去声。

1. 啊 ā
阴平，表示惊异或赞叹。

📖 **示例**

啊，真让人高兴，你回来了！

啊！下雪啦！

2. 啊 á
阳平，表示追问或疑问。

📖 **示例**

啊？你说什么？

啊？你为什么回来了？

啊？这种话是他说出来的？

3. 啊 ǎ
上声，表示惊疑或为难。

📖 **示例**

啊？这是怎么回事？

啊？让他去合适吗？

啊？这可怎么办呢？

4. 啊 à
去声，表示应诺（音较短）、醒悟（音较长）或较强烈的惊异赞叹（音较长）。

📖 **示例**

啊，好吧！

啊，我这才明白过来！

啊！亲爱的祖国！

（二）"啊"做语气助词

"啊"做语气助词处在语句末尾时，经常会受前一个音节末尾音素的影响而发生音变。"啊"是连读时产生的音变，切忌分开来读。"啊"总是读轻声，切忌读成重音。对于"啊"的音变，有时并不写出表示它实际读音的"呀、哇、哪"等，而是一律写成"啊"，因此朗读时，要按照"啊"的音变规律去读。"啊"的音变规律主要有以下几种：

（1）前一个音节的尾音是 a、o（ao、iao 除外）、e、ê、i、ü 时，"啊"读作"呀 ya"。

示例

好美的画啊！（huāya）

你快说啊！（shuōya）

天好热啊！（rèya）

快点写啊！（xiěya）

排整齐啊！（qíya）

你赶紧去啊！（qùya）

（2）前一个音节的尾音是 u 或 ao、iao 时，"啊"读作"哇 wa"。

示例

你要好好读书啊！（shūwa）

快走啊！（zǒuwa）

你别迟到啊！（dàowa）

手真巧啊！（qiǎowa）

（3）前一个音节的尾音是 n 时，"啊"读作"哪 na"。

示例

真抱歉啊！（qiànna）

水真深啊！（shēnna）

（4）前一个音节末尾是 ng 时，"啊"读作"nga"。

示例

这孩子多漂亮啊！（liangnga）

天真冷啊！（lěngnga）

夜真静啊！（jìngnga）

他好凶啊！（xiōngnga）

（5）前一个音节的尾音是 -i（前），即前一个音节是 zi、ci、si 时，"啊"读作"za"。

示例

他还是个孩子啊！（ziza）

原来如此啊！（cǐza）

（6）前一个音节的尾音是-i（后），即前一个音节是 zhi、chi、shi、ri 时，"啊"读作"ra"。

 示例

人各有志啊！（zhìra）

快点吃啊！（chīra）

第四节 朗读技巧训练

【知识要点】

朗读概述

朗读与朗诵的关系

朗读的基本要求

朗读的技巧：停顿、重音、语调、语速

一、朗读概述

朗读是指运用语言技巧把书面语言进行艺术加工，将之转化为有声语言的一种创造性活动。朗是明亮的意思。朗读就是清晰响亮地把文章念出来。这是一种"经过艺术加工的说话"，是有声语言的艺术化，也是普通话声、韵、调和语流音变的综合运用、综合检验的一种方式。

朗读是进行普通话正音训练、提高普通话水平的一个重要途径。通过字、词、句、篇的循序渐进的训练，通过掌握朗读技巧进行朗读的强化训练，可以逐步纠正声韵调发音不准或方言的语音、语调等问题，从而有效提高普通话水平。

朗读是提高领悟力与逻辑思维能力的有效方法。在朗读的过程中，往往融入了朗读者的心理、生理变化和随之产生的感情的起伏变化，因此，朗读有助于深入理解作品内容，提高领悟力与思考力，锻炼形象思维与逻辑思维能力。

朗读可以切实有效地提高语言表达能力。朗读是由读到说的重要桥梁，通过长期不断的朗读训练，可以在揣摩与学习中丰富词汇，逐渐培养良好的语感，为演讲、辩论等不凭借文字的口语表达打下坚实的基础。

二、朗读与朗诵的关系

朗读与诵读，都是出声读，都是在理解作品的基础上读出自己的理解和体验，都有利于语言的积累和培养语感。但朗读与朗诵有明显的不同。

朗读是用清晰、响亮的声音把文章读出来，以传达文章的思想内容。而朗诵则是用清晰、响亮的声音，结合各种语言手段来完善地表达作品思想感情的一种语言艺术。朗读是对作品内容与情感的再现，是朗读者自我感受、自我体验、自我欣赏的一种读书方式，虽然讲求语言的艺术性，但必须是接近自然真实的生活语言。而朗诵则是一种表演艺术，属于再创造，是结合自己的审美体验进行二次创作。朗诵要通过声音把感情逼真地传达给听众，以引起听众的共鸣。因此朗诵时，在音色、音量、语速、节律等方面可做些适当的夸张，以渲染气氛；还常常通过眼神、表情、手势、姿态等体态语强化表达效果；也可以借助音乐、灯光、布景等辅助手段营造氛围，增强朗诵的艺术性。朗诵不仅可以提高阅读理解与鉴赏能力，而且可以陶冶性情，启迪智慧，开阔胸怀，净化心灵，尤其可以有效地培养对语言词汇细致入微的体味与鉴别能力。

三、朗读的基本要求

朗读要以清晰响亮、准确生动的有声语言再现文章的思想内容，使听众得到明晰的信息和艺术享受。因此，朗读前，必须充分理解并深刻领会作品的内容和形式，并在此基础上进一步对作品体味和揣摩，以提高对作品的形象感受和逻辑感受。朗读要运用口语化的语音，达到清晰、流畅、自然、和谐、悦耳。

（一）语音准确，吐字清晰

语音准确规范是朗读的一项基本功，也是口语表达最基本的要求。因此，要熟练掌握普通话，做到发音时，声母、韵母、声调、轻声、儿化、音变以及语句的表达方式等均准确规范，音节完整清晰，吐字归音饱满到位。进行朗读训练时，一方面要注意纠正方言语音语调，另一方面要尽量克服口语表达中口齿不清、吐字含混的毛病，尤其是比较明显的"丢音""吃字"现象。

（二）朗读流畅，语调自然

朗读作品时，要读得流畅自然，干净利落，做到字字清晰，句句连贯，语调既不平直单调，也不过于夸张。朗读要忠于作品原貌，注意"快看慢读"的训练，不能任意添字、漏字、改字，不能颠倒重复，不能割裂语意。朗读前一定要先熟悉作品，否则容易读得拖泥带水，结结巴巴，造成语意的费解或误解，破坏文章的表现力。要克服"念经腔""学生腔"等，"念经腔"声音不大，吐字快速含混，别人根本听不清；"学生腔"发音较清晰，但是蹦字儿或蹦词儿，或语调一平到底，破坏了语言的节奏与停连，影响作品情感表达。

（三）节奏适中，表情得体

朗读的节奏会随着作品内容和朗读者的感情变化而变化。根据作品需要，体现出节奏的轻重缓急和抑扬顿挫。朗读的节奏起伏要既分明又适度，要流利和谐，缓急结合，轻重适宜。它与表演性朗诵的节奏不同，是更接近自然状态的节奏变化。通过朗读表达情感，要自然得体，恰切自如，不可装腔作势，生硬做作。面部表情、手势和身体动作等不要过于夸张，也不要过多过滥。要避免带有怪腔调，尤其是字、词、句尾有明显拖音的"唱书腔"和声腔、表情等过于夸张而失真的"表演腔"等。

四、朗读的技巧

朗读作品是在把握主旨、理解内容的基础上借助于有声语言对作品内容与情感的再现。理解作品需要具备知识修养，而有声表达则需要掌握朗读技巧。所谓朗读技巧，是指朗读者为了准确理解和传达作品的思想内容和感情而对有声语言进行的设计和处理，是一种具有创造性的语言活动。朗读的创造性体现在从作品内容出发，准确处理语言的断和连（停顿）、轻和重（重读）、扬和抑（语调）、快和慢（语速）等，体现表现形式与表达内容的自然结合，做到节奏流畅，语调自然，情感适度得体，既避免读得平淡单调，呆滞死板，也不可矫揉造作，片面追求浓墨重彩的朗读效果。

朗读技巧是实现朗读目的的重要手段，是对作品语言进行有声创造所进行的设计和处理。朗读技巧包括停顿、重音、语调、语速四方面。

（一）停顿

停顿是指词语、句子、段落或层次之间的短暂间歇。停顿不但是生理上换气的需要，更是句子结构和文章表情达意的需要。停顿具有调节气息、强调语气、突出重点、表达感情的作用。

朗读时，有些句子较短，按书面语使用的标点进行停顿就可以。有些句子比较长，结构也比较复杂，虽然句子中没有标点符号，但为了表达清楚意思，中途也可以做短暂的停顿。恰到好处的停顿可以使语义明确，结构清晰，增强语言的节奏感和表现力。如果停顿不当就会破坏句子的结构，影响语义表达，甚至产生歧义，这叫读破句。强化朗读训练，可以减少读破句现象。

1. 停顿的种类

停顿主要包括生理停顿、语法停顿和强调停顿等。

（1）生理停顿。生理停顿是指朗读者根据调节气息的需要，在不影响语义完整的地方做一个短暂的停歇。生理停顿要服从语法停顿和强调停顿，以免破坏语法结构，或割裂语意，产生歧义。

示例

节日期间，供应品种有香蕉、苹果、鸭梨、酥梨、瓢梨、京白梨、子母梨、雪花梨、胎黄梨；还有哈密瓜、伽师瓜、白兰瓜、黄金瓜、西瓜、鲜桃、葡萄、海棠、红果、石榴、沙果、香果、猕猴桃、菠萝、柠檬、杨桃、柚子、椰子、龙眼等50多个品种。

（2）语法停顿。语法停顿，也叫结构停顿，是指反映句子、句群等结构关系而做的停顿，能使结构明确，层次清晰。扎实的语法基础有助于我们在朗读中正确地停顿断句，避免读破句，从而准确地表达作品的思想内容。

首先，语法停顿在书面语言中就反映为依照标点符号所做的停顿，这是朗读作品时语言停顿的重要依据。根据文章使用标点符号的不同，所做的停顿时间长短也不同。一般而言，句末的句号、问号、叹号、省略号停顿的时间长于分号和冒号；分号和冒号停顿的时间则长于逗号；逗号停顿的时间又长于顿号。作品段落之间停顿的时间要比一般句子之间停顿的时间长。

示例

天空变成了浅蓝色，/很浅很浅的；/转眼间天边出现了一道红霞，/慢慢儿扩大了它的范围，/加强了它的光亮。//我知道太阳要从那天际升起来了，/便目不转睛地望着那里。

（巴金《海上日出》）

另外，语法停顿还包括因句子中语法结构而产生的停顿，包括句中区分语义的停顿和长句中的习惯性停顿。有的句子停顿不同，语义就不同，句子的结构形式也就不同。习惯性停顿常出现在主语谓语之间、长定语和长状语与中心语之间、动词和较长的宾语之间。这种停顿可以显示句子结构形式，听起来错落有致。

📖 **示例1**

我看见他/很高兴。（高兴的是我）

我看见/他很高兴。（高兴的是他）

📖 **示例2**

紧急避险是为了使国家、公共利益、/本人或者他人的人身、财产和其他权利/免受正在发生的危险，在紧急情况下/不得已而实施的 /损害另一较小合法权益的行为。

（3）强调停顿。强调停顿，也叫逻辑停顿，它是为了强调某种特殊的意义或逻辑关系，不受语法停顿规则的约束而产生的停顿。有时，为了强调某一事物，突出某个语义或某种感情，加强语气等，在书面上没有标点的地方或不是语法停顿的地方可以有适当的停顿。强调停顿主要是靠仔细揣摩作品，深刻体会其内在含义来安排的，停顿的地方和时间的长短都不是绝对的。

📖 **示例1**

中国共产党/第十八次/全国代表大会/现在/开幕。

📖 **示例2**

没有一片绿叶，没有一缕炊烟，没有一粒泥土，没有一丝花香，只有/水的世界，云的海洋。

（王文杰《可爱的小鸟》）

强调停顿往往是为了强调、突出句子中主语、谓语、宾语、定语、状语或补语而做的短暂停顿。有时语法停顿和强调停顿的位置是重合的，如在书面上有标点的地方需做明显停顿，那么这个停顿就具有了双重作用，这种情况往往比单独的语法停顿稍长一些。

📖 **示例**

她一手提着竹篮，/内中一个破碗，/空的；//一手拄着一支比她更长的竹竿，/下端开了裂：///她分明已经纯乎是一个乞丐了。

（鲁迅《祝福》）

有时，为了表达某种情感或受感情的支配而做停顿，而且与逻辑重音、感情重音相配合，使得感情更加饱满丰富，具有"此时无声胜有声"的效果。

📖 **示例**

惨象，已使我目不忍视了；流言，尤使我耳不忍闻。我还有什么话可说呢？我懂得衰亡民族之所以默无声息的缘由了。沉默呵，沉默呵！不在沉默中/爆发，就在沉默中/灭亡。

（鲁迅《记念刘和珍君》）

值得注意的是，在朗读作品时，如果不仔细揣度作品内容而任意做强调停顿，容易产生错误的理解。例如，贺敬之《雷锋之歌》中："来呵！让我们紧紧挽住雷锋的这三条刀伤的手臂吧！"有人在"三条"之后略做停顿，就会给听众造成"三条手臂"的错觉，影响理解的正确性。

2. 停顿与标点符号的关系

（1）一致关系。书面语中的标点符号不仅可以体现语法结构，更有助于清晰表达内容。因此，一般情况下，朗读时的停顿要服从标点符号，与标点符号的停顿一致。

📖 示例

我们的船渐渐地逼近榕树了。我有机会看清它的真面目：是一棵大树，有数不清的丫枝，枝上又生根，有许多根一直垂到地上，伸进泥土里。一部分树枝垂到水面，从远处看，就像一棵大树斜躺在水面上一样。

（巴金《小鸟的天堂》）

（2）不一致关系。在很多情况下，朗读中的停顿与标点并不一致。在一些长句或者语法结构复杂的句子中，尽管没有标点，却需要停顿。出于多种原因而产生的强调停顿往往也没有标点。

📖 示例1

被你从你的公馆门口／一脚踢开的／那个讨钱的老太婆／／现在怎么样了？

（马克·吐温《竞选州长》）

📖 示例2

总之，我们要拿来。我们要／或使用，或存放，或毁灭。

（鲁迅《拿来主义》）

但有时候，根据作品内容或出于情感表达的需要，朗读时，会将有标点的句子做不停顿处理，即连接。恰当的连接可以增强气势或渲染气氛，给人以推进内容、环环相扣之感。

📖 示例

桌子放在堂屋中央，系长桌帏，她还记得照旧去分配酒杯和筷子。"祥林嫂，你放着吧，我来摆"。四婶慌忙地说。她讪讪地缩了手，又去取烛台。"祥林嫂——你放着吧——我来拿"。四婶又慌忙地说。

（鲁迅《祝福》）

（二）重音

在朗读中，为了准确地表达语意和思想感情，有时会对一些起重要作用的字、词或短语加以强调，这些被强调的字、词或短语通常叫重音。重音是和轻音相对而言的，一般是重要语义的负载，在口语表达中具有区别语义的作用。重音是通过声音进行强调来突出意义的，在同样一句话中，重读不同的词语，表达的意思就不一样，能起到强调或突出的作用。重音一般可分为两大类：语法重音和逻辑重音。

1. 语法重音

语法重音，也叫自然重音，是根据语法结构而形成的重读的音节。在一个句子里，实词都可读语法重音，虚词除了一部分副词和象声词之外，都不读重音。尤其是单音节虚词，如助词"着、了、过、的、地、得"，因语义彻底虚化，不能重读。一般而言，语法重音不带特别强调的色彩。语法重音是体现语言单位结构和语义关系的重音，它关系到表达者对语义的理解与把握，因此语法重音是学习语言表达首先必须掌握的重音。

语法重音中重读的音节主要是根据句子的语法结构而确定的，比较有规律，位置是比较固定的。通常，短句里的谓语、宾语，句子中的定语、状语、补语、疑问代词、指示代词等是重音。以下就短语结构类型进行具体说明，而语句的语法重音与此基本一致。

（1）主谓结构。重音一般要落在谓语上。因为在主谓短语中，谓语往往是主语的具体陈说部分，是短语语义的焦点与重心。如果主语为疑问代词或指示代词，则重音落在主语上。

 示例

他走了　　太阳升起来了

谁说的　　这不怪你

（2）述宾结构。重音一般要落在宾语上。因为述宾短语中的宾语是述语中心语的关涉对象，是语义表达要落实的重点。如果宾语为人称代词，则重音落在述语上。

 示例

反对浪费　　他承认错误了

批评他　　　请告诉我们

（3）定中偏正结构。重音分为两种情况：一是定语表示性质、情态、范围、处所、数量时，重音一般要落在定语上，因为其负载了具体或重要的语义信息；二是定语是人称代词、人名、亲属称谓或表概数的数量时，重音一般落在中心语上。

 示例

幸福的生活　　外科医生

他舅舅　　　　一些东西

（4）状中偏正结构。重音分为两种情况：一是状语表示性质、方式、情态、程度、范围、时间、处所时，重音一般要落在状语上，因为其负载了具体或重要的语义信息；二是状语为副词、介词结构时，重音一般落在中心语上。

示例

慢慢儿说　　都红了

非常痛苦　　已经八点了

（5）述补结构。重音分为两种情况：一是补语表示情态、结果、数量、程度时，重音一般落在补语上，因为补语追加的是必要的具体信息；二是补语表示趋向、可能时，重音一般落在述语上，因为此类补语的语义虚化程度比较高。

示例

弄坏了　　　　　洗干净了

说下去　　　　　吃得了

（6）同位结构。用职务、职称、称呼类属等加特指名构成的同位结构，重音要落在具体的特指内容上。

示例

周恩来总理　　　司机老王

小说《红楼梦》　首都北京

（7）联合结构、连谓结构。因各部分均为语义焦点，重音一般并列。

示例

老师和学生　　　又快又好

讨论并通过　　　出门买东西

2. 逻辑重音

逻辑重音，也叫强调重音，是为了突出语意重点或为了表达强烈感情而用强音量读出来的重音。它和语法重音的不同之处在于它不受语句成分——语法结构的制约，它没有固定的位置和规律，而是由说话者根据具体的语境和表情达意的需要而确定的。一个相同的句子，由于说话者表达的目的不同，逻辑重音就会落在不同的词语上，揭示的含义就会不同，说话的效果就不一样。逻辑重音往往具有点明语意、描绘人物特征、刻画人物性格、揭示内在思想感情、介绍事物特点、点明事物症结等作用，通过强调，会给人留下明确清晰的印象。

示例

我知道你会唱戏。（别人不知道你会唱戏）

我知道你会唱戏。（你不要瞒着我了）

我知道你会唱戏。（别人会不会唱我不知道）

我知道你会唱戏。（你怎么说不会呢）

我知道你会唱戏。（会不会唱歌我不知道）

（1）一般而言，在句子中体现并列、对比、递进、转折等关系或表示呼应、重复的词语往往都要重读。

示例 1

海上的夜是柔和的，是寂静的，是梦幻的。

（巴金《繁星》）

示例 2

我爱热闹，也爱冷静，爱群居，也爱独处。

（朱自清《荷塘月色》）

（2）运用比喻、排比、夸张、双关、借代等修辞手法进行强调或者能够表达兴奋、愤怒等感情的词语，往往要重读。

示例 1

它既不需要谁来施肥，也不需要谁来灌溉。狂风吹不倒它，洪水淹不没它，严寒冻不死它，干旱旱不坏它。它只是一味地无忧无虑地生长。

（陶铸《松树的风格》）

示例 2

周繁漪　好，你去吧！小心，现在，（望窗外，自语）风暴就要起来了！

（曹禺《雷雨》）

有时，逻辑重音会与语法重音重叠，逻辑重音与语法重音正好落在同一个词上，在这种情况下，这个"身兼两职"的词就要比平常强调得明显一些，色彩也更鲜明一些。

示例

当局者迷，旁观者清。

上例中，"当局""旁观""迷""清"既是语法重音（分别做定语、谓语，是重音），又是逻辑重音（"当局"与"旁观"、"迷"与"清"起到对比作用）。

（三）语调

在汉语中，字有字调，句有句调。我们通常称字调为声调，是指音节的高低升降。而句调则称为语调，是指语句的高低升降。为适应思想感情表达的需要，在朗读或说话时，句子总是要有高低升降的变化，这种变化就形成了语调。语调贯穿于整个句子的始终，但常常在句子的结尾表现得特别明显。

语调是有声语言所特有的，它是句子的语音标志。任何句子都带有一定的语调，借助于语调，有声语言就有了动听的腔调和极强的表现力，听起来便具有音乐美。朗读中的语调是细致而复杂的，它可以表达各种丰富细腻的感情。有时，同样一个字，采用不同的语调可以回答各种不同的问题。

示例

谁是班长？——我。（语调平稳，句尾稍抑）

你的电话！——我？（语调渐升，句尾稍扬）

谁负得了这个责任？——我！（语调降得既快又低）

你来当班长！——我？！（语调曲折）

语调是语言表达中各种语气的声音色彩，因此，语调和句子的语气是紧密结合的。采用不同的语调可以表现出不同的语气。

示例

他怎么来了？（柔而扬，表示询问）

他怎么来了？（柔而抑，表示疑问）

他怎么来了？（刚而抑，表示责问）

他怎么来了？（刚而扬，表示反问）

语调是千变万化的。它的基本类型主要有四种：平调、升调、降调、曲折调。

1. 平调

平调就是在朗读或说话时，语调始终平直舒缓，没有显著的高低起伏变化，常用于陈述句中。平调用来叙述、说明或表达平淡、冷静、严肃、庄重、思索、追忆等思想感情。

示例1

明天我要去北京开会。→

你要认真地调查这件事情。→

示例2

我在俄国所见到的景物再没有比托尔斯泰墓更宏伟、更感人的了。这块将被后代永远怀着敬畏之情朝拜的尊严圣地，远离尘嚣，孤零零地躺在林荫里。

（茨威格《世间最美的坟墓》）

2. 升调

升调就是在朗读或说话时，语调由平向上升，句末语气上扬，多用于疑问句、反诘句、短促的命令句中。升调常用来表示疑问、反问、兴奋、号召、惊异、激昂等语气。

 示例1

昨天玩得高兴不高兴？↗

你们怎能破坏环境呢？↗

 示例2

……这是胜利的预言家在叫喊：——让暴风雨来得更猛烈些吧！

（高尔基《海燕》）

3. 降调

降调就是在朗读或说话时，语调由高逐渐降低，句末的字低而短，多用于感叹句、祈使句中。降调常用来表示肯定、祈求、劝阻、喜悦、坚决、赞扬、祝愿、悲痛、沉重等语气。在书面形式上，祈使语气用句号标志，感叹语气用叹号标志。

 示例 1

这是我们中国人的骄傲啊！↘

大爷，您请进来坐吧。↘

 示例 2

然后他呆在那儿，头靠着墙壁，话也不说，只向我们做了一个手势："散学了，你们走吧。"

（都德《最后一课》）

4. 曲折调

曲折调就是在朗读或说话时，语调曲折变化，可以先降后升，可以先升后降，也可以把句子中某些特殊的音节特别加重加高或拖长，形成一种升降曲折的调子。曲折调多用于表示特殊的感情，往往语意双关或含蓄，有言外之意，如强调、夸张、讽刺、惊讶、怀疑、反语、暗示等。

 示例

你真↗是个了不起的大英雄啊！↘

他哪来的↘那么多钱哪？↗

 示例

"友邦人士"，从此可以不必"惊诧莫名"，只请放心来瓜分就是了。

（鲁迅《"友邦惊诧"论》）

（四）语速

语速是指朗读或说话时语流行进的速度，即在相同时间内所发音节（字数）的多少和口头表达进展的快慢缓急程度。语速的变化与停连和重音有非常密切的关系，语速也是表情达意的重要手段。不同的语速可以表达陈述、思索、喜悦、悲愤等不同的内容和感情。朗读各种文章时，要正确地表现各种不同的生活现象和人们各不相同的思想感情，就必须采取与之相适应的不同的朗读速度。语速的变化从根本上来说，是作品思想感情运动状态的一种反映。

1. 语速快慢的不同

朗读的速度往往取决于作品的内容，以及朗读者对作品内容的情感体验。语速通常分为快速、中速、慢速三种。

（1）快速。快速一般用于叙述事件的急剧发展变化或场景的激烈惊险，或者用于刻画人物机警、活泼、热情、泼辣的性格，或者用于表达热烈、欢快、兴奋、激动、紧张、焦急、慌乱、惊奇、恐惧、愤怒的心情与辩论、争吵、抨击、斥责、控诉、急切的语气等。

 示例

　　她猛然喊了一声。脖子上的钻石项链没有了。她丈夫已经脱了一半衣服，就问："什么事情？"她吓昏了，转身向着他说："我……我……我丢了佛来思节夫人的项链了。"他惊慌失措地直起身子，说："什么！……怎么啦？……哪儿会有这样的事！"他们在长衣裙褶里，大衣褶里寻找，在所有口袋里寻找，竟没有找到。他问："你确实相信离开舞会的时候它还在吗？""是的，在教育部走廊上我还摸过它呢。""但是，如果是在街上丢的，我们总得听见声响。一定是丢在车里了。""是的，很可能。你记得车的号码吗？""不记得。你呢，你没注意吗？""没有。"他们惊惶地面面相觑……

（莫泊桑《项链》）

　　朗读以上文字时，语速要快一些，节奏要急促紧密，并配合逻辑重音的使用，来体会主人公发现丢失项链后的焦急与慌乱的心情。

 示例

周朴园　鲁大海，你现在没有资格跟我说话，矿上已经把你开除了。

鲁大海　开除了？！

周　冲　爸爸，这是不公平的。

周朴园　（向周冲）你少多嘴，出去！

　　　　（周冲愤然由中门下）

鲁大海　好，好。（切齿）你的手段我早就明白，只要你能弄钱，你什么都做得出来。你叫警察杀了矿上许多工人，你还……

周朴园　你胡说！

鲁侍萍　（至大海说）走吧，别说了。

鲁大海　哼，你的来历我都知道，你从前在哈尔滨包修江桥，故意叫江堤出险。

周朴园　（厉声）下去！

仆人们　（拉大海）走！走！

鲁大海　你故意淹死了两千二百个小工，每一个小工的性命你扣三百块钱！姓周的，你发的是绝子绝孙的昧心财！你现在还……

周　萍　（冲向大海，打了他两个嘴巴）你这种混账东西！

　　　　（大海还手，被仆人们拉住）

周　萍　打他！

鲁大海　（向周萍）你！

　　　　（仆人们一齐打大海。大海流了血）

周朴园　（厉声）不要打人！

　　　　（仆人们住手，仍拉住大海）

鲁大海　（挣扎）放开我，你们这一群强盗！

周　萍　（向仆人们）把他拉下！

鲁侍萍　（大哭）这真是一群强盗！

（曹禺《雷雨》）

朗读以上文字时，要借助于人物语言凸显人物的性格特点以及内心情感与心理活动，因此人物语言的语速与节奏要加快，显得急促而激烈，突出现场争吵、混乱的场景，借以体现人物之间的关系与矛盾冲突。

（2）中速。中速一般用于感情和情节变化起伏不大的场合与情景，或者一般性的叙述、议论、说明或客观的介绍等。

示例

在纽约有许多百万富翁，但也有不少贫困的家庭。后者白天开不起暖气，供不起午餐，孩子的营养全靠学校里免费的中饭，甚至可以多拿些回家当晚餐。学校停课一天，穷孩子就受一天冻，挨一天饿，所以老师们宁愿自己苦一点儿，也不能停课。

（刘墉《课不能停》）

朗读以上文字时，因情感起伏不明显，可以采取适中的语速，以舒缓的语调娓娓道来，可在个别词语如"但也有""免费""宁愿""不能"等处进行重音强调。

示例

莫高窟壁画的内容丰富多彩，有的是描绘古代劳动人民打猎、捕鱼、耕田、收割的情景，有的是描绘人们奏乐、舞蹈、演杂技的场面，还有的是描绘大自然的美丽风光。其中最引人注目的是飞天。壁画上的飞天，有的臂挎花篮，采摘鲜花；有的反弹琵琶，轻拨银弦；有的倒悬身子，自天而降；有的彩带飘拂，漫天遨游；有的舒展着双臂，翩翩起舞。看着这些精美动人的壁画，就像走进了灿烂辉煌的艺术殿堂。

莫高窟里还有一个面积不大的洞窟——藏经洞。洞里曾藏有我国古代的各种经卷、文书、帛画、刺绣、铜像等共六万多件。由于清朝政府腐败无能，大量珍贵的文物被外国强盗掠走。仅存的部分经卷，现在陈列于北京故宫等处。

（小学《语文》第六册《莫高窟》）

朗读以上文字时，应该保持语速适中，语气平缓稳定，节奏流畅，不需显著的高低起伏变化。

（3）慢速。慢速一般用于叙述平静、严肃、庄重的场面或静谧、闲谈、絮语的情景，多用于表达沉思、悲伤、缅怀、悼念、追忆的内容或沉重、悲痛、忧郁、失望的心情，或用于刻画人物年老、稳重、迟钝的言行。

示例

月光如流水一般，静静地泻在一片叶子和花上，薄薄的青雾浮起在荷塘，叶子和花仿佛在牛乳中洗过一样，又像笼着轻纱的梦。虽然是满月，天上却有一层淡淡的云，所以不能朗照，但我以为这恰是到了好处——酣眠固不可少，小睡也别有一番风味的。月光是隔了树照过来的，高处丛生的灌木，落下参差的斑驳的黑影，峭楞楞如鬼一般；弯弯的杨柳的稀疏的倩影，却又像是画在荷叶上。塘中的月色并不均匀；但光与影有着和谐的旋律，如梵婀玲上奏着的名曲。

（朱自清《荷塘月色》）

朗读以上文字时，可采用舒缓而又轻柔的语调，语速放慢，将恬静的月色和作者"淡淡的哀愁"融为一体，达到情景交融的意境。

　示例

天灰蒙蒙的，又阴又冷。长安街两旁的人行道上挤满了男女老少。路那样长，人那样多，向东望不见头，向西望不见尾。人们臂上都缠着黑纱，胸前都佩着白花，眼睛都望着周总理的灵车将要开来的方向。一位满头银发的老奶奶拄着拐杖，背靠着一棵洋槐树，焦急而又耐心地等待着。一对青年夫妇，丈夫抱着小女儿，妻子领着六七岁的儿子，他们挤下了人行道，探着身子张望。一群泪痕满面的红领巾，相互扶着肩，踮着脚望着，望着……

夜幕开始降下来。几辆前导车过去以后，总理的灵车缓缓地开来了。灵车四周挂着黑色和黄色的挽幛，上面装饰着白花，庄严，肃穆。人们心情沉痛，目光随着灵车移动。好像有谁在无声地指挥。老人、青年、小孩，都不约而同地站直了身体，摘下帽子，静静地望着灵车，哭泣着，顾不得擦去腮边的泪水。

灵车缓缓地前进，牵动着千万人的心。许多人在人行道上追着灵车跑。人们多么希望车子能停下来，希望时间能停下来！可是灵车渐渐地远去了，最后消失在苍茫的夜色中了。人们还是面向灵车开去的方向，静静地站着，站着，好像在等待周总理回来。

（吴瑛《十里长街送总理》）

朗读以上文字时，语速要偏慢些，语势要沉稳平缓，而且顿挫较多，且时间较长，音强而着力，以突出庄重、肃穆的气氛和悲痛、压抑的情感，表达对周总理的尊敬、爱戴与深切的悼念之情。

2. 决定语速的因素

朗读时的语速往往会受到作品、朗读者以及听众等诸多因素的影响。

（1）作品的内容与体裁。

首先，作品内容和情节发展会决定朗读时语速的快慢。朗读时的语速需根据作品的思想内容、故事情节、人物性格与情感、环境背景、语言特色来处理。通常，描写叙述的宜快，哲理论说的宜慢；描述环境的可轻快一些，情节紧张的可急迫一些；性格豪爽、作风泼辣的人说话较快，性格憨厚、作风懒散的人说话较慢；低沉回味的叙述、平和友好的闲谈可用慢速，急切的呼吁、愤怒的谴责、激烈的争辩可用快速；平实易懂的宜快，难涩深奥的宜慢。

其次，作品体裁的不同会决定朗读时语速的快慢。一般而言，诗歌的语速要比散文慢一些。朗读爱情诗时，声音柔美，情感细腻，音高降低，语速稍缓；朗读朦胧诗、哲理诗等语速要慢，多停顿，给听众回味思考的空间；朗读叙事诗则要平缓沉稳，自然流畅。朗读散文时，叙事散文要语气轻柔，语速适中；抒情散文语速要放缓，情感要细腻到位。

　示例

周朴园　梅家的一个年轻小姐，很贤惠，也很规矩。有一天夜里，忽然地投水死了。
　　　　后来，后来——你知道吗？（慢速。周朴园故作闲谈状，以便探听一些情况）

鲁侍萍　这个梅姑娘倒是有一天晚上跳的河，可是不是一个，她手里抱着一个刚生下三天的男孩。听人说她生前是不规矩的。（慢速，侍萍回忆悲痛的往事，又想极力克制怨愤，以免周朴园认出）

鲁侍萍　我前几天还见着她！（中速）

周朴园　什么？她就在这儿？此地？（快速。表现周朴园的吃惊与紧张）

鲁侍萍　老爷，您想见一见她么？（慢速。鲁故意试探）

周朴园　不，不，不用。（快速。表现周朴园的慌乱与心虚）

周朴园　我看过去的事不必再提了吧。（中速）

鲁侍萍　我要提，我要提，我闷了三十年了！（快速，表现鲁侍萍极度的悲愤以至几乎喊叫）

（曹禺《雷雨》）

朗读以上周朴园和鲁侍萍的这段对话时，应根据人物的心理活动与心情变化适时调整语速，而不应始终以一种速度来读。

示例

你们杀死一个李公朴，会有千百万个李公朴站起来！你们将失去千百万的人民！你们看着我们人少，没有力量？告诉你们，我们的力量大得很，强得很！看今天来的这些人，都是我们的人，都是我们的力量！此外还有广大的市民！我们有这个信心：人民的力量是要胜利的，真理是永远存在的。历史上没有一个反人民的势力不被人民毁灭的！

（闻一多《最后一次讲演》）

朗读以上文字时，节奏语速要稍快，结合恰当的停连与重音，可以使声音强劲有力，顿挫短暂，多重少轻，便于演讲者抒发激越愤慨的情绪。

（2）朗读者的年龄与性格。通常，朗读同样的内容，年轻人语速较快，老年人语速较慢。当然，尽管如此，朗读者朗读时的语速还是要尽量与作品的情境相适应，因为作品的内容与情感是对语速快慢起决定作用的因素。

（3）听众因素与环境因素。朗读的语速要顾及听众的年龄、文化知识层次、心理因素和接受能力。一般来说，对于老年人和少年儿童或接受能力相对较低的听众，或听众普遍对某些内容感兴趣，应该把表达的速度放慢一些。另外，不同的空间距离、不同的会场气氛、不同的听众情绪，都会对语速有不同的影响。

综上所述，语速的快慢是相对的，无论快速、中速还是慢速，都要注意根据作品内容与情感等准确把握语速，都要以表述得清晰明了，听众听得真切明白为基本出发点。读得快时，要特别注意吐字清晰，不能因为读得快而导致吐字含混不清，甚至有"吃字"现象；读得慢时，要保持声音清朗明晰，不能因为读得慢而显得疲沓松垮，绵软无力。朗读要做到快而不乱，慢而不拖，快慢得体，缓急适度，张弛自然，恰当自然地体现作品的节奏感和语言的清晰度，以准确表达出作品所要传递给读者的思想感情。

总之，在朗读过程中，应该根据作品内容与表达思想感情的需要，综合运用这三种语速，随时调整自己的朗读速度，恰当而自然地实现朗读速度的转换，以营造作品的情绪和气氛，增强语言的表达效果。

示例

海在我们脚下沉吟着，诗人一般。那声音仿佛是朦胧的月光和玫瑰的晨雾那样温柔；又像是情人的蜜语那样芳醇；低低地，轻轻地，像微风拂过琴弦；像落花飘零在水上。海睡熟了。大小的岛拥抱着，偎依着，也静静地恍惚入了梦乡。许久许久，我俩也像入睡了似的，停止了一切的思念和情绪。不晓得过了多少时候，远寺的钟声突然惊醒了海的酣梦，它恼怒似的激起波浪的兴奋，渐渐向我们脚下的岩石掀过来，发出汩汩的声音，像是谁在海底吐着气，海面的银光跟着晃动起来，银龙样的。接着我们脚下的岩石上就像铃子、铙钹、钟鼓在奏鸣着，而且声音愈响愈大起来。没有风。海自己醒了，喘着气，转侧着，打着呵欠，伸着懒腰，抹着眼睛。因为岛屿挡住了它的转动，它狠狠的用脚踢着，用手推着，用牙咬着。它一刻比一刻兴奋，一刻比一刻用劲。岩石也仿佛渐渐战栗，发出抵抗的嗥叫，击碎了海的鳞甲，片片飞散。海终于愤怒了。它咆哮着，猛烈地冲向岸边袭击过来，冲进了岩石的罅隙里，又拨剌着岩石的壁垒。音响就越大了。战鼓声，金锣声，呐喊声，叫号声，啼哭声，马蹄声，车轮声，机翼声，掺杂在一起，像千军万马混战了起来。银光消失了。海水疯狂地汹涌着，吞没了远近大小的岛屿。它从我们的脚下扑了过来，响雷般地怒吼着，一阵阵地将满含着血腥的浪花溅在我们的身上。

（鲁彦《听潮》）

朗读以上文字时，最初语速较缓，语势较平稳，声音轻柔，以突出海的幽静，然后语速逐渐加快，变得急促，即较快、快、很快，声音则要由低到高，由轻而重。情绪要渐渐由欢快，最终达到饱满炽热。

相关链接

朗读气息的训练

气息是声音的动力来源。没有气息，声带就不能颤动发声。但只是声带发出声音是不够的。想要嗓音富于弹性、耐久，需要源源不断地供给声带气流。以下是简单的气息控制法。

（1）扩胸收腹开肋练习：在椅子上坐好，两眼轻轻闭上，精神安详从容，身体不僵不懈，保持松弛，牙关自然打开，双唇微开，舌尖轻抵下牙背，舌面轻挨硬腭，口形成"一"状，小腹微收，自然扩胸，以鼻为主吸气，口中轻发"丝"音，吸气时腹肌要保持弹动。气要吸得深，但不要吸饱，感觉两肋打开时要控制住基本不动，间隔几秒再缓缓吐气，心中可以默默数数。

（2）松肩松颈练习：在上一练习基础上，站起，两肋打开，轻松转动两肩，手臂手指跟随双肩协调柔软动作，自由转动颈部头部，呼吸自然，两肋打开基本保持不动。

（3）松舌根开后背练习：在上两个练习的基础上，自然坐好，头微低，吸气，开两肋，气息尽量往后吸，使后脖颈、后背、后腰有充气感，吸好气保持几秒，然后将头渐渐抬起，缓缓吐气，心中默数10~15下。吐气时要注意腹肌、两肋保持控制。

（4）慢吸慢呼练习：在上面练习的基础上，自然站直，两眼平视前方，面部呈微笑状，两手叉腰，两肩不要耸起，以鼻吸气如嗅花香之感，速度均匀缓慢，保持几秒后再慢慢以口呼出，呼气时可发轻微的"丝"声，注意牙关不要咬紧，始终保持松弛打开。

男生要求一口气持续 40 秒，女生要求一口气持续 30 秒。

（http://www.qinxue365.com/kczx/272706.html，有增删）

问题讨论

1．你会说方言吗？请分别用普通话和方言朗读一段文字，然后分析比较你说的方言与普通话在声母、韵母和声调方面的差异。

2．为何吟诵古诗词时，会有平仄不合的情况？普通话和古汉语的声调有何区别？

3．你所运用的方言有儿化音吗？请尝试总结与普通话儿化音的不同。

4．请结合具体实例，讨论轻声词和儿化词的辨义作用。

5．请选取一段文字进行朗读，分析体会停顿、重音、语调和语速对于朗读的意义。

实战演练

1．请准确读出以下词语，注意声母、韵母和声调的辨别。（可以小组为单位，互相听读，并指出存在的问题）

（1）标兵　花费　倒塌　冷暖　奶酪　软弱　秋季　琴弦

（2）执着　自尊　组织　拆穿　残存　纯粹　神圣　私事

（3）须臾　灼热　剥落　栽培　炖肉　腿脚　优秀　嘴唇

（4）怨恨　鲜艳　婚姻　均匀　村庄　水瓮　命运　汹涌

（5）举行　联系　冒昧　隔壁　风调雨顺　热火朝天　飞黄腾达

（6）备料—配料　工会—公费　发钱—花钱　留念—留恋　无奈—无赖　毒药—涂药

（7）支援—资源　摘花—栽花　插嘴—擦嘴　乱吵—乱草　诗人—私人　山脚—三角

（8）卖力—魅力　埋头—眉头　考试—口试　高洁—勾结　摇动—游动　收拾—舒适

（9）烂漫—浪漫　瓜分—刮风　出身—出生　信服—幸福　亲近—清净　勋章—胸章

（10）赎罪—恕罪—数罪　鲜鱼—咸鱼—仙域

　　题材—体裁—体彩　语言—寓言—预演

2．请罗列出以下字为声旁的字，并分析这些字与下列字的声母、韵母有何关系与规律。

　　堂　成　荒　尼　里　宾　申　正　仑　广

3．请读准下面的绕口令。

（1）八百标兵奔北坡，北坡炮兵并排跑。炮兵怕把标兵碰，标兵怕碰炮兵炮。

（2）粉红墙上画凤凰，凤凰画在粉红墙。红凤凰，黄凤凰，粉红凤凰花凤凰。

（3）哥挎瓜筐过宽沟，过沟筐漏瓜滚沟。隔沟挎筐瓜筐扣，瓜滚筐空哥怪沟。

（4）老龙恼怒闹老农，老农恼怒闹老龙，农怒龙恼农更怒，龙恼农怒龙怕农。

（5）四是四，十是十。十四是十四，四十是四十。谁能说准四十、十四、四十四，就请他来试一试。谁说十四是四十，就罚他说十四次。谁说四十是十四，就罚他说四十次。

（6）东洞庭，西洞庭，洞庭山上一根藤，藤上挂个大铜铃。风吹藤动铜铃动，风停藤定铜铃静。

（7）地上一个棚，棚上一个盆，风吹棚，盆碰棚，棚倒了，盆破了，是棚赔盆还是盆赔棚。

（8）进了门儿，倒杯水儿，喝了两口运运气儿。顺手拿起小唱本儿，唱了一曲儿，又一曲儿，练完了嗓子练嘴皮儿，绕口令儿，练字音儿，还有快板儿对口词儿，越说越唱越带劲儿。

4．请准确读出以下词语，注意其中的音变现象。

（1）老师 紧张 朗读 祖国 品种 勉强 典范 努力

（2）一些 一时 一口 一切 不多 不行 不买 不去

（3）洗脸水 冷处理 谈一谈 试一试 好不好 走不走

（4）一问一答 一张一弛 不管不顾 不屈不挠

（5）消息 商量 困难 叔叔 多么 石头 头发 桌子

（6）鲜花儿 孙女儿 石块儿 没事儿 草稿儿 加油儿

5．请准确读出以下词语，并辨析词义的不同。

（1）分析以下词语的轻声与非轻声用法，注意区别词义或词性。

编辑 大意 厉害 实在 地道 照应 拉手 买卖

（2）分析以下词语的儿化与非儿化用法，注意区别词义或词性。

尖—尖儿 活—活儿 画—画儿 空—空儿 面—面儿 刺—刺儿

6．请读以下短语或句子，判断是否会有歧义？在朗读和口语表达中该采取什么方法加以区别？

（1）爸爸和妈妈的朋友 / 咬伤了猎人的狗 / 参观大厅
热爱人民的好总理 / 从一开始

（2）专家认为北京市水资源丰富这种说法不对。

（3）下雨天留客天天留我不留。

（4）我不相信他是坏人。

7．请选取不同方言区的学生分别用普通话和方言谈谈自己近期的学习生活或业余生活（不超过三分钟），然后分组讨论所用方言在声韵调方面的特征。

8．朗读以下文字，注意体会朗读不同体裁与内容的作品时，应如何运用相应的朗读技巧。

（1）我常想读书人是世间幸福人，因为他除了拥有现实的世界之外，还拥有另一个更为浩瀚也更为丰富的世界。现实的世界是人人都有的，而后一个世界却为读书人所独有。由此我想，那些失去或不能阅读的人是多么的不幸，他们的丧失是不可补偿的。世间有诸多的不平等，财富的不平等，权力的不平等，而阅读能力的拥有或丧失却体现为精神的不平等。

（谢冕《读书人是幸福人》）

（2）如今在海上，每晚和繁星相对，我把它们认得很熟了。我躺在舱面上，仰望天空。深蓝色的天空里悬着无数半明半昧的星。船在动，星也在动，它们是这样低，真是摇摇欲坠呢！渐渐地我的眼睛模糊了，我好像看见无数萤火虫在我的周围飞舞。海上的夜是柔和的，是静寂的，是梦幻的。我望着许多认识的星，我仿佛看见它们在对我眨眼，我仿佛听见它们在小声说话。这时我忘记了一切。在星的怀抱中我微笑着，我沉睡着。我觉得自己是一个小孩子，现在睡在母亲的怀里了。

（巴金《繁星》）

（3）我们知道，水是生物的重要组成部分，许多动物组织的含水量在百分之八十以上，而一些海洋生物的含水量高达百分之九十五。水是新陈代谢的重要媒介，没有它，体内的一系列生理和生物化学反应就无法进行，生命也就停止。因此，在短时期内动物缺水要比缺少食物更加危险。水对今天的生命是如此重要，它对脆弱的原始生命，更是举足轻重了。生命在海洋里诞生，就不会有缺水之忧。

（童裳亮《海洋与生命》）

（4）这里，逼人的朴素禁锢住任何一种观赏的闲情，并且不容许你大声说话。风儿俯临，在这座无名者之墓的树木之间飒飒响着，和暖的阳光在坟头嬉戏；冬天，白雪温柔地覆盖这片幽暗的土地。无论你在夏天或冬天经过这儿，你都想象不到，这个小小的、隆起的长方体里安放着一位当代最伟大的人物。

（茨威格《世间最美的坟墓》）

（5）

罗切斯特：你在这儿已经住惯了？

简　·　爱：我在这儿很快活。

罗切斯特：你舍得离开这儿吗？

简　·　爱：离开这儿？

罗切斯特：结婚以后我不住这儿了。

简　·　爱：当然，阿黛尔可以上学，我可以另找个事儿。

简　·　爱：我要进去了，我冷。

罗切斯特：简。

简　·　爱：让我走吧。

罗切斯特：等等。

简　·　爱：让我走。

罗切斯特：简。

简　·　爱：你为什么要跟我讲这些？她跟你与我无关。你以为我穷，不好看，就没有感情吗？我也会的。如果上帝赋予我财富和美貌，我一定要使你难于离开我，就像现在我难于离开你。上帝没有这样。我们的精神是同等的，就如同你跟我经过坟墓将同样地站在上帝面前。

罗切斯特：简。

简　·　爱：让我走吧。

罗切斯特：我爱你。我爱你。

简　·　爱：不，别拿我取笑了。

罗切斯特：取笑？我要你。布兰奇有什么？我对她不过是她父亲用以开垦土地的本钱。嫁给我，简，说你嫁我。

简　·　爱：是真的？

罗切斯特：唉——你呀。你的怀疑折磨着我。答应吧。答应吧。

罗切斯特：上帝饶恕我，别让任何人干扰我。她是我的，我的。

（夏洛蒂·勃朗特《简·爱》）

（6）

等你，在雨中

余光中

等你，在雨中，在造虹的雨中
蝉声沉落，蛙声升起
一池的红莲如红焰，在雨中

你来不来都一样，竟感觉
每朵莲都像你
尤其隔着黄昏，隔着这样的细雨

永恒，刹那，刹那，永恒
等你，在时间之外，在时间之内，等你
在刹那，在永恒

如果你的手在我的手里，此刻
如果你的清芬
在我的鼻孔，我会说，小情人

诺，这只手应该采莲，在吴宫
这只手应该
摇一柄桂桨，在木兰舟中

一颗星悬在科学馆的飞檐
耳坠子一般地悬着
瑞士表说都七点了。忽然你走来

步雨后的红莲，翩翩，你走来
像一首小令
从一则爱情的典故里你走来

从姜白石的词里，有韵地，你走来

9.请选取不同方言区的学生用方言朗诵以下诗词,体会用方言与普通话朗诵在押韵、平仄方面的差异。

绝句

唐·杜甫

两个黄鹂鸣翠柳，一行白鹭上青天。
窗含西岭千秋雪，门泊东吴万里船。

无题·相见时难别亦难

唐·李商隐

相见时难别亦难，东风无力百花残。
春蚕到死丝方尽，蜡炬成灰泪始干。
晓镜但愁云鬓改，夜吟应觉月光寒。
蓬山此去无多路，青鸟殷勤为探看。

沁园春·雪

毛泽东

北国风光，千里冰封，万里雪飘。望长城内外，惟余莽莽；大河上下，顿失滔滔。山舞银蛇，原驰蜡象，欲与天公试比高。须晴日，看红装素裹，分外妖娆。江山如此多娇，引无数英雄竞折腰。惜秦皇汉武，略输文采；唐宗宋祖，稍逊风骚。一代天骄，成吉思汗，只识弯弓射大雕。俱往矣，数风流人物，还看今朝。

第三章 演讲基础训练

学习目标

　　本章主要通过演讲基础训练，了解演讲基础训练的意义，学习进行演讲前的准备工作与相关训练，掌握演讲过程中应具备的控场与应变技巧，熟悉演讲体态语言的恰当运用，使学生通过针对性的持续有效的训练，具备基本的演讲能力，掌握演讲技巧，不断提高演讲水平。

第一节　演讲准备训练

【知识要点】

　　了解听众构成

　　明确演讲目的

　　确定演讲主题

　　演讲是一项有鲜明目的性的系统工程。正式演讲之前，充分的准备是必需的和必要的。因此，了解听众构成、明确演讲目的、确定演讲主题是演讲前必须进行的有效训练。

一、了解听众构成

　　听众是由数量较多的人所组成的，是演讲过程中必不可少的客体。这一客体所产生的效应决定了演讲的成功与失败。而成功的演讲者既要使演讲成为听众的一部分，也要使听众成为他演讲的一部分，听众的心理由于文化层次与年龄差距等因素的不同，而有很大的差别，并各具特征。因此，了解和掌握听众的心理特征和需求及分析听众成分是成功演讲不可缺少的环节。

（一）分析听众的心理特征和需求

1. 信息接收的选择性

　　听众听演讲是用听觉、视觉器官及大脑进行认识的一种综合心理活动，它是在已有经验、知识和心理期待的基础上进行的，因而具有极强的选择性。首先是选择性注意，听众只注意那些他们已知、有兴趣、有关系或渴望了解的部分；其次是选择性记忆，即容易记住那些自己愿意记的信息，忘记那些自己不喜欢的信息；再次是选择性接受，即愿意接受那些与自己一致的观点。

2. 接受态度的差异性

　　对同一演讲者的同一内容，听众由于受自身因素的影响会采取不同的态度。

3. 心理需要的特殊性

每个听众听演讲的心理需要都与自己的切身利益相关，或希望长知识，或希望开眼界，或希望解决实际需求，各不一样，具有特殊性。

4. 注意力持续的时间有限性

人类注意力的持续时间非常有限。以一个单位对象为标准，人类注意力持续时间大约只有3秒到24秒。人的大脑时刻准备接受新的刺激。演讲实践也表明，听众很难聚精会神倾听关于一个问题的长时间的演讲。

5. 独立意识与从众心理的矛盾统一性

听众心理既有个体思考、不唯上、不唯书的独立意识，又会受到其他听众的影响而改变自己的看法。演讲中，往往出现数人笑，众人皆笑；数人鼓掌，众人皆鼓掌；数人打哈欠，众人皆有睡意的现象。

只有有效了解听众的心理需求，演讲才会有的放矢。了解听众的方法有很多，比如，通过你的听众所在单位的领导来了解；通过和某一地区、时期的社会舆论来了解；通过开小型座谈会或与听众个别交谈来了解；通过演讲过程中的提问、插话来了解。

（二）分析听众成分

一场具体的演讲，还必须事先了解听众的具体构成成分，要了解听众的身份阶层、文化层次、职业、年龄等，以便有针对性地做好演讲材料、演讲技巧、演讲风格的准备。

从参加演讲会的目的来看，听众大致可分为以下几种类型：

（1）慕名而来。一般群众对各类名人都怀有一种敬仰、钦慕之心。如当著名政治家、科学家、演讲家、体育明星、影视明星等发表演讲时，往往会有大批听众慕名前往。

（2）求知而来。为了获取新的知识和能力，听众会自觉选择那些能满足自己求知欲的演讲。学术讲座、技术辅导、国外见闻等演讲能够吸引大批听众正是因为这些演讲满足了听众的求知欲望。

（3）存疑而来。听众对自己渴望了解的演讲话题总是抱有极大的兴趣。例如，调整工资、保健问答、产品介绍等演讲，如果关系到听众的切身利益，听众会十分主动地参与演讲交流过程。

（4）捧场而来。在某些演讲特别是命题演讲比赛中，往往有一些演讲者的同学、同事和亲属前来助威和捧场。

（5）娱乐而来。青年人喜欢演讲比赛，是因为演讲场上充满了激烈的竞争和热烈的气氛，具有一定的娱乐性。仅仅"看热闹"这一条理由就已经能够吸引许多热心的听众。

（6）不得不来。工作报告、经验交流、各种庆典的会场上，有相当一部分听众是由于纪律约束或出于礼貌而不得不来的。

了解听众是一项十分严肃而又能够获得听众好感的准备工作。一些演讲者，包括一些教师的演讲，其效果有时不好，很多在于他们主观地认为自己所讲的是深刻的、有条理的、精彩的，没有考虑听众听起来是不是这么一回事。

 示例

著名女作家丁玲的《太阳照在桑干河上》刻画了一个土改工作队的负责人、知识分子出身名叫文采的人物。一天晚上，他给农民滔滔不绝地做了六个钟头的报告，高谈阔论，出口成章。毫无疑问，他自己认为是很精彩的。但听众反应却不好。有些人悄悄从人群中走出来，坐到后边的台阶上，手放到膝头上，张着嘴巴睡着了。群众的议论声，民兵的喝止声，会场上主持人的喊叫声，乱成一片。文采讲不下去了，只好停下来。要不是民兵以捆绑为警告，恐怕群众早就走光了。这个演讲是失败的。文采讲的是革命道理，也很有口才，但他没有考虑听众的觉悟水平和相应的文化水平，运用的也不是群众喜闻乐见的通俗语言。

二、明确演讲目的

演讲作为一种现实的社会性活动，是演讲者与听众的双边活动，其目的或目标是要争取最大限度的"共同性"，即取得共识、建立同感。

（一）演讲者的目的

演讲者演讲的目的就是与听众取得共识，产生共鸣，使听众改变态度，激起行动，推动人类社会向理想境界迈进。

示例

法兰西第五共和国总统戴高乐在 1940 年 6 月 18 日，向法国人民发表的《争取民族独立》的演说，其目的是觉醒法国人民的抵抗意识，重新点燃希望之火。他也因此成为法国人民心目中的"六·一八"英雄。

（二）听讲者的目的

听众是无数个个体的集合。由于他们年龄、性别、文化程度、兴趣、职业等不同，听演讲的目的也各不相同。但从总体上说，演讲者的个体实用目的和听众的个体实用目的是一致的，是紧密相连而又互为体现的。如果离开这条，演讲将很难存在。

示例

在 2017 年 1 月 17 日，世界经济论坛年会在瑞士达沃斯举行，中国国家主席习近平出席开幕式并发表主旨演讲。这是中国国家主席首次出席世界经济论坛年会。演讲过程中，偌大的会场座无虚席，听众翘首聆听来自中国的声音和主张。各国记者更是第一时间报道习近平演讲，外国媒体纷纷解读，盛赞习近平是经济全球化的捍卫者，中国正在向全球领导者的方向迈进。这场演讲之所以获得国外媒体瞩目，正是因为在当前西方社会反全球化呼声高涨的背景下，习近平主席高举自由贸易旗帜，强调不能把世界乱象归咎于全球化，他的演讲也是听众的心声，也因此赢得了台下 3 000 多名商界和政界与会者的掌声。

（三）现场的目的

现场的目的即演讲者的实用目的是否符合了听众的实用目的，是否引起了共鸣，演讲的内容是否打动了听众的心灵。

示例

印度总理甘地夫人，在其自述中记载过两次截然不同的演讲经历：一次是她在英国学习时，应邀参加一次会议。会上，英国国防部长克·梅农突然当众宣布请她讲话。她毫无思想准备，惊恐万分，只得在哄堂大笑中结束了她的前言不搭后语的"演讲"。并发誓今后不再在公众面前讲话。另一次是在南非，东道主要她在招待会上演讲。她执意推脱说："不行，我一句话也不准备讲，只有依了这条件，我才赴会。"招待会定于下午四点举行，整个上午，甘地夫人参观非洲铁路工人生活区，铁路工人生活艰苦的情况深深地触动了她，使她"心有所结"，如鲠在喉，非一吐为快不可。当主持人宣布"尼赫鲁小姐不讲话"时。她竟改变初衷，一跃而起，主动滔滔不绝地讲了起来，而且讲得非常成功。

甘地夫人的两次演讲深刻地表明，演讲者如果毫无准备，目的模糊，词不达意，肯定会招来哄笑。而有了不吐不快的冲动，再经过大脑对接收信息的加工整理，知道自己想要突出的是什么，将其巧妙而生动地表达出来，便铸就了一次成功的演讲。

（四）散场后的目的

当然，任何演讲者不会只停留在现场的目的上，而是更追求散场后的目的，即听众的实际行动，这才是演讲者的最终目的。

示例

拿破仑率部队远征埃及时，在金字塔附近和敌人的主力遭遇，情况危急，拿破仑立在马队前高声演讲道："士兵们，今天四千年历史从这些金字塔的上面看着你们！"简短的演讲使远征疲惫的法军士气大振，终于大胜敌军。他的演讲产生了现场的直观效果，鼓舞了士气，士兵英勇杀敌，取得了胜利，进而实现了散场后的目的。

三、确定演讲主题

主题是演讲的灵魂，它决定演讲思想性的强弱，制约材料的取舍和组织，影响论证方式和艺术调度，它是选题的具体化、明朗化。没有明确的主题，演讲就如同没有灵魂的偶像，即使讲得天花乱坠，也会让人不知所云，不得要领。而主题的确定要经过三个步骤：一是选择议题，二是确定主题，三是拟出标题。

（一）选择议题

所谓议题，就是演讲的内容。选题就是选择话题，确定谈哪方面的内容。演讲者通过阐述、分析、论证议题来表述事实，传达真谛。因此选题要遵循以下基本原则。

1．顺应时代，切合实际

密切关注当今社会的热门话题，紧紧抓住人们普遍关心的问题，抓住社会现实中急需解决的问题。

2．有的放矢，适合听众

选题要有针对性，要能深刻影响听众，极大地感染听众。必须做到实事求是，具体问题具体分析。面对不同的听众，要根据其民族的不同、性格的差异、职业的有别、年龄的差距，以及生活环境和文化修养的不同，来选择不同的议题。

3．驾轻就熟，贴近身份

演讲者应切合自己的年龄、身份、气质，专业、适应水平和兴趣，选择自己比较熟悉、与自己的专业和知识面比较接近的、体会比较深的议题，这样容易讲深讲透，讲出水平，讲出风格。

4．场合气氛，协调一致

演讲内容要与演讲场合气氛相协调，也就是要考虑演讲的时间和空间环境。时空环境不仅指演讲现场的布置，也包括时间、背景、组织和听众等因素。

（二）确定主题

确定主题应注意以下几点：

1．演讲主题要集中

一般来说，一篇演讲只能有一个主题，必须围绕这个主题展开阐述。因为演讲既是讲的艺术，更是听的艺术，对于听众而言，声音如风过耳，倘使主旨分散或中心有多个，听众听过之后便很难抓到主题，只能昏昏然。这就犯了演讲主题不集中、不能给听众留下清晰深刻的印象的忌讳。

2．演讲主题要鲜明突出

主题集中了犹嫌不够，还要做到鲜明突出。这是因为演讲就是向听众传播你的思想，申明你的观点，是是非非何去何从都应果敢坚决地表明。

3．演讲主题要统率材料

一篇好的演讲稿，始终要围绕一个主题来谈，做到所有材料集中表现一个主题，主题统率材料。材料集中地表现一个主题并使之鲜明突出。只有这样，听众的脑海里才会留下深刻的印记。

4．演讲主题要符合时代精神

一篇好的演讲稿，还要跟上时代的节拍，时代和社会是不断向前发展的，人们的思想也是不断更新的。只有符合时代精神的主题演讲，才具有召唤力，被听众认同。

（三）拟定标题

标题不等于主题。标题是标明演讲稿的名称，是演讲稿不可缺少的有机组成部分，是一篇演讲稿的定音之弦。新颖的、具有吸引力的标题，具有大幅度、高强度振动听众心弦的功能。拟定标题要做到贴切，即演讲的标题要与演讲内容和谐统一；要简洁，即要有概括性，用最简洁的语言，表达最丰富的内涵；要醒目悦耳，有启发性。只有这样，才能引起听众认真听讲的兴趣，才能激发听众迫切要求了解演讲内容的心情。

四、准备材料

演讲稿写作的"材料"，包括客观存在的一切人、物、事（事件、事情、事实）、情（情感、情怀）、理（理论、道理、伦理）等。古今中外，不论历史的、现实的，还是具体的、抽象的，凡是作为演讲写作对象的都可称为材料。这些材料作用于人的头脑，会引起人们的思索、想象和认知，给人信息。一篇演讲稿，不论选择了什么题材，确定了什么主旨，材料的充分、可靠和典型的程度都是衡量其质量优劣的尺度之一。

材料是演讲者长期通过直接（亲身经历）或间接（通过书刊等传播手段）方式获得的。但在演讲者所掌握的材料中，只有很少一部分适合写进演讲稿。因此，在写作演讲稿时对材料要进行选取。

（一）收集材料

善于收集材料对演讲来说是非常重要的。一般来讲，要善于从亲身经历或耳闻目睹的一些事件、言论、感受中获取第一手材料，这是演讲稿需要的最宝贵的材料；也要从报纸、杂志、书籍、广播、电视、网络等媒体上收集第二手材料，经过归纳、分析、研究获取有价值的部分。

示例

林肯的高帽子和维德摩迪的大信封

美国第十六任总统林肯，经常戴一顶当时流行的高帽子。他随时将所见、所闻、所感的材料记在碎片、旧信封及破包装纸上，然后摘下帽子，放进里面，再把帽子戴上。闲暇之时，他便分门别类，加以整理，抄进本子以备用。他的特点是收集材料十分及时。

维德摩迪是美国19世纪的大演说家，他准备了许多大信封，封面上标着醒目的标题。倘若遇到好材料，便及时抄录下来，放入适当题目的信封内。这可算是开分档储存有用材料之先河了。他们的成功演讲与平时"做有心人"，注意及时地收集材料有密切关系。

（二）选择材料

1. 对材料进行分析

材料是客观存在的，它包含一定的内容，能说明一定的问题，但并不直接显露出来。它可以说明这个问题，又可以说明那个问题，这说明被选取的材料既是客观的也是主观的。正确选取的材料，是主客观的统一。

2. 在分析的基础上鉴别

把材料的本质意义和所能说明的问题做一番比较，把与演讲主旨相关的留下，不相关的舍去。做到材料和主旨统一，客观和主观一致。力求在"大同""小异"的原则下适当变通，"大同"即主旨集中、统一，"小异"指主旨充实、圆满。

（三）选材原则

演讲者通过分析和鉴别，保留一些适合演讲的材料。在写作演讲稿时，对这些材料还要进一步选取。因为一篇演讲稿是一个新的完整的体系，取自不同方面、来自不同渠道的材料要在这里转换为新的内容，要导向某些规律性认知，使听众增加新的知识；另外，受演讲稿的篇幅所限，原先保留的材料不可能都写进演讲稿，这就需要对材料进行一次新的筛选。

对材料的选取，一般依照选择真实的材料、选择典型的材料、选择充足的材料、选择具体的材料、选择感人的材料、选择新鲜的材料的原则，把准方向，围绕论题进行，为主题服务。

五、撰拟讲稿

讲稿的撰写一定要具体，切忌概念过多。一篇好的讲稿是系统性、完整性、有效性的完美结合，适当合乎如下十六字原则：深入实际、内容具体、适合听众、有的放矢。

在撰写讲稿时，建议采用"5W2H"的公式："5W"——When，Where，Who，What，Why（时间，地点，人物，事件，原因）；"2H"——How to do，How much（怎么做，做多久、做多少）。

 示例

取势为先，善做善成

武汉大学校长李晓红

前不久，习近平总书记讲道："肯取势者可为人先，能谋势者必有所成。"我想，今天就谈谈武大的"势"。当你们踏进武大的校门，就应该能感受到，在这所古朴而美丽的校园，蕴含着一种无形而强大的势。武大的势在哪里？

武大之势，在于她恢弘激越、大气磅礴的气势！我希望你们取大美武大、恢弘武大之气势，树远大之理想、立豪迈之志向，去提升你们的精神气质、丰盈你们的大美人生！

武大之势，在于她自强不息、奋勇向前的劲势！我希望你们取武大自强弘毅、砥砺进取之劲势，赓续武大优良的文化传统，求索不已、奋斗不止，充分展现新一代武大学子的风采，去奋力追逐你们的梦想！

武大之势，在于她自由开放、锐意创新的生势！我希望你们取自由武大、创新武大之生势，放飞梦想、自由探索、锐意创新，像雷军一样，像武大的辩论队、合唱团、"记忆大师"、"发明达人"一样，玩出个性、玩出品位、玩出特色、玩出水平、玩转国际舞台，让"玩"成为武大靓丽的品牌！

武大之势，在于她顶天立地、敢当善为的派势！翻开武大的历史篇章，无数武大师生和校友将脚步坚实地踩在祖国大地上，从"三星两弹"到"北斗子午"，从极地科考到三峡工程，从重组基因到杂交水稻，从助力经济腾飞到关爱弱势群体，创造了一个又一个中国第一、世界第一。他们在知识上探求高深学问，在时代中担纲社会责任，干出了惊天动地的事业，这就是顶天立地之雄势！

最后，我送给你们《大学生活"十要十不要"》，希望你们"且行且珍惜"：

第一，要拼自己，不要拼爹！

第二，要追梦，不要追星！

第三，要做"学霸"，不要做"学渣"！

第四，要学会蹭课，不要翘课！

第五，要刷GPA，不要刷夜、刷微博！

第六，要诚信考试，不要想着"开外挂"！

第七，要独立思考，不要迷信"大V"！

第八，要多去操场锻炼身体，不要总宅着看《来自星星的你》！

第九，要学会"感恩关切爱"，不要心存"美慕嫉妒恨"！

第十，要保持阳光心态，不要对自己失去信心！

衷心祝愿你们在武大学业有成，生活快乐！

（武汉大学新闻网）

六、熟记讲稿

熟悉和背记演讲稿，在演讲者的演讲思维乃至整个演讲心理活动中处于突出的地位，也是演讲活动取得成功的必不可少的条件。特别是脱稿演讲，可以使口语表达收到最佳效果。熟记和记忆讲稿的方法很多，具体采用哪种方法，往往取决于演讲的内容和演讲者的记忆习惯。熟记和记忆讲稿的方法大体有如下几种。

（一）以意领先，抓纲带目

"意犹帅也"，从意义入手，把握中心思想，了解各部分的内在逻辑联系，提纲挈领。抓纲带目，既把握住了内容，又掌握了结构，能进一步加深理解，在理解的基础上进行记忆。

（二）从情入手，以情带理

在记忆的过程中，强烈而真实的情感如同"催化剂"，能使记忆加深，这是因为人的情感与大脑两半球的活动联系着。

（三）形象记忆，化抽象为具体

形象法也称为画图法，即用画图画的方式以启发记忆。运用形象记忆法，先把所需记忆的重要概念抽取并排列起来，然后在头脑中浮现出这些概念所代表的具体事物的形象，最后，再用联想把这些具体形象连接起来，可以达到增强记忆的效果。

（四）高声朗读记忆法

高声朗诵对熟悉和记忆演讲稿十分有效。其原因在于：一是朗诵发出声音这个主动动作和自己双耳听到声音这个被动性的动作同时进行，能使视觉器官和听觉器官同时活动，增强了对大脑的刺激效果，以至"烂熟于胸"；二是它可以排除其他杂念对大脑的干扰，使思维及相关器官高度紧张、集中，使人能专心致志地记忆；三是朗读法不仅能增进记忆，它也是一种演讲的"彩排"，通过这种方法，演讲者既锻炼了口才，也能体会演讲的临场效果，更有利于演讲口语的流利晓畅。

（五）默念记忆法

一般人的记忆特点，都是形象记忆能力强。默念时人的注意力集中，大脑思维积极活跃，眼、手、默念等多方密切配合，记忆内容就能很好地巩固。

（六）联想记忆法

联想是记忆不可缺少的因素，也是一个重要的记忆方法。联想法最适合用在"卡壳"的地方，其方法就是在练习和试讲时，把经常"卡壳"的地方做上标记，然后采用联想法记忆。

（七）机械记忆法

记忆人名、地名和历史年代时，常常使用机械记忆法。这种记忆方法，其速度、精确性、巩固性等都不如理解记忆，但如果运用得当，也比较方便。机械记忆方法大致有以下几种。

1．谐音记忆

 示例

要记住圆周率 $\pi = 3.1415926535897932284626\cdots$ 确实很难。有群调皮学生，老师为了惩罚他们，要他们把圆周率背到小数点后 22 位。于是有位聪明的学生编了一首谐音打油诗，迅速地把它记下来了。他是这样编的："山巅一寺一壶酒，尔乐苦煞吾，把酒吃，酒杀尔。尔不死，乐而乐。"这首诗不仅谐音，而且构成了一个小情节，很容易使人记住。

2．编顺口溜

 示例

周恩来同志曾把我国 30 个省、市和自治区的名称编了一段顺口溜："两湖两广两河山，五江云贵福吉安，四西二宁青甘陕，还有内台北上天。"

3. 运用对照

 示例

日本领土面积约为 37 万多平方公里，正好等于湖南省面积（21 万平方公里）与河南省面积（16 万平方公里）之和。

4. 抓住特征

 示例

蒙古灭金是 1234 年，这个年号正好是 1234 的数的自然排列。鲁迅生于 1881 年。这个年号正好是由 18 和它的相反的数 81 构成。

七、反复试讲

通过试讲，可以较全面、透彻地了解自己的演讲风格和演讲水平，同时可以发现自己演讲中可能出现的疏漏，以便及时采取相应的措施，还可以进一步加深和巩固演讲的内容，使自己的演讲更顺畅、纯熟、优美、动人。

八、熟悉会场

为了做一次精彩的演讲，演讲者要事先检查演讲的会场，以便与听众取得良好的沟通效果。一般应在以下几个方面做好准备。

（一）提前到达

提早到达你要演讲的地方，检查一下演讲的场合是正式还是非正式的；是否适合演讲；周围环境如何，有没有其他因素会影响到演讲，如噪声等；确定讲台的位置，当主持人介绍你时你应该站在何处；什么时候上台；灯光是否打在你身上；辅助工具如何放置；听众的座位是如何安排的，是否有利于互动交流等。充分的准备可以让你消除演讲时的紧张感。

（二）熟悉麦克风

了解它怎么开、关，练习用它说话。如果是有线麦克风，就应该注意在走路时不让话筒电线绊倒。

（三）了解音响设备

无论是投影仪、幻灯机还是录像机，都应确保它们能够正常使用。现在普遍使用投影仪，事先要检查电脑、U 盘是否能正常运行，幻灯片和投影设备能否正常使用，以确保演讲顺利进行。

（四）准备好书写工具

例如，白板和白板笔，检查白板笔是否清晰；为了节省演讲时间，需不需要把某些东西事先板书好。

（五）准备音乐

演讲前后或某一个阶段科学地使用背景音乐，会给演讲增色不少。因此，现场检查音乐能否正常播放，什么时间播放也要安排到位。

（六）与组织者沟通

明确谁介绍你，你将站在哪里（最好是站在讲台前方）。把你写好的自我介绍交给主持人，确定他是否对你的名字发音正确。最好把它写成包括 3~5 个关键信息的介绍，以便听众有一个大体的了解。

九、调整情绪

演讲心理最重要的两个方面：一是克服自我恐惧心理；二是激起听众兴趣。我们都有过第一次上台讲话的经历，有过紧张、不安、怯场的感受。那么，如何做好上台讲话前的心理准备呢？

（一）临场熟悉法

对场地越熟悉，紧张的气氛就会相应地越弱。一定要提前到场，这是非常重要的。你和听众，如果你提前到了，那么意味着你是这个场地的主人，听众就是客人；如果是听众先到，你后到，那么作为客人的你肯定会相应地非常紧张。

（二）自我激励法

在演讲之前，先利用内部语言进行自我安慰和鼓励，给自己打气，在脑海中树立起这样的信念，可以对自己说："我已经做好充分的准备，听众会非常乐意接受我的演讲，潇洒地去表达吧，我能成功。"

（三）运动调节法

在演讲上台之前做深呼吸。这非常重要，深呼吸可以有效地调整心态，使你紧张的情绪有所缓解。

（四）转移注意法

除了在演讲前你能够做到的准备外，在演讲时你至少还可以做一件事来自我放松。不要把时间花在考虑自身状态和自己的演讲上，你应该把注意力转移到别的事情上。努力倾听你前面每一个人的讲演，专心致志于每一位演讲者的讲话内容，等轮到你上台时，你就不会过分紧张了。

此外，演讲者还要掌握一些行之有效的调动情结的方法，诸如临场前逗乐引笑、朗诵名人诗词、观花赏画、欣赏音乐或做愉快的回忆等。总之，要使精神振奋，情绪高涨，以轻松、兴奋、坚定的心情进入演讲角色。

第二节　演讲控场与应变训练

【知识要点】

演讲控场训练

演讲应变训练

演讲控场与应变技巧是演讲者在演讲过程中，根据演说现场情况的变化，对演讲的内容、方法、时间做出灵活调整，对意外情况做出及时应对及处理，对听众的情绪与注意力进行有效控制的一种能力。如何能让演讲超水平的发挥，如何能把演讲内容配合外在优美的态势与洪亮的嗓音一起表现出来，演讲控场与应变的技巧训练是至关重要的一个环节。

一、演讲控场训练

演讲控场训练是演讲者对演讲场面进行有效控制的技能和办法，以达到吸引听众、打动听众、感染听众的一种手段。在演讲过程中，由于各种原因，听众的情绪、注意力及场上气氛、秩序常有变化的可能。演讲者要有效地调动听众情绪，集中听众注意力，驾驭场上气氛，稳定全场秩序，使之向有利方向发展，不能不借助于控场技巧。演讲者要善于观察听众的种种反应，确定控制会场的相应措施，随机应变地避开和克服演讲中出现的障碍和被动，并变被动为主动，使演讲生色增辉、风趣动人。

（一）演讲控场技巧

在演讲过程中，可以通过以下技巧进行控场训练：

1. 变换话题

演讲者可以将原先准备的演讲内容暂时搁置，针对现场听众的需要做即兴演讲。如果没有即兴演讲的能力，也可以在原准备的演讲内容中揉进现场听众感兴趣的内容，以调动听众的情绪。

示例

著名演讲家李燕杰有一次到医院做关于爱国主义的演讲。演讲中，他观察到东北角有一位老大夫正看医书，无意听讲。李燕杰灵机一动，就插进了这么一段："每当我回忆曾经重病缠身的时候，白衣战士就引起我深情的遐想。是他，人格的诗，心灵的美，圣洁的光，赋予我第二次生命；是他，给我去参加拯救那灾难深重的中华民族的权利和力量。"听到他这么说，那位老大夫马上就抬起头来，盯住了演讲人。李燕杰见此情景，抓住时机，又把医生治病救人与救国救民联系起来讲，点明了爱国主义教育的主题。那位老大夫终于把手中的医书放下，认真听讲。

2. 插科打诨

演讲者可以在演说过程中临时以让听众情绪得以调整的取乐、逗笑的言辞、神态、动作予以表达。待听众注意力被吸引住，产生活跃的气氛后，再接着原有思路继续演说下去。

示例

著名华裔诺贝尔物理学奖得主、美国能源部长朱棣文 2009 年 7 月 17 日在天津大学发表《能源与气候：共同的挑战，共同的机遇》主旨演讲时曾有这样一幕。他借用插科打诨的幽默感，风趣逗人，立刻拉近了和全场听众的距离，并使得听众的注意力高度集中起来。

"这张照片是我妈妈年轻的时候，我不知道到底拍摄于哪一年；这张是我爸爸的，也是年轻时候的；这张照片是我爸妈结婚时候的。接下来你们会看到这么潇洒的父亲和这么漂亮的母亲的小孩。"紧接着他拿出一张婴儿照片，引得全场哄堂大笑。接着他笑着说："我也不知道问题出在哪里。"此刻全场又是一片笑声和掌声。

朱棣文之后在谈及"能源问题"时，他再次发挥插科打诨的幽默本色。他说："小时候，不知道谁告诉我，说地下的石油都是恐龙遗体变的。我那时就感到奇怪，为何那些恐龙都死在沙特阿拉伯呢？"此言一出，会场马上响应一阵愉快的笑声。简短的欢愉之后，朱棣文继续讲述他应对能源问题和气候变化的思想和理论。

在一个多小时的演讲中，台下的听众不仅被这位白宫首位诺贝尔奖得主的学识所折服，他那插科打诨的演讲艺术也使得枯燥的科学演讲风趣生动，深深地吸引观众。

3．精炼内容

演讲者在演说过程中可以挑选演说内容中的要害、关键之处演讲。那些客套话、应景话或人人皆知的大道理尽量少讲，甚至不要讲。特别是在文艺晚会、体育比赛、开业庆典、工程落成、庆功表彰等演说活动中，应景式的演讲更要越精炼越好。

示例

美国飞机发明家莱特兄弟是一对很善于思索、刻苦钻研的兄弟，同时他们又是一对最不善于交际的难兄难弟。他们最讨厌的场合就是演讲。在一次盛宴上，酒过三巡，主持人邀请大莱特发表演说。大莱特不好意思地说："这一定是弄错了吧？演说是归舍弟负责的。"主持人又转向小莱特。小莱特站起来说："谢谢诸位，家兄刚才已经演讲过了。"在一番相互推辞后，又经各界人士再三邀请，小莱特只好说了这样一句话："据我所知，鸟类中会说话的只有鹦鹉，而鹦鹉是飞不高的。"这样一句简短的演说却赢得了现场听众长时间的热烈掌声。

（二）演讲控场原则

在演讲过程中，演讲者控场技巧的最高境界在于，营造一个让听众和自己完全融为一体的氛围，并确保将掌控这个氛围的总开关置于自己手中。对于不同的演讲者来说根据情境的不同也各有不同的方法。但总体来说，演讲控场技巧的运用必须遵循一定的原则要求。

1．大方得体，充满信心

演讲者的控场能力从上台的那一刻就已经开始。演讲者如果对自己的演讲胸有成竹的话，他所散发出的那份自信会对听众产生一定的威慑作用。科学家法拉第分享自己的演讲诀窍就是："假设听众一无所知，所以我对自己的演讲充满自信。"

2．动静结合，变换节奏

演讲者在演讲过程中，可以用抑扬顿挫的不同语调和疾缓快慢的不同语速进行演讲，这样可使听众将分散的注意力转移到演讲者身上。演说内容的重点之处也可以采用不断重复的方式进行强调，这也是变换节奏的方法。

3．精心选择，设置悬念

演讲者必须根据演说主题精心选择既能扣住演讲主题，又不为听众所共知的东西设置悬念。这样可以有效地激发听众的兴趣，调动听众的情绪，同时又要在听众听兴正浓时戛然而止，使悬念最大限度地发挥作用。

4．遇乱不惊，镇定自若

演讲者在演说过程中如果出现秩序混乱的现象，必须镇定自若。要根据造成混乱的不同原因采取不同的应变措施，切忌慌张或大动肝火。

二、演讲应变训练

演讲应变训练是演讲者在演讲过程中观察到演讲现场出现某种异常情况时，当机立断，采取有效措施，控制住现场的气氛和秩序。一场演讲，由于对象不同，时间不同，地点不同，即使是同一个演讲者和同样的演讲内容，情况也会有所不同。演讲现场可能出现听众情绪浮躁、起哄喧闹、吹口哨、喝倒彩等情况，也可能听众反应冷淡、昏昏欲睡，甚至还可能出现听众随意走动、局部骚动等现象。此外，意料不到的事情也会时常发生。对此，演讲者如果不善于灵活应变，遇到问题束手无策，以致场上失控，那么会使演讲无法顺利进行，即使勉强完成，效果也不会好。因此，每个演讲者都应该掌握一定的应变技巧，培养和提高自己的演讲应变能力。

（一）冷场场合

在演讲过程中，如果遇到听众注意力分散、交头接耳、坐立不安等冷场现象，演讲者切不可丧失信心，也不可任其发展，更不可呵斥训人，而应该认真分析演讲中存在的问题，针对具体情况，采取相应措施，扭转局面。一般情况下，冷场场合的出现，常常是由这几个原因造成：演讲内容冗长抽象、表达过程拘谨呆板、演讲速度不当、演讲语言含混不清等。面对冷场现象，通常采取以下措施让听众提神醒目、引起兴奋：

1. 缩短演讲时间

当演讲时间过长时，听众就会出现疲倦情绪。这时演讲者不妨精简演讲内容，尽量缩短演讲时间。

 示例

艾森豪威尔任哥伦比亚大学校长时，常常出席宴会并发表演说。在一次宴会上，他排在最后一个发言。由于前面的人演讲都是长篇大论，轮到他发言时，时间已经不早了，听众早就迫不及待地等着就餐了。艾森豪威尔急听众所急，他放弃了原来准备的讲稿，对听众说了以下两句话："每一篇演讲不管它写成书面的或其他形式，都应该有标点符号。今天晚上，我就是标点符号中的句号。"说完，他就回到座位上了。当听众明白他已经演讲完时，对他简短的演讲报以热烈的掌声。

2. 适当活动，引起听众注意

引起兴奋、吸引注意的办法很多，演讲者可采用在适当的地方骤然提高音量或骤然停顿的办法，引起听众惊奇注意。也可像说唱演员使用惊堂木的方式一样，以突然的奇异举动引起听众的兴趣。还可以设置悬念和有意提问，激发听众积极思考。

 示例

曾经有位演讲者，当他正在台上侃侃而谈时，一缕初春的阳光从会场后侧的玻璃窗照射进来，照在听众的后背上。这些听众逐渐睡眼惺忪。看到这一情景，演讲者暂停了演讲，对听众说："请诸位抬起头来看看天花板。"大家以为天花板上有什么奇怪的事物，人人都抬起头来看着天花板。"现在再看一看左边。"大家又向左边张望。"那么诸位不妨看一看右边……好了，这就是头部运动。疲倦的时候，不妨做头部运动。如仍觉疲倦，亦可以做体操活动。"这一方法果然奏效，听众做了上述活动之后，不再困倦了，又开始专心地听他演讲。

（二）轰场场合

一般来讲，演讲过程中出现轰场现象的原因无非是听众的期望值与演讲内容、演讲现场等发生矛盾冲突，或者演讲者的期望值与听众心理及演讲现场产生矛盾冲突。演讲者对待轰场，最好先缓解矛盾，然后迂回取胜。例如，因紧张"卡壳"而造成轰场，可将忘掉的内容跳过，大胆讲后面的内容，不要因忘却而中断演讲，破坏听众情绪。即使忘记了非常重要的话，也可以先把后面的话提前说，待到临近结尾时，再进行补充。这样做既可保持演讲内容的准确、完整，也不使人有零乱不连贯的感觉。当然，调换话题和趁机提问一定要与演讲中心联系紧密，切不可东拉西扯。如果是因讲错话引起的轰场，可将错话当作反面论题，树立靶子，然后进行批驳，自然而然地将话题引到正确的内容上来。这种补救方法，不露痕迹，甚至还能收到意想不到的活跃气氛的效果。

倘若听众观点与演讲者观点相悖，引起轰场，演讲者尤其要注意迂回取胜，应该运用诱导的手法缓解矛盾，给持不同观点的听众一个撤退的台阶。比如主动地说："这些看法，有的同志不一定乐意接受，对同一问题，有不同看法，是很自然的，从某种意义上讲，你们所讲的也不无道理，不过……"用这样的模糊语言委婉地讲解，采用欲抑先扬的态度，可使观点相悖的听众体面地撤退。

示例

在湖南卫视《我是歌手》总决赛的直播过程中，突发意外情况。参赛选手孙楠突然宣布退赛，观众席上一片哗然。这时，经验丰富的主持人汪涵在一段精彩"救场"演说后，对现场的观众说："有请导播在这一刻给我放三到五分钟的广告，我要跟我们的制作团队一起商量，怎样进行节目上和赛制上的相应调整。各位亲爱的观众朋友，真的千万不要走开。还是那句话，真正精彩的时刻，或许会从广告之后才开始，马上回来！"他的这段演说获得无数好评。

（三）意外场合

在演讲过程中，有时会出现一些突发性的意外情况。这些情况有的是时空环境的原因造成的，也有的是演讲者自身失误造成的。遇到这种情形，演讲者多半会感到尴尬。这时，演讲者可以跟听众笑到一起，在笑声中恢复常态，也可以借事发挥，说几句巧妙的开场白。演讲者针对意外场合的机智应变，是难度很大的能力训练。这种应变技巧是演讲者观察、感受、思考、辨析等能力的综合运用，要求演讲者在有限时间里做到观察细、感受深、思考准，从而达到对策巧妙的地步。如果没有平日的积极训练和培养是很难做到游刃有余的。

示例

获得 1952 年年度奥斯卡最佳女主角奖的雪莉·布丝莱上台领奖时，由于走得太急，上台阶时绊了一下，差点摔倒。她在致辞时说道："我经历了漫长的艰苦跋涉，才到达这事业的高峰。"这句应变的开场白简直妙不可言。她将上台领奖遇到的挫折与拍电影历经的艰辛巧妙地结合在一起，既揭示了达到事业顶峰的真谛，同时又化解了摔跤的尴尬，可谓一举两得。

如果是由于演讲环境不良，照明、音响设备突然发生故障造成的意外场合，那么遇到这种情况时，演讲者除了请有关人员协助处理外，如修理线路，也需要用应变技巧消除意外带来的影响。

 示例

马季和赵炎有一次在山东潍坊市表演相声《吹牛》，两人正"吹"得不可开交时，礼堂天棚上有一盏大灯突然炸裂，玻璃碎片向四处散落，听众惊得抱头叫了起来。眼看一场精彩的演出毁于一旦，马季灵机一动，把这情景巧妙自然地转化为相声的内容，他用手指着天棚说："你能吹，瞧我的，我能把吊灯吹碎！"真可谓妙语惊四座，全场爆发出雷鸣般的掌声。

（四）闹场场合

在演讲中，有时候会碰到这种情形：演讲者正讲得兴致勃勃，听众也正听得津津有味时，突然有人学鸡叫、学狗叫、吹口哨等，引得听众哈哈大笑，打断了演讲者的思路，分散了听众的注意力，对此演讲者必须予以批评与制止。由于发出怪声者多是调皮捣蛋之人，这种人喜欢挑衅他人，如果严厉批评，他可能会跟你对着干，多叫几声给你听，结果更糟。不妨用幽默去批评，让笑声挫败他的锐气和顽气，效果会更好。

 示例

英国文学家查尔斯·兰姆有一次正做演讲，忽然有人故意发出"嘘嘘"的怪声捣乱。兰姆说："据我所知，只有三种东西会发出嘘嘘声——蛇、鹭鸟和傻子。你们几位能到台前来，让我认识一下吗？"他的批评幽默而礼貌，几个捣乱分子乖乖地低下头来，不敢再做声了。

（五）提问场合

在演讲中，演讲者常常会碰到这样的情形：有时听众提出了一些新的问题，超出了演讲者演讲的范围。碰到上述情形，演讲者应灵活应变，及时反应。面对演讲者对于观众的突发性提问，首先要思考听众提出的问题是否能够立刻回答。如果缺乏准备不能回答，演讲者可以这样对听众说："这是一个很有趣而且很重要的问题，我没有仔细研究过，但我很乐意会后与大家一起讨论研究这个问题。"如果听众的问题与演讲者的演说无关，那就要避免演说中回答。此时演讲者可以委婉地对听众说："你提的问题我会后一定答复你。"一般来说，绝大多数听众对演讲者都是尊敬和友善的，即使提出一些质疑也是出于善意。对此，演讲者应持欢迎的态度，并要认真地给予解答。但也不可避免会有一些别有用心的人故意提出一些带歧视、轻视、敌视性的问题，故意刁难演讲者。对此，演讲者应无所畏惧、沉着应对，毫不客气地给予回击。

 示例

作家谌容有一次应邀到美国一所大学演讲，她刚登上讲台，有人就给她提了一个难堪的问题："听说您至今还不是中国共产党党员，请问您对中国共产党的私人感情如何？"谌容顺水推舟地答道："你的情报很准确，我确实还不是中国共产党党员。但是，我的丈夫是个老共产党员，而我同他共同生活了几十年，尚无离婚的迹象，可见，我同中国共产党的感情有多深。"谌容巧妙得体的回答博得了台下听众的称赞。

第三节　演讲态势语言训练

【知识要点】

态势语言的定义

态势语言的作用

态势语言的使用

运用态势语言的注意事项

一、态势语言的定义

态势语言是通过人的仪表、表情、目光、姿态和动作等来表示一定语义进行信息传递的一种伴随性无声语言，又称为体态语言或人体语言。态势语言不同于人们的一般动作。它是用表情、动作和姿态来做交流思想的工具，是表露人的内心、给予人的感情的语言。正如古人所云："言之不足，手之舞之，足之蹈之。"态势语言借助听众的视觉感官，将有声语言的未尽之意加以补充。在演讲中，态势语言主要对有声语言起辅助、替代和调节的辅助性作用。态势语言和有声语言相辅相成，共同构成语言交流的整体，使表情达意更加确切、完整。

美国心理学家艾伯特·梅拉比安曾说过："人的感情表达由三个方面组成：55%的体态、38%的声调和7%的词语。"由此可见，态势语言是演讲中一个重要的组成部分，可以更好地提高演讲过程中表情达意的生动性、真实性和丰富性。作为强化表达效果的非语言因素的重要成分，态势语言是演讲表达的必要补充。

二、态势语言的作用

人们演讲过程中，常常借助态势语言来强调重要的问题、词句和情感；或借助态势语言来表达那些言不足意或不宜明说的信息。可以说，态势语言和有声语言两者彼此互补，相得益彰。一般来说，态势语言有以下功能。

（一）辅助功能

态势语言可以辅助有声语言圆满地表达内容，充分地抒发感情，还可以形象地表达演讲词中所没有的东西，尤其是在表达情感、情绪和态度方面。态势语言有时甚至比口头语言更明确、更具体、更有感染力。在演讲过程中，演讲者首先呈现给听众的是视觉形象。这时演讲者灵活自如、优美协调的体态动作，往往能更好地辅助口语，弥补有声语言表达上的不足，使有声语言的内容更加准确、生动。历史上许多著名的演说家均能较好地运用各种态势语言来调动群众的情绪，烘托演说的气氛。他们演说时的神态和手势成为激励人心的标志和人们津津乐道的对象。

（二）替代功能

通常情况下，态势语言依赖于有声语言和具体环境而存在，不能喧宾夺主，但有时也可以替代有声语言而直接进入交际场合，起到"此时无声胜有声"的效果。比如，在演讲、做报告时，如遇到台下喧哗，与其声嘶力竭地用有声语言让大家安静，倒不如用亲切和蔼的环视来替代。这样，听众反而会很快安静下来。

（三）调节功能

在公众场合演讲时，即使是富有经验的演讲者也难免有紧张的情绪，出现心跳加快、面部肌肉紧张、呼吸急促等现象，适当的形体和手势语言可以在紧张的语言氛围中起到调节和稳定情绪的作用。

除了以上功能以外，态势语言还能够淋漓尽致地展现演讲者的个人风采。所谓个人风采也就是人们常说的风度，即仪态、举止、姿态等。风度是一个人内涵修养的外在表现和神情的自然流露。比如，在演讲中，如果演讲者无法控制语言速度、语音走调等就会削弱演讲者的说服力和可信度。相反，如果演讲者表情轻松，神态自然，动作优雅，就可以增加语言信息的可信度。听众在听的过程中不只是在“察言”，也在“观色”。通过演讲者的形体、手势、表情等具有自然流露性质的态势语言，了解演讲者个人的风格形象。所以为了在演讲过程中给对方留下好的印象，特别是良好的第一印象，演讲者必须注意自己的态势语言，以便在举手投足之间留下亲切、真诚、自信的印象。

三、态势语言的使用

态势语言是一个系统的语言体系，根据态势语言部位的不同，可以分为表情语言、手势语言、身姿语言、服饰语言等。态势语言作为一个有机的整体，各个部分必须和谐统一、互相配合，同时还要与演说内容协调默契，符合演讲者的思想情感才能发挥应有的作用。

（一）表情语言

表情语言是指通过面部肌肉的收缩和放松所表达出来的人们喜、怒、哀、乐、悲、恐、惊等各种复杂变化的内心世界。人在表达情绪、情感时，可以调动全部的面部器官，它们互相配合，传达出多姿多彩的思想感情。法国作家罗曼·罗兰曾说：“面部表情是几个世纪培养成功的语言，比嘴里说的话更复杂到千百倍的语言。”具体来说，表情语言由表情的变化、脸部肌肉的收展以及眉、眼、嘴、鼻等的动作组成，甚至人脸色的变化也是心理状态的展露。比如，红光满面、精神焕发是兴高采烈、踌躇满志的表露，脸色绯红、面红耳赤是害羞或激动的表现，脸色铁青说明生气或愤怒，脸色苍白是紧张或身体不适的表现。

除此之外，表情语言中，眉毛的表情动作有20多种，一般起弱化或强化眼睛所传递信息的作用。比如，皱眉表示为难，横眉表示轻视，挤眉表示戏弄，展眉表示宽慰，扬眉表示欢畅。低眉表示顺从，锁眉表示忧伤，竖眉表示发怒等。

嘴巴的动作在表情语言中也十分重要。嘴巴的闭合，嘴角的方向都能传递重要的语言信息。嘴巴微张表示神情专注被事件感动，嘴巴大张表示惊讶，嘴角下扬表示轻蔑否定，嘴角上扬表示高兴，嘴巴噘起表示生气。

在众多表情语言中，还有一种语言值得我们注意，这就是微笑语言。微笑语言是通过面部的笑容传递和善、友好信息的一种特殊的无声语言。微笑语言是不受国籍、种族限制而通行世界的表情语言。演讲过程中，微笑语言是最具有吸引力和魅力的面部表情语言，也是最有价值的面部表情语言。某些时刻，适当地做一些微笑、点头等表情语言在紧张的语言氛围中能够起到一定的调节气氛的作用。

📖 **示例**

在"振兴中华"读书演讲比赛活动中夺冠的一位演讲者在演讲时说道:"我是一个生下来就有帽子的人,长大后,又曾是一个丢失名字的人。之后,我父亲去世,他留给我的唯一遗产是一顶沉重的政治帽子。史无前例的'文革'风暴又把妈妈卷入牛棚。"演说到这部分时,演讲者的声音是颤抖的,他的表情是哀怨的、愁眉苦脸的。接下来,他继续说:"是祖国母亲,下着十一届三中全会的春雨,来拥抱了我,为我父亲平反,允许我进了大学校门,是伟大的祖国在我茫然时为我指路,教我读书,教我奋进。"演说到这部分时,喜悦和感激之情使演讲者绽开了笑脸,听众也为之开颜。演讲者感情波澜的起伏升降通过表情语言的渲染,使听众受到深刻感染,演讲者的演说获得圆满成功。

(二)目光语言

目光语言是用眼神和目光来表达情感、传递信息、参与交流的表情语言。正如人们所说"眼睛是心灵的窗户",在面部五官中眼睛是传递信息最有效的器官。从生理学角度来看,目光语言实际上是瞳孔的行为变化。在外界环境和内在心理机制的交互作用下,眼睛会自动反映出一个人的感情、态度和情绪。根据现代科学研究,在演说过程中,人类能够利用目光语言交换几千种信息。由此可见,一方面眼睛具有反映深层次信息的功能,另一方面透过眼睛又能窥视他人的内心世界。比如,一个内心善良、心胸开阔的人,他的眼神应该是坦荡自然的;一个工于心计、揣摩他人的人,他的眼神应该是狡黠阴暗的;一个正直诚实、光明磊落的人,他的眼神应该是坚毅刚强的;一个见异思迁、看风使舵的人,他的眼神应该是飘忽游移的。所以,在演讲过程中,演说者应该有意识地解读听众千姿百态的目光语言,学会阅读和使用目光语言。

📖 **示例**

美国首位黑人总统奥巴马拥有高超的演讲技巧,每次演讲他都能熟练运用目光语言使他的演说得到听众的认可。有时像聚光灯,把目光聚集到全场的某一点上;有时则像探照灯,目光扫遍全场。人们将他在演讲过程中目光语言的使用方式概括为灯塔扫描法和平均目光交流法。灯塔扫描法,即演讲者站在演讲位置,目光投向坐着的听众,像海岸上的灯塔一样左右扫视在场的听众,让听众随时有机会看到演讲者在通过目光与其沟通;平均目光交流法,即在演讲过程中,演讲者尽量与每位听众逐个做目光交流,与每一个人目光交流时表达一个完整的想法,大概3~5秒。一次只看一位听众,目光转向下一位听众时,停顿、换气,平均分配目光交流。这样就让听众感觉演讲者在保持与其个人的沟通。

目光语言的使用与目光注视的部位、目光注视的时间、目光注视的方式都有密切的关系。

1. 目光注视的部位

由于交谈双方关系的不同,目光注视的部位不同,注视时表达的语言信息也有所不同。一般来说,目光分为社交式注视、亲密注视、紧张式注视。

社交式注视是指用眼睛注视对方的双眼和嘴巴之间的三角部位,这种注视可形成一种社交的气氛。它是社交场所中最常见的目光交流的位置。

亲密注视是指将视线停留在两眼与胸部之间的倒三角区域。这种注视表明演讲者和听众关系友好，对彼此互有兴趣。

紧张式注视是指在紧张的气氛下，观点对立的双方目光的对峙。这时，交流的气氛紧张激烈，视线一般停留在对方前额部位。

2. 目光注视的时间

在人际交往中，目光投向对方时间的长短也带有不同的意义。一般情况下，目光接触对方面部的时间占全部谈话时间的 30%~60%最为恰当。如果交谈时，较长时间不注视对方，会被认为冷落怠慢；注视时间过长，会被认为是失礼行为；如果注视停留时间太短，会被认为胆怯心虚。正如亚兰·皮兹说过："有些人在与我们谈话时会使我们感觉很舒服，有些人却令我们不自在，有些人甚至会看起来不值得信任。这主要是与对方注视我们时间的长短有关。"换言之，若想与别人建立良好的默契，在谈话过程中，目光应有60%~70%的时间注视对方，这会使对方也开始喜欢你。因此，不难想象，紧张羞怯的人由于目光注视不到1/3的时间也就不容易被人信任了。

3. 目光注视的方式

目光注视的方式和角度都表达了交谈者双方的态度。自古以来，文人们就善用目光表达自己的喜好。见到自己喜欢、尊敬的人就用青眼，即眼睛正视，眼球居中。见到自己憎恨、轻视的人就用白眼，即眼睛斜视，现出眼白。在演讲过程中，演讲者一定要通过眼睛来与听众保持沟通交流。眼神交流的三种方式分别为虚视、凝视和环视。

环视是指演说者的目光依次从左边看到右边，从前面看到后面，照顾到整个会场。在演讲最开始的时候，不要急着讲话，可以暂停一下，面带微笑环视一周比较好。运用这种方法，可使全场听众产生亲近感。但需要注意的是，演说时目光一定要照顾全局，不可忽视任何角落的听众；同时，头部摆动幅度不宜过大，眼珠不可肆意乱转。

虚视是指演说者的目光直接看向某个区域的听众，但实际上并未看着某个人。这在演讲中应该是最多的。演讲者的视线范围放在某个区域的听众身上，适合听众比较多的时候。

凝视是指演说者的目光具体看着某个人，有眼神交流。一般时间在 3 秒左右，尽量不要超过 5 秒钟。选择一个人作为焦点，然后眼睛慢慢地从一个人移动到另一个人，在每一个人身上停留两到三秒钟时间。在演说中运用这种方法可对专心致志的热心听众表示赞许和感谢；对有疑问和感到困惑的听众进行引导和启发；对想询问的听众给予支持和鼓励；对影响现场秩序的听众进行制止，使其收敛，达到控场的目的。

（三）手势语言

作为人的第二张脸，手势能够传递很多的信息。手势语言就是运用演讲者的手指、手掌、手臂的动作变化来表情达意的一种无声语言。在态势语言中，手势语言是重要的表达方式。它的使用频率较高，使用范围也比较广泛。手势语言灵活方便，可以表达的内容也十分丰富，具有较强的表现力和感染力。我们可以用手势来指明演说中涉及的人或事物及其所在的位置，从而增强真实感和亲切感；也可用来模拟人或物的形状、体积、高度等，给听众以具体、明确的印象；还可用以表达感情，使抽象的感情具体化、形象化，使听众易于领悟。

作为演讲表达的辅助方式，手势的使用需依据表达内容而决定。在演说过程中，手势的使用要自然得体，与演说的内容、演说者的仪态形成完整的一体，达到和谐之美的效果。一般来说，手势语言包括指示性手势、情意性手势、象形性手势和象征性手势四个方面。

1．指示性手势

指示性手势是指用于示意事物的数量或概念。它所指示的事物具体、单一，动作相对简单，是运用最为普遍的手势语言。

示例

在日常交际中，人们常用手指表示指代的事物、数字、数量、日期、方向等。如"你""我""他""这个""那个""上边""下边""左边""右边""一个""第一"，等等。

2．情意性手势

情意性手势是指用于示意带有强烈感情色彩的内容。这类手势一般配合有声语言一起使用，蕴含的意义深刻、隽永。

示例

1946 年，闻一多在昆明做著名的《最后一次演讲》，讲道："反动派暗杀李先生的消息传出后，大家听了都万分痛恨。这些无耻的东西！他们的心是怎么长的？"讲到此时，闻一多用"砰"的一下拍讲台的手势，既表达了他悲愤交加的心情，又把混在台下的特务吓得紧缩着脑袋不敢吱声。

3．象形性手势

象形性手势是指用来摹形状物的大小、尺寸、形状，给听众以形象化感觉的手势。它将要表达的内容形象化，当对方接受信息时，可以在头脑中将信息复原，达到交流的目的。象形性手势常常用在演说时要告诉听众物体的形状，而手边又没有实物的时候。比如，在比画某人个子的高低、身材的胖瘦时可以使用，直观便捷。这种手势还可以通过模仿人的某个动作传递信息。

示例

人们经常会使用一些约定俗成的手势表达自己的观点态度。人们伸出两个手指摆出的造型"V"意为英语单词"victory"（胜利）的意思。人们还会伸手摆出一个"OK"的造型意为"准备好了"。

4．象征性手势

象征性手势是指用来表达比较抽象的事物或感情的手势，它把抽象的概念具体化、形象化，是一种较为复杂的态势语言。象征性手势在使用时，无论是动作幅度的大小、力量的轻重，还是动作的快慢，都要根据演说内容的情感强弱来决定。比如，愤怒时，紧握拳头、挥舞双手快而有力；抒情时，手臂柔和舒展。这类手势在演讲过程中经常使用。

示例

在电影《列宁十月》的结尾有个这样的镜头：起义的工人、士兵攻占冬宫以后，列宁来到斯莫尔尼宫聚满起义的工人、士兵的大厅里，欢呼声山呼海啸一般，窗外炮声隆隆。列宁走上演讲台，大厅平静下来。"同志们！布尔什维克的同志们！"列宁把右手向前一挥说："今天，大家一直所说的那个工农革命，成功了！"影片定格在这个历史瞬间。此时，列宁的姿势为身体稍向前倾，两眼眺望前方，左手拇指插在胸前的西服背心里，右臂有力地向前伸展，右手掌心向下四指并拢。果断地指向前方。

这一象征性手势和身姿，充分表现了一个伟大的无产阶级革命家一往无前的坚强意志和宏伟气势。它使广大人民群众感受到了极大的鼓舞和激励。列宁的这一手势、身姿，为历史留下了一座不朽的雕像。

（四）身姿语言

身姿语言是通过人的身体姿态传递信息的一种无声语言。人的身姿与人的相貌有同等的重要性，共同显示出一个人的气质和风度或对人或事所持的态度。古训有云"笑莫露齿，坐莫摇身"，也对人的身姿有"立如松，坐如钟，卧如弓，行如风"的要求。如果"站无站相""坐无坐相"，即使相貌再漂亮也会大打折扣。在演讲前演讲者要做到精神集中、情绪饱满，保持心情愉快。一般来说，身姿语言由行姿语言和立姿语言构成。

1. 行姿语言

行姿语言是指人行走时的动作和姿势传递的态势语言。我国传统的行姿要求是"行如风"，即行走时要像风一样，快走时疾风劲草，慢走时清风徐来。在现代社交中，行走时要求步伐稳健自如，脚步不可迈得过大，双臂的摆动要与脚步相协调。每一步都要抬起脚来，鞋不要在地板上拖拖拉拉。女性的行姿要在稳重大方中略带矜持，切忌扭捏作态和矫揉造作。

演讲过程中的行姿语言主要指演说者在走上演讲台和走下演讲台时的步伐。行走时，演说者要能显现沉着、充满自信、稳健有力、大方自然的气质。上身要挺拔向上，双臂自然地前后摆动，幅度不要过大，也不要过小，头不要昂得过高，也不要过低，目光平视正前方。

2. 立姿语言

立姿语言是指人站立时的动作和姿势传递的态势语言。我国传统的站姿要求是"站如松"，即站得要像松树一样，体现出挺拔、优美的风采。典雅而庄重的立姿，是一个人动态美的基础和起点。

演讲的站立姿势不是立正的姿势，也不是"丁字步"，因为这两种站立姿势不利于演讲者的发音和走动。良好的立姿应该是双脚略分开，以介于稍息和立正之间的状态轻松而自然地摆开，两腿不要紧贴在一起，前后交叉距离要适中。要注意把全身重量始终放在后脚上，另一只脚虚设，能保持身体平衡即可。双手的放置是很重要的，不能将左右手交叉于胸前，也不能将双手倒背于身后，更不能同时将双手插在衣袋中。双手不做动作时自然下垂，微微弯曲。双腿直立，头正、肩平、挺胸、收腹，以礼貌、谦和的眼光目视对方，给人以坦率、自信的印象。在演讲时，一般都向前倾，向后仰是不雅观的。如果双肩一高一低，会给人一种歪七扭八的印象。

在演讲过程中，以站立为主，也可做适当的、有意义的走动。如向前一步，表示勇敢、进取、坚信等积极意义；后退一步，表示否定、退让等消极意义。但只能适当地移动脚步，不能过多，也不能幅度太大，以免分散听众的注意力。

示例

在演讲过程中，演讲者在行走时，步伐要轻而稳，胸要挺，头抬起，两眼平视，步频和步幅要适度，符合标准。走路时，上身应保持正确的姿势，双手不要过分摆动，双膝不要太弯曲；脚不要过于分开，也不可用拖拉的方式走路，脚步声不要太重；不要东张西望，小心不要踩到或碰到东西，也不要任意跨越放置物。

（五）服饰语言

服饰语言是通过服装和饰品来传递信息的一种态势语言。俗话说："三分靠长相，七分靠打扮。"服饰反映着人们的内心，反映着人们的职业、爱好、气质、信仰、文化修养和生活习惯。一个人的服饰既是所在国家、地区和民族风俗与生活习惯的反映，也是个人气质、兴趣爱好、文化修养和精神面貌的外在表现。在演讲过程中，演讲者要注意仪表服饰，以美的姿态出现在社交场合，给听众以良好的"第一印象"，形成融洽和谐的气氛。

所以在演讲时，演讲者要基本做到服饰整洁合身，庄重朴素，色彩和谐。颜色是服饰语言中最重要的要素。不同颜色给人的印象和感觉也不一样，深色给人深沉、庄重之感；浅色让人感觉清爽、舒展；蓝色使人感到恬静；白色让人感到纯洁。整洁的穿着给人严谨庄重的感觉，给别人留下有责任感的印象。而不修边幅则常常与玩世不恭、处事随意联系在一起。在演说过程中，服饰的选择必须符合演说的时间、地点和主题的要求。就如中国人在社交时，出门做客或接待客人，总要换衣服，适当地打扮一番，给别人以尊重，留下好感。只有遵循服饰语言的要求，才能使演讲者的演说合体、合度、合时，格调高雅，给人以美感。

示例

对于大多数演讲活动来说，演讲者的穿戴只要干净、大方、整洁、朴素就可以了。但是要严格要求演讲者的服饰标准，就有很多需要注意的地方。演讲者在演讲时须穿正装。传统的正装有西装、中山装、套裙等。男士正装的穿着要求必须是有领的衬衫，系皮带的长裤，还有系带式皮鞋。服饰的色系不应超过 3 种，很接近的色彩视为同一种。颜色太多会给人一种花里胡哨的感觉。女式正装最常见的就是西服套裙，与之搭配的衬衫、鞋子、袜子等颜色不能太艳丽。在正式场合建议女士不要穿凉鞋或者露趾的鞋，如果穿高跟鞋，鞋跟高度 3~4 厘米为最宜。

四、运用态势语言的注意事项

尽管态势语言的作用很大，不可或缺，但由于社会规范、工作环境和任务的需要、心理因素等存在差异，对于不同的人来说，态势语言在流露、表述的层次、程度、方式和姿态上，也各不相同，甚至截然相反。因此，态势语言的运用也须遵循一定的原则要求。

（一）自然生动

态势语言运用时要切合演讲内容、演讲场合和演讲者个人的性格特征、身份地位，恰如其分，不生硬造作、刻意表演，甚至故弄玄虚。态势语言要随着演讲内容、场景和情绪的变化而变化。在演讲过程中，有的人说话动作生硬、刻板木讷；有的人则刻意表演，动作和姿态做作，像在"背台词"。这都会使人觉得不真实也缺乏诚意。因此，才有"宁要自然的雅拙，不要做作乖巧"之说。

（二）准确精练

准确是指态势语言的运用要与演讲的内容、听众的接受力等相一致。精练是指态势语言要以少胜多，不可过多过滥。也就是说，演讲者在演讲过程中举手投足间要符合一般社交习惯，简洁明了，易于被人们看懂和接受。如果搞得烦琐复杂，不仅会喧宾夺主，妨碍有声语言的正常表达，也会使听的人眼花缭乱，不知所措。

（三）适度得体

态势语言的运用还要求适度得体。也就是说动作要适量，以不影响听者对演讲者演说的注意力为准。同时，动作必须与说话内容、情绪、气氛协调一致，不要故作姿态、故弄玄虚，甚至手口不一。在演讲过程中，多种态势语言也应相互配合，整体协调、连贯，从而表现出优美自然的风度美、气质美和韵致美，为听众塑造良好的说话形象。

 **相关链接**

善于就地取材，话语"卿"国"卿"城

董卿是央视综艺节目的当家花旦，她清纯靓丽中饱含着优雅与端庄，含蓄内敛中积淀着大气和沉稳，深受广大观众的青睐和好评。在主持节目时，董卿善于就地取材，收放自如，话语中更是透着"卿"国"卿"城的魅力。

在《中国诗词大会》第三场，她注意到百人团中有一位年纪稍长的大爷，穿着打扮与年轻选手大相径庭。当大爷答题错误之后，董卿了解到大爷出身农村，读书不多。于是董卿总结说："一位只读过四年书、当了一辈子农民的大叔，那诗啊，就像那荒漠中的一点绿色，始终带给他一些希望，一些渴求，用有限的水去浇灌它，慢慢慢慢地破土，再生长，一直到今天。所以即便您答错了，那也是在我们现场最美丽的一个错误。"说完，全场响起热烈掌声。

在《欢乐中国行》走进鄱阳时，董卿即席说："观众朋友，鄱阳啊，可是中国古代著名的古战场。周瑜曾经在这里操练水兵，而且鄱阳县也是鄱阳湖历史的发源地，自古这里就与湖有着不解之缘。生活在这里的人们可以说是以鄱阳湖为生、以湖为家、以湖为友。今天呀，我们不妨把这个'湖'字拆开来看，它是由水、古、月三个字组成的，我觉得这就很好地概括了我们鄱阳的精神特质。你看，'水'代表着鄱阳的湖文化，'古'自然是指鄱阳有着悠久的历史，而'月'象征着纯洁与美好。"

面对现场的景致，董卿妙用拆字法，将"湖"字拆开，用"水""古""月"诠释鄱阳湖文化的精神特质，赋予了"湖"新的内涵，意蕴丰富，巧妙地表达了对鄱阳美好的祝愿，从中我们看到了一位优秀主持人的别具匠心和深厚的文化底蕴。

针对现场的各种情况，董卿都可以随机应变，妙语连篇。董卿的妙语显示了一位优秀主持人具有的掌控现场的能力，更让人们领略了一位优秀主持人的机智和人情味。这

位富有幽默睿智、具有深厚文化底蕴、充满人情味的主持人，给我们带来了无数的欢声笑语和心灵洗礼。

问题讨论

1. 请谈一谈在演讲前的准备过程中，如何确定演说的主题。

2. 请谈一谈如何调整上台演讲前的紧张、不安、怯场情绪。

3. 请走上讲台，运用本章所学内容向全班同学做一个3分钟的自我介绍。要求在介绍时，必须有2~3个富有个性的态势语言。

4. 如果你准备参加班干部的竞选，在竞选演讲中你准备穿什么样的服饰？

5. 演讲控场技巧的运用必须遵循怎样的原则要求？

6. 在演说前的准备过程中，怎样确立演讲的主题？选题要遵循哪些基本原则？

实战演练

1. 在大一新生的开学典礼上，你作为老生代表，需要进行一段十分钟左右的演讲，请根据所学内容，准备好一份精彩的演讲稿。

2. 请根据以下案例，分析态势语言的重要性。

1959年，赫鲁晓夫访问美国时为表示友谊，曾做过把双手举过头鼓掌的手势。俄罗斯人认为这是友谊的象征，不料此举却引起很多美国人的反感。因为在美国，通常这意味着战胜对手后表示骄傲的意思。赫鲁晓夫因不了解不同文化背景下态势语言的内涵而在外交场合做出了不恰当的手势语，犯下了不该犯的错误，不仅影响到了其个人形象，也使国家的外交活动陷入了尴尬境地。

3. 请给下列句子设计恰当的态势语言。

（1）人与人之间只有很小的差异，却造成了巨大的差异。这很小的差异就是一个心态是积极的，一个心态是消极的；所造成的巨大差异就是一个成功，一个失败。

（2）德国诗人歌德说，你若失去了财产，你则失去了一点；你若失去了荣誉，你则失去了许多；你若失去了勇气，你则失去了一切。同志们，财产是一点，荣誉是许多，勇气才是一切啊！只要我们不失去勇气，我们必然会反败为胜！

（3）我们需要和平，未来呼唤和平。我们期望着有一天我们能够挥一挥手，道一声："永别了！武器！"

（4）有位哲人曾说过："想，要凌云壮志；干，要脚踏实地。"因为，没有实干精神，一切梦想即使再宏伟也是虚的。为了实现梦想，我们从现在开始就要珍惜每一分每一秒的时光，与时间赛跑，去超越一切。无论前面的道路多么曲折，我们都将一往无前，无怨无悔，因为这一切都是为了中华之崛起。

4. 有位同学参加演讲大赛演讲时由于太过紧张，一下子摔倒在舞台上。这个意外的出现令在场的听众嘘叹声一片。假如你是这位同学，接下来你会怎样做？

5. 请就班级的规章制度或最近要举行的班干部人员选举模拟竞聘演讲过程，全班同学们分组轮流进行提问训练。

6. 在浙江卫视《演员的诞生》第一期中，演员郑爽和任嘉伦搭档，一起演绎章子怡在 17 岁时拍摄的电影《我的父亲母亲》。由于两位演员之前没有合作过，演出过程中，郑爽出现一些笑场等失误。表演结束后，由章子怡、刘烨和宋丹丹三位老师给出评价。这时，突然发生一段插曲。由于刘烨和章子怡在评价时存在分歧，两人发生争执。现场气氛非常尴尬。这时，宋丹丹向演员郑爽说："这两位老师的争执就是表演"。瞬间将尴尬的气氛化解。宋丹丹在救场的同时，对于任嘉伦和郑爽的演绎，也给出了公平公正的看法。宋丹丹精彩的"救场"获得无数好评。请仔细分析，她是怎样发挥控场应变技巧的？

第四章 演讲稿写作训练

学习目标

　　本章主要围绕演讲稿的写作展开训练，了解演讲稿的特点，明晰这种文体与其他书面表达文体的不同，掌握如何拟制标题，掌握开场白、正文以及结尾的类型及写作方式，使学生能准确掌握演讲稿的写作方法和技巧。

第一节　演讲稿的特点

【知识要点】

　　演讲稿内容方面的特点
　　演讲稿形式方面的特点

　　演讲稿也叫演讲词，它是在较为隆重的仪式上和某些公众场合发表的讲话文稿。演讲稿是进行演讲的依据，是对演讲内容和形式的规范和提示，它体现着演讲的目的和手段。

一、演讲稿内容方面的特点

　　演讲是演讲者与听众、听众与听众的三角信息交流，演讲者不能以传达自己的思想和情感、情绪为满足，他必须能控制住自己与听众、听众与听众情绪的应和与交流。所以，演讲稿必须具有以下六个特点。

（一）针对性

　　演讲是一种社会活动，是用于公众场合的宣传形式。它为了以思想、感情、事例和理论来晓喻听众，打动听众，"征服"群众，必须要有现实的针对性。

　　所谓针对性，首先是作者提出的问题是听众所关心的问题，评论和论辩要有雄辩的逻辑力量，要能为听众所接受并心悦诚服，这样，才能起到应有的社会效果；其次是要懂得听众有不同的对象和不同的层次，而"公众场合"也有不同的类型，如党团集会、专业性会议、服务性俱乐部、学校、社会团体、宗教团体、各类竞赛场合，写作时要根据不同场合和不同对象，为听众设计不同的演讲内容。

示例

　　前些日子有一个在银行工作了十年的资深的 HR（人力资源管理师）在网络上发了一篇帖子叫作《寒门再难出贵子》，意思是说在当下我们这个社会里寒门的小孩想要出人头地，想要成功比我们父辈的那一代更难了，这个帖子引起了特别广泛的讨论，你们觉得这句话有道理吗？

（《超级演说家》第二季刘媛媛《寒门贵子》）

（二）可讲性

演讲的本质在于"讲"，而不在于"演"，它以"讲"为主、以"演"为辅。由于演讲要诉诸口头，拟稿时必须以易说能讲为前提。如果说，有些文章和作品主要通过阅读欣赏来领略其中的意义和情味，那么，演讲稿的要求则是"上口入耳"。一篇好的演讲稿对演讲者来说要可讲，对听讲者来说应好听。因此，演讲稿写成之后，作者最好能通过试讲或默念加以检查，凡是讲不顺口或听不清楚之处（如句子过长），均应修改与调整。

（三）鼓动性

演讲是一门艺术。好的演讲自有一种激发听众情绪、赢得好感的鼓动性。要做到这一点，首先要依靠演讲稿思想内容的丰富、深刻，见解精辟，有独到之处，发人深省，语言表达要形象、生动，富有感染力。

（四）整体性

演讲稿并不能独立地完成演讲任务，它只是演讲的一个文字依据，是整个演讲活动的一个组成部分。演讲主体、听众对象、特定的时空条件共同构成了演讲活动的整体。所以撰写演讲稿时，首先，要根据听众的文化层次、工作性质、生存环境、品位修养、爱好愿望来确立选题，选择表达方式，以便更好地沟通。其次，演讲稿不仅要充分体现演讲者独到、深刻的观点和见解，而且还要对声调的高低、语速的快慢、体态语的运用进行设计并加以注释，以达到最佳的传播效果。最后，还要考虑演讲的时间、空间、现场氛围等因素，以强化演讲的现场效果。

（五）口语性

口语性是演讲稿区别于其他书面表达文章和会议文书的重要方面。由于演讲有较多的即兴发挥，演讲稿必须讲究"上口入耳""易说能讲"，句子要简短，句式要变化，语言要通俗，用词要精练，语气要自然，声调要起伏。例如，1941年美国总统罗斯福在《一个遗臭万年的日子》这篇著名的演讲中，运用了排比短句列举大量的事实，充分说明日本的侵略蓄谋已久，铿锵有力、气势恢宏，语感和听觉效果很好，其愤懑之情溢于言表，很能调动听众情绪。

示例

昨天对夏威夷群岛的进攻，给美国海陆军队造成了严重的损害，我遗憾地告诉各位，很多美国人丧失了生命。此外，据报，美国船只在旧金山和火奴鲁鲁之间的公海上遭到了鱼雷袭击。

昨天，日本政府已发动了对马来西亚的进攻。

昨夜，日本军队进攻了香港。

昨夜，日本军队进攻了关岛。

昨夜，日本军队进攻了菲律宾群岛。

昨夜，日本人进攻了威克岛。

今晨，日本人进攻了中途岛。

（罗斯福《一个遗臭万年的日子》）

（六）临场性

演讲活动是演讲者与听众面对面的一种交流和沟通。听众会对演讲内容及时做出反应：或表示赞同，或表示反对；或饶有兴趣，或无动于衷。演讲者对听众的各种反应不能置之不顾，因此，写演讲稿时，要充分考虑它的临场性，在保证内容完整的前提下，要注意留有伸缩的余地。要充分考虑到演讲时可能出现的种种问题，以及应付各种情况的对策。总之，演讲稿要具有弹性，要体现出必要的控场技巧。

二、演讲稿形式方面的特点

（一）短小精悍

演讲稿不像合同、公文，它没有固定的格式，没有不变的原则。

好的演讲稿，应该只有一个提纲、一张卡片，它必须根据现场的条件，随机应变，临场发挥，灵活掌握。

好的演讲稿，要掌握好时间，调整好速度。演讲速度大约是每分钟 250 个字。那么，限制在 4~6 分钟的演讲稿就需要 1 300 字左右，这就要求演讲者根据场合的要求来定了。

（二）纲举目张

任何文章，都有个谋篇布局，演讲稿在谋篇布局上要求更严格。

阅读文章可快可慢，可中途停顿，可反复阅读，演讲则一气贯穿到底，不能停歇冷场。所以，演讲稿特别要求条理清晰，层次分明，结构严谨，纲举目张。一方面，使听众立即产生鲜明、深刻的印象；另一方面，演讲者对论点、材料烂熟于心，"举一纲而万目张"。

对所讲的全部内容，既要收得拢——用三言两语，甚至一句话可以概括；又要撒得开——稍加提示，就可以滔滔不绝地展开讲，不至于照本宣科地读讲稿，或呆板失神地背讲稿。

总之，提纲挈领，纲举目张，应是一切优秀演讲稿必须具备的特点。

第二节　标题拟制训练

【知识要点】

标题的作用
标题拟制的标准
标题的类型

一、标题的作用

人们常把标题比作文章的眼睛。一篇演讲稿，最先让听众听到的是它的标题。

标题是演讲稿不可分割的重要组成部分，与演讲的成败有着直接的联系，它关系到演讲开始能否抓住听众的欣赏心理，吸引听众。一个新颖、生动、恰当而富有吸引力的题目，不仅能在演讲前给人急欲一听的强烈愿望，而且在演讲结束之后，同其内容一样，可以给人留下永久的记忆，甚至成为警句而广为流传。

一个新颖、生动、恰当而富有吸引力的题目有以下三个作用：

（一）概括性

它把演讲的主题、内容、目的全面地反映出来。例如，毛泽东的《反对党八股》《为人民服务》等演讲题目，一讲出来就让人明白内容和主题。

（二）指向性

题目一讲出来，听众就知道你要讲的是哪方面问题，是政治性的、学术性的还是伦理道德的。

（三）选择性

题目能在未讲之前就告诉听众你要讲什么。听众可以据此选择听或不听。

二、标题拟制的标准

那么，应该根据哪些标准来选择题目呢？

（一）能揭示主题

例如，曲啸的演讲题目《心底无私天地宽》，一听就知道演讲的中心思想和主题是什么。

（二）能提出问题

例如，鲁迅的演讲题目《娜拉走后怎样》《未有天才之前》等，听众听前就会有浓厚的兴趣并进行思考，听时自然就容易理解。

（三）能划定范围

例如，《大学生的任务》《美术略论》这样的演讲题目，听众听后就可知道演讲的内容、范围及涉及的具体问题，以选择听还是不听。

（四）要有积极性

即要选择那些光明、美好、有建设性的题目，使听众一听就有无限希望。例如，《自学可以成才》这样的题目，就可鼓舞听众充满信心地走自学之路。

（五）要有适应性

其一，标题要适应听众的实际。即选题要考虑听众的思想修养、文化水平、职业特点、阅历等，这样才能有的放矢。其二，标题要适应自己的身份。即要选择与自己所从事的工作性质、专业、知识面接近的题目，因为自己熟悉的东西容易讲深讲透，容易收到好的效果。其三，标题要适应演讲的时间。即要按规定的时间选择题目。如果规定的时间长，题目就可大些；时间短，题目就可小些。

（六）要有新奇性

演讲题目只有"新"和"奇"，才能像磁石一样吸引听众。例如，刘媛媛在《超级演说家》的演讲题目《请不以结婚为目的恋爱吧》《不作不会活》《寒门贵子》等，这样新奇的题目怎会不吸引人呢？

（七）要有情感色彩

演讲者的演讲总是带有强烈的情感色彩，并把这种强烈的爱憎情感注入题目中，从而打动听众，有一种情感的导向作用和激发作用。例如，鲁迅的《流氓与文学》、马克·吐温的《我也是义和团》等，其爱憎情感都是很鲜明的。

（八）要有生动性

演讲题目生动活泼，能给人一种亲切感、愉悦感。例如，《老而不死论》《象牙塔与蜗牛庐》等都非常生动活泼。当然，生动活泼与否主要由主题和内容而定。严肃的主题和内容就不宜用活泼的题目，否则反而会冲淡和破坏演讲的战斗性和严肃性。

三、标题的类型

（一）提要型

提要型的标题，即标题要概括演讲的基本内容，把演讲内容的核心简明地提示出来，如《儒道兼济：构筑中国人格两岸》《科学的春天》《人总是要点精神的》。这种类型的标题有利于集中表达演讲者的思想，使听众一听便知道演讲的中心问题，在思想上打下一个烙印，有利于听众领会。

（二）象征型

象征型的标题，即运用比喻或象征等修辞手法，把抽象的哲理或某种特殊意义具体化、形象化，从而深入浅出地揭示主题，如《让美的横杆不断升高》《生命之树常绿》。这种类型的标题，一般具有强烈的感情色彩，容易引起听众感情上的共鸣，强化演讲效果。

（三）含蓄型

含蓄型的标题，即运用伏笔，造成悬念，引而不发，撩拨听众兴趣，用婉转的话来烘托或暗示某种内涵，让人思而得之，而且越思含义越多，如《给生命保鲜》《心中有爱希望归来》《蜡炬成灰泪始干》。

（四）警醒型

警醒型的标题，即运用哲言用隽语，立片言以居要，提醒、劝谏、鼓励听众，以激发听众的警觉，使之猛醒，如《忧劳可以兴国，逸豫可以亡身》《天下兴亡，匹夫有责》《有志者事竟成》等。

（五）设问型

设问型的标题，即通过设问，提示演讲所涉及的内容，而演讲内容则是对标题设问的回答，如《当代企业家如何潇洒"入世"？》《读书能改变命运吗？》《他们很傻吗？》等。

（六）抒情型

抒情型的标题，即抒发情感，以情感人，具有浓烈的感情色彩，如《自豪吧！光明的使者》《我爱长城，我爱中华》《党啊，亲爱的妈妈》等。

当然标题的类型绝不仅限于上述几种。演讲的标题不是演讲者信手拈来、随意拟定的。新颖、生动、恰当而富有魅力的演讲标题是演讲者经过认真思考反复推敲而成的。

第三节 开场白写作训练

【知识要点】

演讲入题，开宗明义式
应用故事，先做铺垫式
幽默诙谐，谈笑风生式
哲理名言，统领题旨式
制造悬念，激发兴趣式
借鉴诗歌，抒发感情式
回忆往事，引出讲题式
揶揄自嘲，吸引听众式
以己经历，妙谈体验式
展示实物，直观印象式
反弹琵琶，言此意彼式

演讲稿一般由开头、主体、结尾三部分组成，这三部分必须配合恰当，形成有机的整体。演讲稿的开头，也叫开场白，它犹如戏剧开头的"镇场"，在全篇中占据重要的地位。好的演讲稿，一开头就应该用最简洁的语言、最经济的时间，把听众的注意力和兴奋点吸引过来。总之，不论设计哪种开头，都要力求以最快的速度吸引听众的注意力，要因人、因时、因演讲环境来设计演讲稿的开头，这样才能达到出奇制胜的效果。

一、演讲入题，开宗明义式

开门见山，用精练的语言交代演讲意图或主题，然后在主体部分展开论证和阐述。这种开场白方式称为开宗明义式。

📖 示例

人的一生，每时每刻都站在一个选择点上，都面临着选择！

我曾不止一次地看到，人们在饭堂窗口前挑选，在商店的柜台挑选，在年轻的朋友中比较。

选择，这是人的权利和自由，但我想说的是，在包罗万象、形形色色的选择中，什么是对于我们的人生最重要的、最有价值的？毫无疑问，它该是信仰和追求，是选择什么样的道路，成为什么样的人的问题！

这是演讲稿《选择》的开头。这个开场白，首先点出题目，再比喻说明选择的内容，接着简单地进行逻辑推导，这就"钳"住了听众的注意力。

开宗明义式开场白适合较为正规、庄重的应用性演讲场合，它要求演讲者具有较好的概括能力。

二、应用故事，先做铺垫式

故事式开场白是通过一个与演讲主题有密切关系的故事或事件作为演讲的开头。这个故事或事件要有人物，有细节。

示例

去年 5 月 24 日的《新民晚报》披露了这样一个事实：一个四年级的小学生，每天要带父母亲手剥光了壳的鸡蛋到学校吃。有一次，父母忘了给鸡蛋剥壳，差点憋坏了孩子，他对着鸡蛋左瞅右看，不知如何下口。结果只好"原蛋"带回。母亲问他怎么不吃蛋，回答很简单："没有缝，我怎么吃！"

这是四川周光宁《救救孩子》的演讲开场白，通过小学生不会剥鸡蛋这样一则新闻报道开头，把听众带入她的演讲主题：全社会都要重视培养孩子们独立生活的能力和战胜困难的勇气。

选择故事要遵循以下原则：要短小，不然成了故事会；要有意味，促人深思；要与演讲内容有关。

三、幽默诙谐，谈笑风生式

幽默式是以幽默诙谐的语言或事例作为演讲的开场白，在谈笑风生中阐述自己的观点和主张，使听众在轻松愉快之中很快进入演讲接受者的角色。

示例

今天，我们为我们的好朋友、美国女作家安娜·路易斯·斯特朗女士庆贺"40 公岁"诞辰。（参加宴会的祝寿者为"40 公岁"这个新名词感到纳闷不解）在中国，"公"字是紧跟它的量词的两倍。40 公斤等于 80 斤，40 公岁就等于 80 岁。

1965 年 11 月，美国友人安娜·路易斯·斯特朗女士在中国庆祝她的 80 寿辰，周恩来总理特意在上海展览馆大厅举行了盛大的祝寿宴会。周总理对这段开场白的巧妙解释在几百位祝寿者中激起了一阵欢笑，斯特朗女士也高兴得流下了眼泪。

幽默式开场白切忌低级庸俗的笑话或粗俗的语言。

四、哲理名言，统领题旨式

演讲开场白也可以直接引用名人名言为展开自己的演讲主题做必要的铺垫和烘托。

示例

美国黑人教育家本杰明·梅斯有句耐人寻味的名言："生活的悲剧，不在于没有达到目标，而在于没有想要达到的目标。"这话是极有道理的。

（《让生命在追求中闪光》）

这样的开头方式，既由于名言铺垫显得水到渠成，又由于名言的使用而更贴近生活。

示例

人们常说，第一次把美人比作花的是天才；第二次把美人比作花的是庸才；第三次把美人比作花的是蠢材。不错，如果人云亦云，鹦鹉学舌，那么，就是再美妙的比喻也会失去光彩。但是在生活中却有这样一个比喻，即使你用它一百次、一千次、一万次，也同样具有强大的感染力。同志们或许会问，这是个什么样的比喻呢？那就是，当你怀着赤子之心，想到我们祖国的时候，你一定会把祖国比作母亲。

（吕元礼《祖国——母亲》）

吕元礼在《祖国——母亲》的开头，引用了一个讽刺的谚语，说明了对重复比喻的厌烦，然后话锋一转，强调另一种比喻可以不厌其烦地运用，从而引出了演讲的主题。

作为开场白的被引用材料，一般要具备两个基本条件：一是被引用的材料极其精彩，具有相当强的概括力、说服力和感染力；二是被引用的材料出自权威、名人或听众十分熟悉的事物，演讲者利用权威效应或亲和效应唤起听众的注意。

五、制造悬念，激发兴趣式

悬念能激起听众的好奇心，能促使听众尽快进入演讲者的主题框架。为了激发起听众的强烈兴趣，可以使用悬念手法。在开场白中制造悬念，往往会收到奇效。

 示例

一位老先生在演讲开始时首先向听众提问："人从哪里老起？"（听众纷纷作答，有的说人从脚老起，有的说人从脑子老起，会场气氛十分活跃）老先生最后自我作答："我看有的人从屁股老起。"（全场哄堂大笑）老先生继而解道："某些干部不深入实际，整天泡在'会海'里，坐而论道，那屁股可遭罪了，又要负担上身的重压，又要与板凳摩擦，够劳累了。如此一来，岂不是屁股先老吗？"

这位老先生在抨击官僚主义之前，先利用一个提问制造了第一个悬念，调动了全场听众的兴趣，然后利用一个出乎听众意料之外的自答制造了第二个悬念，使听众在笑声中等待解开悬念，从而有效地控制了听众的思想和情绪。

制造悬念不是故弄玄虚，既不能频频使用，也不能悬而不解。在适当的时候应解开悬念，使听众的好奇心得到满足，而且也使前后内容互相照应，结构浑然一体。

六、借鉴诗歌，抒发感情式

古人云："言之无文，行而不远。"和写文章一样，倘若演讲时能在通俗易懂的同时适当用一些诗词歌赋为自己的演讲润色，就可以借助华丽的修辞和澎湃的激情把听众引导到诗一般的演讲境界。

抒情式开场白常借鉴诗歌、散文形式。抒情式开场白多见于演讲比赛，但一些精心构思的应用型演讲也常采用抒情式开场白。

 示例

"桂林的山来漓江的水，祖国的笑容这样美。"这是当代诗人贺敬之写的《桂林山水歌》。以前读这诗的时候，心中就充满了对桂林山水的无限向往之情。今天，当我有幸饱览了美如仙境的桂林山水后，心中又涌现出了陈老总的诗句："不愿做神仙，愿做桂林人！"因为桂林人不仅生活在仙境之中，而且桂林人的心灵，尤其是青年学生们的心灵亦如仙人一般纯洁善良，如漓江水一样清亮照人……

这是北大谢冕教授在桂林的演讲，其中引用的诗句与演讲本身具有的诗一样的语言、音乐一样的旋律契合一致，并以昂扬的情绪表达出来，极富感召力。

七、回忆往事，引出讲题式

回忆往事式开场白，把要论及的内容用人们已熟悉的历史事实作为引入，以引起听众的高度重视。

示例

世界上有这样一个国家，它曾参与挑起一场罪恶的战争并且惨遭失败。在战后那些凄凉悲惨的日子里，铺天盖地笼罩它的是寂寞和黑夜。那时它每年的人均国民收入只有20美元，它资源贫乏而又人口密集，似乎它的唯一出路只有拿起饭碗与打狗棍了。但是这样一个当年被舆论一致加以嘲讽的民族，竟在大洋中的那一小群岛屿上创造了举世瞩目的经济奇迹……日本民族振兴的秘诀在哪里？

姚能海在《教育与民族振兴》的开头先追忆了日本民族兴衰的历史，向听众提出一个疑问："日本民族振兴的秘诀在哪里？"借助铺垫蓄势，提出这个悬在人们心中的问题，能激发听众急于听讲的心情，使演讲更加吸引听众。

八、揶揄自嘲，吸引听众式

开头先从自己说起，说自己时用揶揄、自嘲的口吻，用自嘲中的乐观情绪和幽默感实现与听众心理上的沟通，起到吸引听众、集中听众注意力的作用。

示例

我叫萧军，是一个出土文物。

这是萧军在第四次作代会上应邀上台发表的演讲，这句开场白包含了多少复杂感情：有辛酸，有无奈，有自豪，有幸福。而以自嘲之语表达，形式异常简洁，内蕴尤其丰富！

示例

我今天不是来向诸君做报告的，我是来"胡说"的，因为我姓胡。

胡适先生的这段开场白既巧妙地介绍了自己，又体现了演讲者谦逊的修养，而且活跃了现场气氛，沟通了演讲者与听众的心理，可谓一石三鸟。

九、以己经历，妙谈体验式

以亲身的经历、体会开篇，先讲自己某一段或某一次人生经历，以表现自己的个性、爱好或喜乐情怀，抓住听众的心，活跃会场气氛。

示例

我刚从绍兴过来，在绍兴的兰亭，那里的人让我写字。我说，那可不行，这是大书法家王羲之写字的地方，我怎么能写？而他们不干，非要我写。于是我就写了一行"班门弄斧，兰亭挥毫"。今天北大又让我在此讲学，又是一种怎敢当的心情，于是我又写了一行"草堂赋诗，北大讲学"。

　　武侠小说家金庸先生在北京大学演讲时，开头先讲了自己的一次经历。这样的开头表现了一位极有素养的学者既潇洒风趣又谦虚谨慎的个性，自然会引来听众满堂的喝彩。这种介绍个人经历的开头方式，既自然入题又幽默风趣，能牢牢抓住听众，活跃气氛，效果极佳。

十、展示实物，直观印象式

　　直观印象式即通过展示实物，首先给听众一个感性的直观印象，然后借助具体实物，提出和阐述自己的见解。

 示例

　　大家有没有看过这张宣传画？（展示饭店宣传画）这是湖南长沙某饭店开张使用的宣传画，大家可以清晰地看到，该宣传画与油画《开国大典》几乎一模一样。蓝天广阔，红旗飘扬，毛泽东和其他中央领导人神采奕奕、气度不凡。不同的是，宣传画颜色与原作有差别，另外就是画的右上方加上了几个黑色的大字——"同志们，大饭锅成立了！"

　　这是《狠狠刹住"恶搞"这股歪风》的开头。这样以示物开头的方式很容易吸引听众的注意力，以此为线索讲下去，能促进听众尽快进入演讲者的主题框架。

十一、反弹琵琶，言此意彼式

　　反弹琵琶，言此意彼就是说演讲表面上是在和一些名言或传统的观念唱反调，但实际上却言在此而意在彼，是在借"题"发挥，巧妙地阐述自己的观点。

 示例

　　世界上很多非常聪明并且受过高等教育的人，无法成功。就是因为他们从小就受到了错误的教育，他们养成了勤劳的"恶习"。很多人都记得爱迪生说的那句话吧：天才就是 99% 的汗水加上 1% 的灵感。并且被这句话误导了一生。勤勤恳恳地奋斗，最终却碌碌无为。其实，爱迪生是因为懒得去想他成功的真正原因，所以就编了这句话来误导我们。

（马云《爱迪生欺骗了世界》）

　　阿里巴巴公司首席执行官马云先生精彩演讲《爱迪生欺骗了世界》的开头令人震惊，他简直是在"颠覆"人们心中的成功准则。可以说，很多人不但记得爱迪生说的那句话，而且是奉为"真理"的，演讲者如何敢出此"妄言"？于是，大家的注意力一下就集中到马云的演讲上，每个人都想知道他如何自圆其说。演讲者列举了大量的事实来"支撑"他的观点，最后在结尾处点明："懒不是傻懒，如果你想少干，就要想出懒的方法。要懒出风格，懒出境界！"

　　这时，听众恍然大悟，原来演讲者立意上要对爱迪生的名言"反弹琵琶"，是"醉翁之意不在酒"。他这样做只是想从一个全新的角度来谈论成功：成功需要多用心去思考，而不是一味地傻干、蛮干。这样一来，大家就由开头的好奇、反对，变得心服口服了。应该说，演讲者这样独出心裁，反弹琵琶，言此意彼，要比直接告诫大家"多思考、别傻干"来得新奇、深刻得多，带给每个人的震撼自然也强烈得多。

　　以上开场白类型，并未概括完丰富多彩的开场白。开场白各类型之间也常有交叉现象。演讲者可以因时、因地、因人、因事、因情而精心设计，创造出千姿百态的开场白。

开场白忌讳以下几种类型：长篇累牍式、道歉式、攻击式、炫耀式、庸俗式等。

第四节　正文写作训练

【知识要点】

围绕主题

充实内容

优化结构

构筑高潮

运用连接词

演讲稿在开头后要迅速转入主体，这是演讲的正文和核心部分，也是演讲稿的高潮所在，能否写好，直接关系到演讲的质量和效果。因此，演讲者要围绕中心论点，充分运用各种论据，采用恰当的论证方法，有条不紊地展开论证，做到内容丰富，结构合理，层次清楚，过渡自然。

一、围绕主题

主题是演讲稿的灵魂和核心。在进入主体后，要紧扣主题，逐层展开，全面论述。如果开头提出了一个问题，主体却去讲另一个问题，上下不接茬，就会造成整篇演讲的结构松散，甚至文不对题。

 示例

行大学之道　成君子之风
清华大学校长陈吉宁

今天，在这里，我也想谈谈如何成为一个真正的清华人。

做清华人，首先要养成独立的人格。独立人格，是做人的核心品性，它来自于独立的思考、大胆的质疑和批判性思维。同学们，你们都是以高分考进来的，但这并不意味着你们所熟知的知识和认知都是对的。从现在起，你们要学会质疑，要善于质疑，要勇于挑战。"破山中贼易，破心中贼难。"敢于质疑和挑战，就迈出了"不唯书、不唯上、不从众"的第一步。当你们今后进入了社会，在面对他人的质疑和指责，不被理解、不被欣赏的时候，你只有具备了独立人格，才能始终坚持心中的理想追求，充满信心地去迎接挑战，始终把命运掌握在自己的手里。

做清华人，就是要有积极主动的态度。坦率地讲，你们以往的高分，大多来自应试教育环境中对于特定问题所寻找的标准答案，而大学需要的是自己主动去寻找问题。文小刚教授对我说，清华学生找老师往往是因为学习、生活上遇到了困难，而不是因为有了好的想法或者有意思的问题。兴趣是最好的老师，积极主动才能发现问题，消极被动只能让生命慢慢耗尽。王小勤教授也跟我说，中美两国学生最大的区别就是主动性和激情，他见过的最好学生都是会主动提问的学生。这种主动性不仅体现在学习上，也体现在人生的态度上。只有充满激情地去探索、去思考，积极主动地投入和行动，你的大学生活乃至人生才会更加精彩。在清华，按部就班、三点一线的生活是远远不够的，必须积极、热情、专注，主动地去做一些有挑战性的事情，自己去发现一些活跃的思想、领域和团体。这也是清华努力为每位学生成长所提供的土壤和文化。

做清华人，还要学会包容和欣赏。对于你们而言，有了高分，更要懂得尊重别人，理解别人的情感，学会与人沟通。独立并不难，从众更易，既善独立又能合作，才是最难的。前些天我参加苏世民学者项目的夏令营，西门子基础设施与城市业务首席执行官博乐仁(Roland Busch)先生谈到，没有一个人是完美的，但一个团队却有可能做到完美。我参观过校友创办的很多公司，他们说创业最大的困难往往不是技术，不是资金，而是创建一个和衷共济的团队。所以，你们要在集体中深刻理解团队的重要性，学会与同学们相互了解和理解，包容彼此的不同，学会欣赏多样性。清华也会为你们的团队协作提供平台。

（清华大学新闻网）

二、充实内容

演讲稿的形式比较活泼，或旁征博引、剖析事理，或引经据典、挥洒自如，或层层深入，或就事论事。不管结构形式怎样变化，都要求内容突出、问题说透、推理严密、层次清晰、情理交融。

 示例

华中科技大学前天举办 2010 届本科生毕业典礼，校长李培根院士做了题为《记忆》的演说，16 分钟演讲被掌声打断 30 次，全场 7 700 余名学子起立高喊："根叔！根叔！"很多人泪洒现场，若干武汉媒体破例全文刊登了李校长的演说词，于一名大学校长而言，这称得上是一种殊荣。

一名校长，能够以一次"毕业讲话"穿透这么多青年人的心，引起很多人思想与情感的共鸣，个中奥妙值得研究。其演说词魅力何在？有网络媒体总结说："毕业讲话串热词。"在 2 000 余字的演讲词中，李校长把 4 年来的国家大事、学校大事、身边人物、网络热词等融合在一起。"俯卧撑""躲猫猫""打酱油""妈妈喊你回家吃饭""蜗居""蚁族""被就业""被坚强"……都出现在李校长的演讲中。所以有毕业生说，"没想到校长会这么亲切"。

（中国青年报《李培根〈记忆〉演说，真情演绎魅力"根叔"》）

三、优化结构

一般来说，任何演讲稿的开头和结尾的结构方法及意义、作用都是一致的。但正文则不尽相同，它至少有两种特殊模式，即议论式结构模式和叙述式结构模式。

（一）议论式结构模式

议论式演讲的主体结构由提出问题、分析论证和得出结论三部分组成。其常见的结构方式包括以下几种：

1. 递进式

递进式即从表面、浅层入手，采取步步深入、层层推进的方法，最终揭示深刻的主题，犹如层层剥笋。用这种方法来安排演讲稿的结构层次，能使事物得到由表及里的深入阐述和证明。例如，韩健的演讲《在失败面前挺起胸膛》围绕中心谈了两个问题：一是自己为什么能在失败中崛起，二是自己怎么样从失败中崛起。围绕要说明或论述的问题，先说明"为什么"，继而谈"怎么样"。

2. 并列式

并列式即从几方面并列地展开论证或说明一个问题，多角度地、充分地进行论证。并列式结构中的各个层次之间的地位是平等的，位置可以相互调换。例如，"青春是什么？青春是一粒种子，青春是一轮朝日，青春是一部著作，青春是一首乐章"。再如，权红在《世界也有我们的一半》的即兴演讲中谈了三个问题：一是女人没有获得自己的一半；二是女人本应有自己的一半；三是女人应争得自己的一半。这三个分题各自独立又互相连贯，共同阐明同一主题——世界也有我们的一半。这种材料的组合方式可使演讲条理井然，而且极有力量和气势。

3. 比较式

比较式即采用同类类比或正反对比的材料进行论证。通过相近的或相反的材料的佐证，使听众理解、接受自己的观点。例如，侯国锋在《一个青年军人的思考》的演讲中，围绕"我们应当自强不息"这一主题，先列举一些反面事例进行分析、批评，然后以一名战士自学成才的事例从正面称赞自强不息的民族精神。正反对比，效果鲜明突出，引人深思。

4. 总分法

总分法包括总分式、分总式和总分总式三种结构。

总分式是先提出观点和主张，然后分开论述，第一部分与后面若干部分是总分关系。分总式则与总分式相反。而总分总式则是在总分之后再进行总结。这些结构与普通写作的议论文的总分结构类似。

（二）叙述式结构模式

叙述式结构即以听众的心理线索安排的结构，主要以趣味、情感打动听众，像小说、故事的开头。这种结构不明显分出问题、论证和结论的各部位，主旨于夹叙夹议中显露；所叙述的几件事或以时间为序，或以空间为序，从引人入胜的目的出发进行安排。

具体来说，常见的结构方式有以下几种：

1. 时间法

时间法即按照时间的自然排列顺序来安排结构的方法。演讲从某一事件的开始、发展过程到结束，脉络清楚，井然有序，听众容易理解和记忆，符合一般人的思维习惯。

2. 空间法

空间法即根据客观事物的空间位置，依照一定的层次来安排结构的方法。

3. 因果法

因果法即按照客观事物发展的逻辑来安排结构的方法。可以根据当前的某一"果"去寻找"因"，也可以根据当前的"因"推断以后的"果"，分析事例的利害关系，提醒、呼吁人们按客观规律办事。例如，保护生物资源、保护生态环境的重要性等主题都可以用因果法。

4. 问题法

问题法即以问题为序来安排结构的方法，这种方法也较利于记忆和理解。

以湖南邵阳石旭初的《土壤的色彩》讲稿为例。它首先提出问题："北京的中山公园里有个社稷坛，是明清帝王们祭祀土地神和五谷神的地方。在坛的正中筑有五色土台，它的东面是青土，南面是红土，西面是白土，北面是黑土，中央是黄土，正中一石柱即'社主石'，以示'普天之下，莫非王土'和'江山永固'。如果你打开中国土壤图就会惊奇地发现，五色土的配置，与我国土壤的分布情况大致相同，这是偶然的巧合吗？"这一问题提出后，接着便叙述我国古代土壤分布的记载，土壤风化形成过程，人的农事活动对土壤颜色的影响，揭示了"谁挥画笔绘彩田"之真谛，构思新颖，引人入胜。

使用上述记叙文结构方法应注意：第一，要交代清楚时间、地点、原因、结果等；第二，线索层次要清楚；第三，要详略得当；第四，上述各种方法可以交替使用。

四、构筑高潮

一个成功的演讲，不可能没有高潮。如何构筑演讲高潮呢？李燕杰说："这需要演讲者在感情上一步一步地抓住听众；在理论上一步一步地说服观众；在内容上一步一步地吸引听众，使听众的内心激情逐渐地燃烧起来，演讲将自然地推向高潮。"

（一）欲抑先扬

欲抑先扬，"引君入瓮"的目的在于让大家产生错觉，"诱导"大家的注意力固定在要表扬某人或某事上，然后突然向批评的方向转化，"期待"的落空使大家产生巨大的心理落差。这势必会带给大家更大的震撼，这样可把演讲推向激情飞扬的高潮，使听众受到极大的感染和鼓舞。

示例

谁有权，谁钱多，谁就说了算。这就是没有文化的文化，用"没有文化"来干涉艺术，很可怕。也有的领导不错，很尊重艺术家。一次有一位领导同志，带了很多厂家，灯泡厂、钢铁厂的厂长来找我，说要让科学和艺术的两个翅膀结合起来。这位领导同志的想法很好，很正确，可是在审美上就有点问题了。我常说，一个人，他的世界观是正确的，但说不定他的艺术观会是落后的，甚至是反动的。这位领导总结得挺好，可下一句话我就听不下去了，他说，比如你画的猫头鹰，要是把两个眼睛挖了，放两个灯泡，我们不就结合了？（全场笑声）我当时就不客气了，就说干脆你把我的眼给我挖了吧。（全场大笑，鼓掌）

（韩美林的演讲《没有文化的文化是可怕的》）

这是韩美林在《没有文化的文化是可怕的》演讲中的一段，他运用巧妙的构思和幽默诙谐的语言，欲抑先扬，"引君入瓮"。当讲到"也有的领导不错，很尊重艺术家"这句话时，听众很自然就产生了思维定式：他要表扬尊重艺术家的领导了。可听到后边，大家发现演讲竟完全背离了大家的心理预期，没想到被演讲者"表扬"为尊重艺术家的领导竟会说出"比如你画的猫头鹰，要是把两个眼睛挖了，放两个灯泡，我们不就结合了"这么一句令人啼笑皆非的话来。这里，演讲者带给听众巨大的心理落差，大家在惊叹感慨之后自然忍俊不禁：原来他是在善意地嘲讽那些"想法很好，很正确"，却没有文化、不懂艺术的一些领导。先对这样的领导予以表扬，将听众骗到"圈套"中，再揭示真相，这种方法自然加深了听众对他演讲主题的认识：没有文化的文化是可怕的。

如果演讲者不是以这种幽默诙谐的方式，而是一本正经、板着面孔地讲"没有文化的文化是可怕的"这么一个大而严肃的话题，就很难吸引大家的注意力，也很难引发大家对问题的深刻思考了。

（二）欲直故曲

先有意绕一个弯子，以此蓄势，接着用疑问句向听众设问，在激起听众心中义愤的基础上，再化曲为直，旗帜鲜明地亮出自己的观点。

📖 示例

日本人称我中国也，一则曰老大帝国，再则曰老大帝国，是语也，盖袭译西欧人之言也。呜呼！我中国其果老大矣乎？……恶，是何言，是何言！吾心目中有一少年中国在。

（梁启超的演讲《少年中国说》）

梁启超演讲的观点是"吾心目中有一少年中国在"，但他却欲直故曲，先有意绕了一个弯子，摆出日本人认为中国是"老大帝国"，并指出这是因袭了西欧人的说法，以此蓄势。接着，用感叹性的疑问句激起听众心中的义愤，然后再化曲为直，旗帜鲜明地亮出自己的观点，为下面议论抒情营造了一种慷慨激昂的气势。

（三）对比反衬

在演讲中，运用对比可以形成强烈的反差，如高山瀑布，有了"水位落差"才会有飞流直下的磅礴气势。通过"对比"蓄势，造成反衬的艺术效果，使演讲产生动人心魄的气势，激起听众心灵的起伏和共鸣。

📖 示例

一个多世纪以前，以横穿死亡之荒漠塔克拉玛干沙漠驰名天下的瑞典探险家斯文·赫定，伫立在西域边缘南望莽莽昆仑，胆怯前所未有地超过了征服自然的欲望。一个世纪之后，我院官兵前赴后继地戍守在这片探险家望而却步的"生命禁区"里，长年为保护高原军民的生命履行着自己的职责。苍茫云海之间"笑傲昆仑"，把生命意识和使命意识完全融化在一起，用自己的宝贵生命谱写着一曲曲报效祖国、为民尽忠的生命壮歌。

（解放军某医院王引虎同志在建院四十周年大会上的讲话）

在这里，演讲者先用著名探险家对莽莽昆仑望而却步的事例来蓄势，然后再以如今军医院官兵长期戍守在这"生命禁区"里"笑傲昆仑"报效祖国的壮举进行对比。通过对比反衬，产生了一种"水位落差"，具有了一股强烈的情感冲击力，把演讲推向了高潮。

（四）铺陈渲染

从各个不同的角度对演讲中的有关事物进行铺陈渲染，可以把听众的思维引入特定的氛围之中。随着铺陈渲染的深入，就会积蓄起较大的情感力量，在此基础上，揭示演讲主题，把演讲推向高潮。

示例

西部，这块神秘、广袤的大地，曾有过多少金戈铁马，有过"天苍苍，野茫茫，风吹草低见牛羊"的美景，也有过"黄河之水天上来，奔流到海不复回"的奇观。而现在，母亲河年年断流，大西北黄沙漫天。西部，她还曾繁花似锦。丝绸之路，驼铃声声脆，商人交易欢；天府之国，物裕民丰足，富甲天下。而现在，西部还有很多人在同贫困抗争的道路上艰苦跋涉。多少年来，贫困和西部如影随形，挥之不去。西部，几乎成了贫困的代名词。西部啊西部，你何时才能繁荣富庶？

（王道正《西部，我的家园》）

在这里，演讲者对祖国西部往昔悠久的文明、壮美的风光、丰富的物产与今日的贫困、贫瘠、苍凉景象进行了铺陈渲染，激起听众强烈的时代感，为演讲主题蓄势。在这种特定氛围中，演讲者尖锐地提出问题："西部啊西部，你何时才能繁荣富庶？"至此，"西部大开发"的演讲主题已经呼之欲出了，演讲奏出了激扬奔放的乐章。

（五）大胆"错位"

大胆"错位"，奇思妙想就是把本来不同类型的事或人联系在一起。因为超出常理，自然让人感到奇异和荒谬，而演讲在这奇异和荒谬中，又闪烁出理性和智慧的光芒。

示例

他（阿Q）怎么求爱呢？他突然一天晚上就给吴妈跪下了，然后他说："吴妈吴妈，我要和你困觉！"哎呀，然后呢，吴妈就哭，要抹脖子上吊，然后大家就都认为阿Q干出了毫无人性、违反道德、不守规矩、伤天害理、不齿于人类的这种事情。阿Q没有写检讨，因为他不识字，但是他表示了检讨之意，而且还赔了钱，把一年的工钱都给了吴妈，而吴妈却一直在那里哭、哭、哭。如果阿Q在语言文字的修辞上能够到咱们中文系上两节课，能来这儿听讲座，他就绝对不会用这种话了！如果他读过徐志摩的诗呢？那么他见到吴妈就会说："我是天空里的一片云，偶尔投影在你的波心，你不必讶异，更无须欢喜，在转瞬间消灭了踪影。你我相逢在黑夜的海上，你有你的，我有我的，方向……"嘿，他可能就成功了！

（王蒙《语言的功能与陷阱》）

这是著名作家王蒙为暨南大学师生所做的演讲《语言的功能与陷阱》中的一段，演讲题目学术味很浓，但演讲却被他"处理"得很像朋友间的"闲"聊，语言口语化，而且风趣幽默。这种"错位"已是让大家大吃一惊，而当他提出他那近乎"荒谬"的设想：要让目不识丁的阿Q用徐志摩的诗去向吴妈"表白"时，简直就更让人感觉是"驴唇不对马嘴"。可也就是这故意的再"错位"，却更令听众过"耳"不忘，大家在捧腹大笑中自然接受了演讲者的观点：语言是有功用的。显然，演讲者这段错位的联想，却将道理讲得深入浅出，由此增加了演讲的"怪"味，使演讲更有吸引力，更受师生的欢迎，毕竟，这不是在面对语言专家宣读学术论文。

五、运用连接词

连接词是使演讲稿各部分协调连接在一起的关键语。它们是一些词汇或短语，使一个思想和另一个思想结合在一起，并指明各个想法之间的相互关系。

演讲稿的连接词有四大类型，分别是过渡、内部预览、内部小结和标志性词语。有效地利用这些连接词，会使演讲更统一、更连贯。

（一）过渡

过渡是用来指明前一部分的结束和后一部分的开始。从技术上说，过渡词表明演讲人准备结束一个观点，谈到下一个观点。

 示例 1

"神六"的成功发射，不仅仅是一个伟大的胜利，而且是一次科技实力的展示。

 示例 2

除了不讲卫生外，随地吐痰也是不道德的。

 示例 3

既然我们对这个问题已经有了清晰的理解，那就让我跟大家一起谈谈解决的办法吧。

（二）内部预览

内部预览让听众知道演讲者接下来要谈什么内容了，内部预览比过渡提示要详细一些。事实上，它跟演讲介绍部分的预先陈述差不多，只是内部预览出现在演讲主体中，一般是在演讲人开始谈到一个要点时提出来的。

 **示例**

谈到中国的航天技术进步问题，我们首先来看看在航天技术上我们与航天强国的差距，然后看看这些年我们是如何迎头赶上的。

听众听到这段话，就明白下面要讲的内容要点，也就会有目的、有准备、有重点地聆听。

内部预览经常与过渡词结合起来使用。

 示例

（过渡）既然我们已经明白错误的信用报告带来的严重问题，那就让我们来看看有什么解决的办法吧。（预览）我将专门谈到三个解决办法：一是政府对信用部门实施更严格的管理措施，二是让信用部门为这样的错误承担更大的经济责任，三是让个人更容易了解自己的信用报告。

听了上面的内容，听众就知道接下来要讲的三个办法是什么，并可以能动地参与思考，融入演讲。

（三）内部小结

内部小结与内部预览相反，它不是要告诉听众接下来要谈什么，而是要提醒听众注意刚刚说完了什么。这样的小结，一般会在演讲人完成了一个或一组复杂而且特别重要的要点后用到，可以加深听众的印象。

"综上所述，我的看法是……""到目前为止，我们已经明白……""总而言之，我们必须……""简短地说，我们就是要……"以上类似的小结，经常在一些演讲里可以听到。

（四）标志性词语

标志性词语是演讲中不同层次的内容转折、过渡的路标。它是一些很简约的陈述，告诉听众目前演讲到了什么地方。标志性词语可以是非常简单的一组数字排序，但它对有效的演讲是至关重要的。

示例

有五个原因保证了我们这次神舟六号发射的圆满成功：

首先，有党中央、中央军委，特别是以胡锦涛为首的中央政治局的正确领导；

其次，有来自全党、全军、全国人民，包括港澳同胞、台湾同胞的热情支持和期盼；

再次，有航天战线几代人，特别是新成长起来的一代年轻人扎实的艰苦努力；

又次，有老一辈无产阶级革命家和老一辈航天科学家的坐镇指挥；

最后，有我国社会主义建设的大好形势支撑着的国民经济作为我们的坚强后盾。

此例中"首先""其次""再次""又次""最后"等标志性词语，可以让听众把握演讲的层次，并方便记忆。

第五节　结尾写作训练

【知识要点】

总结全篇，突出要点式

慷慨激昂，鼓舞号召式

哲理升华，给人启迪式

故事结尾，辅以名言式

高潮结尾，妙语相佐式

含蓄幽默，发人深省式

"余音绕梁，三日不绝"是演讲结尾追求的最佳效果。演讲的结尾和开头一样，都是最能显示演讲艺术的环节，就如乐曲结束时的"强音"，动人心魄，会使听众余兴未阑，回味无穷。出色的开场白好比与人初次相逢，能赢得听众的兴趣和注意力；而精彩的结束语好比与人离别，能促人深思，耐人寻味，给听众留下难以忘怀的印象。

演讲稿的结尾没有固定的格式，或对演讲全文要点进行简明扼要的小结，或以号召性、鼓动性的话语收束，或以诗文名言以及幽默俏皮之语结尾。但一般原则是要给听众留下深刻的印象。

一、总结全篇，突出要点式

演讲者在演讲结束前用极其精练的语言，简明扼要地对已阐述的思想和观点进行高度概括性的总结，以起到突出中心、强化主题、首尾呼应、画龙点睛的作用。

📖 示例1

我们今天开这个大会，就是为了继续抗战，继续团结，继续进步。为了这个，就要取消《限制异党活动办法》，就要制裁那些投降派、反动派，就要保护一切革命的同志、抗日的同志、抗日的人民。（热烈鼓掌，高呼口号）

（毛泽东《必须制裁反动派》）

📖 示例2

春分刚刚过去，清明即将到来。"日出江花红胜火，春来江水绿如蓝。"这是革命的春天，这是人民的春天，这是科学的表天：让我们张开双臂，热烈地拥抱这个春天吧！

（郭沫若《科学的春天》）

二、慷慨激昂，鼓舞号召式

演讲者以慷慨激昂、热情奔放、扣人心弦的语言来表达自己的思想主张，赢得听众感情上的共鸣，对听众的理智和感情进行呼唤，提出任务，指明前途，表达希望，发出号召，鼓舞听众振奋精神，付诸行动。

📖 示例

同学们，未来已来。我们推行通识教育，就是要回归尊重生命的教育本源，提供更多基于智慧创造、协同合作、意义建构的教育体验。希望同学们尽情体验知识获取的乐趣、能力锻炼的欣喜、素质提升的愉悦、人格塑造的美好，早日成为德才兼备的国家栋梁。

（浙江大学校长吴朝晖《拥抱面向未来的通识教育》）

三、哲理升华，给人启迪式

恰当地引用名人名言、格言、诗句等作为演讲的结束语，可为演讲的主题思想提供一个有力的证明，使听众在联系和印证中得到更深的启发。这种结尾能产生一定的"权威效应"和"名人效应"。

📖 示例1

"博学而笃志，切问近思，仁在其中矣。"

复旦的先贤们为我们选择的校训十分深刻，我认为它是对传道、授业和解惑的一种具体诠释。所以我最近在对校训有关的诠释中提到，复旦的校训当中其实还有一个重要的内在逻辑，也就是"唯有博学方可笃志，惟有切问方有近思"。如果这样去做了，那么自己内心，以及与自然、与他人和社会都形成了一种和谐的关系，"仁在其中矣"。

（复旦大学校长杨玉良在复旦大学2014级本（专）科生开学典礼上的讲话）

📖 示例2

回避现实是毫无用处的。先生们会高喊：和平！和平！但和平安在？实际上，战争已经开始，从北方刮来的大风都会将武器的铿锵回响送进我们的耳鼓。我们的同胞已身在疆场了。我们为什么还要站在这里袖手旁观呢？先生们希望的是什么？想要达到什么目的？生命就那么可贵？和平就那么甜美？甚至不惜以戴锁链、受奴役的代价来换取吗？

全能的上帝呀，阻止这一切吧！在这场斗争中，我不知道别人会如何行事。至于我，不自由，毋宁死！

（帕特里克·亨利的《不自由，毋宁死》）

四、故事结尾，辅以名言式

故事式结尾，是以一个与演讲主题有关的故事作为结束词，再以名言警句将主题加以升华。

示例

在大家走出校门前，我想送给你们一个小故事。曾经有一座小山，山顶上有一间小庙，庙里供着一尊花岗岩的小石佛，每天来上香的善男信女络绎不绝，大家踩着路上的青石板，来到庙中对着佛像叩头行礼。但没人知道这条青石板路的石阶和石佛是从同一座山采下来的。后来，青石板很不满，联合向石佛发难，问："你凭何有如此待遇？"小石佛说："兄弟们，你们才挨了几刀就有了今天这个位置，而我是经过千刀万剐，才终以成佛。"

生活中不仅仅有那些猝不及防的苦难，还有一些注定要自己去吃的苦。因为人生如果只有这几刀的话，你就只能做台阶。"知者不惑，仁者不忧，勇者不惧"，意思就是"用智慧去辨明问题的真伪，用仁爱包容各种局面，最后还要有闯过人生苦难的大勇敢"。

（于丹教授致 2017 届毕业生：且听世间风雨，穿越人生苦难）

于丹善借故事倾谈心声，涵义隽永而含蓄蕴藉，又与主题紧密相连，把寓意深刻的道理讲得耐人寻味。接着巧用名言"知者不惑，仁者不忧，勇者不惧"升华了主题，讲得字字珠玑、铿锵有声，如心灵鸡汤一般滋润着台下听众的心田，自然会收获热烈的掌声。

五、高潮结尾，妙语相佐式

以高潮结尾，即把演讲的高潮放在最后，采取层层推进、逐层累积的方式，打动听众心弦。

示例

这使我们回忆起过去。当哥伦布首次发现这个大陆，当基督在十字架上受苦，当摩西领导以色列人通过红海，甚至当亚当首次从造物者手中诞生时，那时候和现在一样，尼亚加拉瀑布早已在此地怒吼。已经绝种但其骨头塞满印第安土墩的巨人族，当年也曾以他们的眼睛凝视着尼亚加拉瀑布，正如我们今天一般。尼亚加拉瀑布与人类的远祖同期，今天它仍和一万年以前一样声势浩大。而那些早已死亡，只有骨头碎片才能证明它们曾经生存在这个世界上的巨象，也曾经看过尼亚加拉瀑布。在这段漫长无比的时间里，这个瀑布从未静止过一分钟，从未干枯，从未冻结过，从未合眼，从未休息。

（林肯有关尼亚加拉大瀑布的演说）

这段演讲结尾以回忆过往的形式，连用四个"当……"畅谈哥伦布、基督、摩西、亚当等时代，彰显了尼亚加拉大瀑布的悠久历史，如滚滚春雷，气势不凡。最后，连着五个"从未……"在将演讲主题推向高潮的同时，突地戛然而止，却余味未尽，给听众留下了深刻的印象。

六、含蓄幽默，发人深省式

用幽默、比喻、象征等含蓄的言词或动作结束演讲，意思虽未明言，但饶有趣味，发人深省；听众在欢声笑语中禁不住要去思考、领会演讲者含而未露的深刻用意。

幽默结束的方式有以下几种：

（一）道具

 示例

> "以上是我近年来对于美术界观察所得的几点意见。今天我带来一幅中国五千年文化的结晶，请大家欣赏欣赏。"说着，他一手伸进长袍，把一卷纸慢慢从衣襟上方伸出，打开一看，原来是一幅病态丑陋的月份牌。
>
> （鲁迅先生在上海中华艺术大学的讲演）

鲁迅借助道具表演，与结束语形成鲜明的对比，极具幽默。不仅使演讲在欢快的气氛中结束，而且使听众在笑声中进一步品味先生演讲的深意。这个别出心裁、极具喜剧性的结尾，不仅进一步深化了主题，使听众对那种拙劣的美术创作加深了认识，同时也给听众留下了许多演说者没有讲出来而又令人深思的空白，并让听众在美的享受中，带着愉快的心情离开会场。

（二）省略

 示例

1985年年底，全国写作协会在深圳罗湖区举行年会。开幕式上，省、市各级有关领导论资排辈，逐一发言祝贺。轮到罗湖区党委书记发言时，开幕式已进行了很长时间。于是他这样说："首先，我代表罗湖区委和区政府，对各位专家学者表示热烈的欢迎。"掌声过后，稍事停顿，他又响亮地说："最后，我预祝大会圆满成功。我的话完了。"他以迅雷不及掩耳之势结束了演讲。

听众开始也是一愣，随后爆发出欢快的掌声。因为，从"首先"一下子跳到"最后"，中间省去了其次、再次、又次……这样的讲话，如天外来石，出人意料，达到了石破天惊的幽默效果，确实是风格独具，心裁别出。

（三）双关

 示例

在延安的一次演讲会上，当演讲快结束时，毛泽东掏出一盒香烟，用手指在里面慢慢地摸，但掏了半天也不见掏出一支烟来，显然是抽光了。有关人员十分着急，因为毛泽东烟瘾很大，于是有人立即动身去取烟。毛泽东一边讲，一边继续摸着烟盒，好一会儿，他笑嘻嘻地掏出仅有的一支烟，夹在手指上举起来，对着大家说："最后一条！"

这个"最后一条"，既表示毛泽东的话是最后一个问题，又说明这是最后一支烟。一语双关，妙趣横生，全场大笑，听众们的一点疲劳和倦意也在笑声中一扫而光了。

（四）造势

 示例

我国著名作家老舍先生在某市的一次演讲中，开头即说"我今天给大家谈六个问题"，接着，他第一、第二、第三、第四、第五，井井有条地谈下去。谈完第五个问题，他发现离散会的时间不多了，于是他提高嗓门，一本正经地说："第六，散会。"听众起初一愣，不久就欢快地鼓起掌来。

老舍在这里运用的就是一种"平地起波澜"的造势艺术，打破了正常的演讲内容，从而出乎听众的意料，收到了幽默的效果。

（五）概括

 示例

某大学中文系一次毕业生茶话会，首先是系党总支书记讲话，三分钟的即兴讲话主要是向毕业生表示祝贺。然后是彭教授讲话，主题是希望同学们继续努力学习，还引用了列宁的名言。第三个讲话的潘教授朗诵了高尔基的《海燕》片段，以此勉励毕业生们学习海燕的精神。第四个讲话的系副主任希望同学们永远记住母校和老师们。紧接着，毕业生们欢迎王教授讲话。在毫无准备而又难以推辞的情况下，王教授站起来，先简单地回顾了数年来与同学们交往的几个难忘片段，最后一字一顿地说："前面几位给大家提出了殷切的希望，可我还是喜欢说他们说过的话。（笑声）第一，我要祝同学们胜利毕业！（笑声）第二，我希望同学们'学习、学习、再学习'。（笑声）第三，我希望同学们像海燕一样勇敢地搏击生活的风浪。（笑声、掌声）第四，我希望同学们不要忘记母校，不要忘记辛勤培育你们的老师们！"

在这里，王教授通过对前面四个人的演讲主题的简练概括，旧瓶装新酒，不落窠臼，结束了一次机智、风趣且具有个性特点的演讲。

演讲的幽默式结尾方法是不胜枚举的。关键是要有幽默感，并能在演讲中恰如其分地把握住演讲的气氛和听众心态，才能使演讲结尾收到"余音绕梁，三日不绝"的轰动效应。

第六节　语言文采与禁忌训练

【知识要点】

演讲的文采

演讲的禁忌

演讲是非常讲究美感的艺术，除了立意高远、角度新鲜、逻辑紧密等要求，也要具有一定的艺术性。它对语言艺术有较高的要求，有了好材料，有了好结构，还必须通过优美动人的语言来表达。深刻的思想、精巧的结构，最终都要靠优美动人的语言文字物化，才能得以体现和传播。生动的、富有文采的语言能形象地再现现实，绘声绘色，令听众如临其境。所以，文采是演讲者留给听众的"第一感觉"，听众能从"第一感觉"评价你的演讲的好坏。那么，如何才能使你的演讲文采飞扬呢？

一、演讲的文采

要使演讲稿富有文采，必须讲究修辞。修辞包括选词炼句和合理运用辞格。选词炼句指的就是句式的选择、语音的调配、词语的锤炼等。同时，要恰当合理地运用辞格，这是美化语言的重要途径。所谓辞格，"是用以表达一定的思想内容、具有特殊的修辞效果和某种语言形式的修辞方法"。辞格不仅表达通顺准确，而且生动形象，音韵和谐，表意深刻，富有艺术性和审美价值。它能使枯燥变生动、抽象变具体、平凡变神奇。因此演讲中恰当使用辞格，能为演讲增辉添色。演讲中常用的辞格有比喻、比拟、排比、层递、设问、反问等。

（一）比喻

演讲语言的比喻，就是打比方。这一修辞方法在演讲中运用得十分普遍。它是运用具体、通俗、浅显的事物或道理来说明抽象、深奥的事物或道理的一种修辞方式。它具有深刻、形象和幽默诙谐的特点，可以增强语言的表现力和感染力，也能增强语言的抒情色彩和喜剧效果。它把精彩的论述与模形拟象的描绘融为一体，既给人理性的启迪，又给人以艺术的美感。因此，在演讲中恰当运用比喻，能够增强演讲的效果，抓住听众的思维，加强与听众的沟通，达到彼此的默契。

示例 1

我们人的生活方式有两种：第一种是像草一样活着。你尽管活着，每年还在成长，但是你毕竟是一棵草。你吸收雨露阳光，但是长不大。人们可以踩过你，但是人们不会因为你的痛苦，而让自己产生痛苦。人们不会因为你被踩了，而来怜悯你。因为人们本身就没有看到你。所以我们每个人都应该像一棵树一样成长，即使我们现在什么都不是，但是只要你有树的种子，即使被人踩到泥土中间，你依然能够吸收到泥土的养分，自己成长起来。当你长成参天大树以后，遥远的地方，人们就能看到你，走近你。你能给人一片绿色，活着是美丽的风景，死了依然是栋梁之材，活着死了都有用，这就是我们每一个同学做人的标准和成长的标准。

（俞洪敏演讲实录（片段一））

示例 2

每一条河流，都有自己不同的生命曲线，但是每一条河流都有自己的梦想，那就是奔向大海。我们的生命，有的时候会是泥沙，你可能慢慢地就会像泥沙一样，沉淀下去了。一旦你沉淀下去了，也许你就不用再为了前进而努力，但是你却永远见不到阳光了。所以我建议大家，不管你现在的生命是怎么样的，一定要有水的精神，像水一样不断地积蓄自己的力量，不断地冲破障碍。当你发现时机不到的时候，把自己的厚度给积累起来，当有一天时机来临的时候，你就能够奔腾入海，成就自己的生命。

（俞洪敏演讲实录（片段二））

比喻的类别很多，有待于演讲者悉心地去学习和运用。在运用比喻时，要注意卡耐基提出的以下几点：① 要注意思想情感。如果喻体选用不当，不注意褒贬色彩，反而造成不良的后果。例如，一个人跳到水里救人，形容他上岸以后"像个落汤鸡"，这种比喻就有损于这个人的形象。② 要贴切。如果两个事物没有相似点，就不能比喻。③ 要新颖。比喻万万不可重复别人的，演讲者一定要根据自己对生活的体验与观察，去寻找那些新颖绝妙的比喻。这样的比喻才能令人难以忘怀。

（二）比拟

比拟是拟人和拟物的合称。把物当作人来描写，赋予人的行为和思想感情等，叫作拟人。把人当作物来写，或把甲物当作乙物来描写，叫拟物。比拟富有形象性、生动性。在演讲中，恰当地运用比拟手法，能寄情于物，托物言志，引起听众的共鸣和深思；能表达强烈的爱憎感情，增强语言的感染力和战斗力；能渲染气氛，起烘托作用。

 示例

从你们报考天财经济学专业开始，命运中就注定我们有了四年之缘。入学时，看着你们稚嫩的眼神，我们不免惊喜而又惶恐。

惊喜的是，又有这么多的孩子从父母和中学老师的襁褓中走到我们身边，如雏鹰试飞，既有冲天的喜悦和勇气，也有对陌生和未知的些许怯意。看着你们，我仿佛又回到了当年的课堂，忘情于初读《少年中国说》的激昂："红日初升，其道大光；河出伏流，一泻汪洋。潜龙腾渊，鳞爪飞扬；乳虎啸谷，百兽震惶。鹰隼试翼，风尘吸张；奇花初胎，矞矞皇皇。干将发硎，有作其芒。天戴其苍，地履其黄。纵有千古，横有八荒。前途似海，来日方长。"写到这里，眼睛不禁有点模糊，是啊，年轻总是会让我们热血澎湃、激情万丈，多想回到你们这个年纪与你们为伍，说着"不知天高地厚"的话，憧憬着无限的梦想。谢谢你们，正是你们的到来，让我们一次又一次地充实着年轻的快感。

（天津财经大学经济学院经济学系主任丛屹《经济系新生寄语》）

这里用"雏鹰试飞"这一描写动物的词语来描写人物，流露出对新生的无限期望。

示例

墙上芦苇，头重脚轻根底浅；山间竹笋，嘴尖皮厚腹中空。

毛主席在《改造我们的学习》中，用这副对联形容那种没有态度，只知背诵"马恩列斯"著作的人。这副对联，用两个比拟把教条主义者的丑陋形象刻画得惟妙惟肖。

运用比拟手法，一定要正确恰当，要抓准被比拟物与比拟物之间的相似点，特别是褒贬色彩要恰当。例如，海燕、苍鹰英勇顽强，常用来比拟革命英雄；豺狼、狐狸凶残狡诈，常用来比拟奸贼坏人，爱憎好恶，十分鲜明。

（三）排比

用三个或三个以上的意思密切相关、结构相似、语气连贯的句子排列起来就叫排比。排比可分为短语排比、句子排比和段落排比三种类型。它在演讲中运用广泛，既可以用来铺陈描述，又可用来议论说明，还可用来抒发情怀，使演讲增强语势，增强节奏感和旋律美，增强条理性和严密性，提高演讲的说服力和感染力。运用排比应注意两点：一是不要生拉硬凑，表达的内容中有并列的部分才能运用。只从形式考虑，有意铺排，则显得累赘，反而影响表达。二是排比句的分句或词组之间要有一定的逻辑顺序，不能颠倒和错乱。

📖 示例 1

这种作风，拿了律己，则害了自己；拿了教人，则害了别人；拿了指导革命，则害了革命。

（毛泽东《改造我们的学习》）

📖 示例 2

我记得你们的自行车和热水瓶常常被偷，记得你们为抢占座位而付出的艰辛；记得你们在寒冷的冬天手脚冰凉，记得你们在炎热的夏季彻夜难眠；记得食堂常常让你们生气，我当然更记得自己说过的话："我们绝不赚学生一分钱"，也记得你们对此言并不满意。但愿华中大尤其要有关于校园丑陋的记忆。只要我们共同记忆那些丑陋，总有一天，我们能将丑陋转化成美丽。

……

请记住，未来你们大概不再有批评上级的随意，同事之间大概也不会有如同学之间简单的关系；请记住，别太多地抱怨，成功永远不属于整天抱怨的人，抱怨也无济于事；请记住，别沉迷于世界的虚拟，还得回到社会的现实；请记住，"敢于竞争，善于转化"，这是华中大的精神风貌，也许是你们未来成功的真谛；请记住，华中大，你的母校。

（华中科技大学校长李培根在 2010 届毕业生典礼上的演讲）

（四）层递

层递与排比相似，二者都能使语言富有条理性和感染力。它们的不同点在于：排比的词句之间，语意是平列的；而层递的词句之间，语意有层次和级差，它是按照所表达的语意轻重、程度深浅、数量多少、范围大小、时间先后，逐层依次排列在一起的。恰当运用层递手法，能使语言富有层次感和条理性，能产生层层深入、步步推进的修辞效果。

📖 示例

朋友们，当您想写一首诗，想唱一支歌，请别忘了那高高的井架，那飞旋的天轮，那 800 米深处的一片赤心，那湛蓝天下的巍巍矿山魂！那就是——可贵的主人翁精神！

（煤矿工人《矿山魂》）

井架—天轮—赤心—矿山魂，由具体形象到精神世界，语言逐层加深，表达了对矿山主人翁精神的热情赞美。

选用层递手法，要注意内容的锤炼，要精心选择在语言上确有轻重、在范围上确有大小等层次差别的词句，根据表达思想内容的需要，按照递升或递降的顺序来排列，次序不可混乱。

（五）对比

所谓对比，就是把两种不同事物或同一事物的两个不同方面放在一起进行比较。演讲中恰当地运用对比手法，能使形象突出，能较全面地表现演讲者的观点，深刻揭示事物的本质特征。常用的如正义与邪恶、英勇与懦怯、伟大与渺小等。运用对比时，对立统一的两种事物或概念的对比叫作两体对比；存在于同一事物中的两个对立面之间的对比，叫作一体两面对比。

示例

英国政治家赖白斯在伦敦参事会上做关于劳工情况的演讲时，中间突然停顿，取出金表，一声不响地站在那里看着听众，在场的人对他的举动迷惑不解。他一直停顿了一分十二秒之久。就在听众几乎都坐不住的时候，他突然大声说道："诸位适才所感觉的局促不安的七十二秒的长时间就是普通工人垒一块砖所用的时间。"

这里，赖白斯就巧妙地运用了对比手法，确实匠心独具，高人一筹。他机智地利用这种停顿进行了一次生动的时间对比，形成弦外之音、言外之意，收到了独特的修辞效果。

（六）反问

所谓反问就是把答案藏在问题里，且答案是唯一的，也是肯定的（自问自答）。反问句分为肯定反问句和否定反问句。肯定反问句表示否定的意思，否定反问句表示肯定的意思。反问的作用是加强语气，把本来已确定的思想表现得更加鲜明、强烈。反问句式不但比一般陈述句语气更为有力，而且感情色彩更为鲜明。

示例

某工厂举行"振兴中华读书演讲会"，演讲者小红一出场就说："我给大家演讲的题目是《论坚守岗位》。"说完就朝会场外走去，台下顿时哗然。过了约两分钟，她又回到讲台上，面对听众，说："如果我在演讲时离开讲台是令人不能容忍的话，那么工作时间擅离生产岗位，难道不应该受谴责吗？"听众沉默片刻，随即报以掌声。

一个反问简明而有力地说清了"坚守岗位"的重要性。

其实，无论是阐述自己的观点还是反驳对方的谬误，巧妙地运用反问比陈述效果会更好。

除上述几种辞格之外，对偶、借代、设问、反复、拈连、移就等辞格在演讲中也常用到。人们在表达某种思想感情、某层中心意思时，往往将多种辞格综合运用，以便取得多方面的修辞效果。

有时，为了加强演说词的感人效果和说服力量，还可以在文中适当地采用排比、反问和重复等修辞手法。

示例

佩特瑞克·亨利在《诉诸武力》的演讲词中就是这样，为了强调形势的紧迫，用了一连串的排比句式："我们的申请却只遭到轻蔑；我们的抗辩招来了更多的暴行与侮辱；我们的祈求根本没有得到人家的理睬；我们所得到的不过是被人百般奚落后，一脚踢开阶下。"接着又采用一系列的排比句和重复句："如果我们渴望得到自由——如果我们……——如果我们……——那我们就必须战斗！让我们重复一遍，先生们，我们必须战斗！诉诸武力，诉诸万军之主，这才是我们的唯一前途！"最后，文章又来一连串的责问和反问："战火实际上已经爆发。兵器的轰鸣即将随着阵阵的北风而不绝于耳！我们的兄弟们此刻已经开赴战场！我们岂可在这里袖手旁观，坐视不动？请问一些先生们到底心怀什么目的？他们到底希望得到什么？难道无限宝贵的生命，无限美好的和平，最后只能以镣铐和奴役为代价来获得吗？……不自由，毋宁死！"

通过排比、重复、反问等修辞手法的适当运用，作者"诉诸武力"的思想和理由表达得异常鲜明，异常坚定，异常有力。所以，这篇演说词咄咄逼人，气势酣畅。

二、演讲的禁忌

正面了解演讲成功的要领对成功的演讲非常重要，而掌握一些对演讲影响很大的负面因素对演讲技能的提高同样重要。如果演讲中使用口头禅，演讲内容艰涩冗长，或者演讲冷漠乏味，都将破坏演讲的效果。

（一）切忌使用口头禅

口头禅被认为是不良的说话习惯，指那些令人讨厌的"嗯""啊""你知道的"等与演讲毫不相关的废话。如果演讲者频繁使用口头禅，会干扰听众的聆听。口头禅本身具有一定的特点，它常常在演讲者进行观点、概念转换时出现。

克服口头禅的前提是对其本质有所认识。就个人而言，应该明确口头禅对你的影响到底有多大。关于这一点，你可以利用录音机进行记录并检查或者请其他人帮你听一下。采用这样的方法进行检查和练习，会很有帮助，因为你在进行概念转换时会有所提防，而转换本身也因此日益流畅。

（二）忌艰涩冗长，杂乱无章

如果演讲材料过于庞杂，讲起来像开无轨电车，开到哪里算哪里，叫人摸不着头绪；还有的不合逻辑，妄加论断，或者不顾事实，主观臆断。这也是一种常见的问题。

如果演讲用的是书面语言，会使人感到艰涩难懂。演讲时要尽量避免使用书面用语，更不要"文夹白"，要使用口语，要善于用简单明了、群众易懂的语言演讲，坚决抛弃晦涩难懂的词语。文章贵短，演讲也应该长话短说。

（三）忌冷漠乏味，豪言空谈

言之无物、空空洞洞的表达是演讲中的一大禁忌。现实中那些不结合当时、当地实际的空头言论太多了。有的单位一年一度的总结会、会议的开幕词用的是陈年的演讲稿，只把第一届改成第二届、第三届或第四届，内容照旧，年年如此，冷漠乏味，毫无生机。

还有的人演讲时毫无表情，呆若木鸡，甚至肌肉紧绷，脸色铁青；有的人缺乏演讲情趣，语言冷淡，没有抑扬顿挫或真情实感，演讲乏味，如同嚼蜡。这些都严重影响了演讲的质量。

另外，在演讲时忌出奇出怪，要尽量讲清楚讲明白，这也是对演讲最基本的要求。

 **相关链接**

告别
——华中科技大学校长李培根在 2013 届本科生毕业典礼上的致辞

亲爱的 2013 届毕业生同学们：

你们好！

首先，向你们完成学业表示最热烈的祝贺！过几天，你们中间的大多数就要告别大学生活，告别你们的同学、老师，告别华中科技大学。

也许近一段时间以来，你们早就开始了告别活动。听说紫菘 13 栋的同学们用感恩心语向周凤琴阿姨告别："走得了的是人，散不去的是情。"我还知道，为了告别，你们很多人一定哭过、笑过、喊过；为了告别，你们拥抱过、沉默过、醉过。酸甜苦辣，个中滋味，只有你们最清楚。

你们即将告别抢座位的日子，告别没有空调的宿舍，告别你怎么都不相信没赚你们一分钱的食堂；告别教室里的乏味，告别图书馆中的寻觅，告别社团中的忘我；告别留下你浪漫、青涩的林间小道和石凳，告别你至今还未看懂、读懂的华中科技大学，告别你们背后的靠山——瑜珈山。

的确，人生其实是在不断地告别。初中后我才告别饥饿，"文革"中我告别了雄心壮志；长大了告别了一些豪言壮语，不再去想解放"世界上还没解放的三分之二的人民"；及至而立、不惑之年，我又告别"凡是"……那都是一些酣畅淋漓的告别。此外，还有很多不舍的告别，即告别那些我人生的征途中扶过我一把、陪伴过我一会儿的人。同学们，不知道你们是否真正懂得，为什么而告别？还应当告别什么？你们应当为了"成人"而告别。你的大学生活也许一帆风顺，成绩优异，运动场上吸引过不少异性的目光，社团中也不时留下你的身影。你觉得自己"成人"了，其实未必。也许，不久的将来你恰恰就会告别"一帆风顺"。你可能已有鸿鹄之志，志向满满没什么不好，但谨防志向成为你人生的束缚和负担。不妨让自己早一点有告别"一帆风顺"的思想准备，让志向成为你人生的一种欣赏，一种尝试。

要离开学校了，也有少数同学突然发现要"成人"的恐惧。想着终将逝去的青春，自己似乎还未准备好，懵懵懂懂怎么能一下子走向社会？睡懒觉的时候很香甜，玩游戏（打 Dota）的时候很刺激，翘课的时候很自在，挂科的时候很无奈，拿不到毕业证时两眼发呆……可生活还得继续，只是要永远告别游戏人生的态度。

为了"成人"，你们需要自由发展，这是华中大教育的真谛。在日后寻求自我的过程中，你们要告别浑浑噩噩，告别人云亦云，告别忽悠与被忽悠。保持一份独立精神，那才不枉在华中大学习过几年。

为了"成人"，你们又得告别过分自我。别太把自己当回事。在华中大几年，你可能不觉得受到过学校的呵护、甚至宠爱，你可能就像天之骄子。可是，真正到社会上，没有人再把你视为天之骄子，社会甚至会让你面目全非！

为了"成人"，你们需要告别过分的功利、过分的精明。过分的功利会腐蚀你的心灵，过分的精明会扭曲你的人格。不要把与别人的交往看成实现你自己的预期和目的的工具。你自己太精明，别人可不是傻瓜。不如"傻"一点，糊涂一点，别人不至于对你使"精明"。让心灵对社会开放，对他人开放！

我相信，你们的告别更多的是为了相约和再见。很多同学踌躇满志、跃跃欲试。你们相约，十年、二十年再相见。那时候，你们可以交流服务国家社会的心得，可以交流奋斗的体会，可以分享成功的喜悦；那时候，你们再来瑜园，让母校以你们为荣。告别了，有一天，与老师相约，与母校相约，与同学相约，与初恋相约！

有些告别特别艰难。比如，你成绩优异，深具研究潜质，你将来有条件成为一个科学家；同时，你综合素养很好，今天已经是学生领袖，将来也有条件成为一个好的政治家。现在，无论你选择其中哪一个，都意味着你可能告别另一个你将来并不难得到的东西。你或许彷徨、犹豫、纠结了吧？亲爱的同学，只要懂得舍弃，就很容易告别选择的艰难。

告别某些风气或习俗也很艰难。尽管如今有拼爹的现象，但毕竟不是成功之道。有一个"好爸爸"，不妨告别对你爸的依赖；没一个"好爸爸"，那就告别羡慕嫉妒恨。过几年你们可能面临谈婚论嫁。要结婚，是否一定要有自己产权的房子？有些年轻人为此而不惜"啃老"。华中大的小伙子们、姑娘们，千万告别"啃老"，告别"俗气"。

在物欲横流的世风下，很容易忘记人的意义与生存价值，忘记信仰和独立精神等。中华民族的复兴可不能仅仅是经济的跃进，还需要精神的崛起。同学们，希望你们要有告别麻木、告别粗鄙、告别精神苍白的自觉，为国家，为你们自己！如果使你自己置身于更大的天地，就会懂得有些告别特别伟大，如三十多年前党中央对"文革"的否定。否定"文革"，使国家告别了封闭，告别了破坏，告别了对人的蔑视；使人民告别了斗争，告别了恐惧，告别了贫穷。那是多么伟大的一场告别！

最近习近平总书记强调"党自身必须在宪法和法律范围内活动""依法治国首先是依宪治国，依法执政关键是依宪执政""把权力关进制度的笼子里"等。告别权力崇拜同样是一场伟大的告别。希望你们今后在党的领导下，投身于其中，告别对法律的任何藐视！

虽然人生在不断地告别，但有些东西是不能告别的。亲情是不能告别的。曾经我告别乡村，告别与我相依为命的奶奶。但直到今天，我内心从来没有告别奶奶的亲情，尽管她已经去世四十多年。我的一个已经去世的工人朋友，有一个儿子，上了大学，出国了，多年不与母亲联系。他可是告别了亲情啊！我就不明白亲情是在什么情况下能告别的呢？学习是不能告别的，你们可以告别学过的知识，但不能告别学习的习惯；努力奋斗是不能告别的，不然，你一生大概都会不断地告别机会。改革与开放是不能告别的，如果你们尚有家国天下之情怀，一定铭记于心。

同学们，关于告别，很难说尽，关键还得靠你们自己体悟。不多说了，我也要向你们告别啦！让我们告别，其实也将是各自新的抵达！

问题讨论

1. 演讲稿的特点是什么？
2. 演讲稿开头写作有哪几种方式？
3. 简述演讲稿的结尾方式。
4. 简述演讲稿的结构模式。

实战演练

1. 结合演讲稿的写作方式，写一篇关于《诚信》的演讲稿。
2. 请结合李培根校长的演讲词《告别》，谈谈该文的写作特点。

第二部分　演讲与口才专项训练

第五章 演讲类型训练

学习目标

了解命题演讲、即兴演讲、辩论演讲的含义、特点及作用。掌握命题演讲、即兴演讲、辩论演讲的话题选择、结构安排、语言表达等技巧。通过学习，能够当众演讲，能够即兴演讲，能够灵活运用辩论技巧参加辩论活动。

第一节 命题演讲

【知识要点】

命题演讲的含义、特点和类型

命题演讲的程序

命题演讲训练

一、命题演讲的含义、特点和类型

（一）命题演讲的含义

命题演讲是指演讲者根据指定的题目或者限定的主题，在正式演讲之前做了充分准备的演讲。命题演讲是演讲活动中最基本、运用最广泛的演讲方式。

（二）命题演讲的特点

命题演讲除了具有演讲的现实性、艺术性、鼓动性、工具性等一般特征外，还具有以下特点：

1. 针对性

命题演讲是针对事先规定好的主题或者题目而进行的演讲，所以演讲者在演讲时要主题鲜明，具有针对性。不论是学术演讲、演讲比赛，还是会议报告、典型发言，演讲者都要针对已经确定的主题或者题目，进行演讲稿的写作，做到主题鲜明，有针对性。

2. 严谨性

命题演讲由于事先已确定了演讲的范围和题目，因此要求演讲者有充足的准备，要写好演讲稿。在演讲稿的写作和演讲过程中，要求演讲结构完整，具有严谨性。

3. 稳定性

命题演讲要求演讲的内容与主题一致，而且要言之有物，不能不着边际，内容要充实、实用，具有稳定性。

4．严肃性

命题演讲是一种较严肃的演讲，通常涉及重要的、为大众所关注的、关乎民众的迫切问题的主题。因此，命题演讲注重宣传真理、传授知识、陶冶情操、启迪心灵，而这些，就必须要本着认真、求实和严肃的基本态度。

5．鲜明性

命题演讲要求演讲主题鲜明。所谓鲜明，是指演讲主题要突出，论证要深入而全面，并以理服人。主题是否鲜明是衡量命题演讲成功与否的重要标准之一。

 示例

准备好你的行囊

——华中科技大学校长李培根在 2007 届毕业晚会上的致辞

首先，请允许我代表学校，向我们 2007 届的毕业生同学表示衷心的祝贺与祝福。

同学们，借这个机会，我要跟大家说几句心里话：

明天，就要踏上征途。

同学，准备好你的行囊。

请装进追求与信仰。

让追求与信仰伴随着你，在祖国，在他乡，在家中，在战场；

当落叶随你而萧然，当鲜花为你而开放；

当苦雨为你而低吟，当百鸟为你而欢唱；

当风雨欲来，当日月齐光。

即使礼崩乐坏，即便风俗败伤。

让它伴随着你，追求与信仰。

同学，准备好你的行囊。

让艰苦与奋斗伴随着你，在田野，在工厂，在都市，在边疆。

当霞光刚刚升起的时候，当夜阑将尽的时光；

当阳春展现给你艳丽，当肃冬呈现给你苍凉；

当某日身陷困境，当他日大任天降。

请装进艰苦与奋斗，明天的事业需要它开创。

同学，准备好你的行囊。

把友谊与爱情珍藏。

在青年园小径、石凳、池塘；

在教室聆听、微笑、目光；

在大操场健美、活力、奔放。

同学，让友谊与爱情伴随着你，

在商海里，在仕途中，在科学的攀登路上；

让友谊与爱情伴着自己，随着他人，意气风发，斗志昂扬；

让友谊与爱情给自己，与他人，清除迷茫，治疗创伤。

同学，准备好你的行囊。

别塞进自满与骄狂，无论你今天的杰出，无论你曾经的辉煌。

别塞进遗憾与沮丧，昂起头，挺起胸膛，前面的道路一样宽广。

别塞进妒忌与仇恨，它会磨去你的智慧，它会耗尽你的能量。

同学，准备好你的行囊。

系上母校的饰物，让它装点上，

竞争与转化，文化与素养，服务与贡献，责任与开创。

同学，准备好你的行囊。

在前进的路上，让母校的饰物迎风飘扬。

（三）命题演讲的类型

根据演讲活动的形式和场合，命题演讲可分成不同类型。

1. 根据演讲形式的不同，命题演讲可分为全命题演讲和半命题演讲

全命题演讲是指题目一般由演讲组织部门来确定，演讲者据此经过一定时间周密且严谨的准备而进行的演讲。

半命题演讲指演讲者根据演讲活动组织单位限定的范围，自己拟定题目进行的演讲。这种形式便于演讲者根据自身的特点和听众的情况，从不同角度拟定题目，从而发挥自己的优势。

2. 根据演讲场合的不同，命题演讲可分为专题型命题演讲和比赛型命题演讲

专题型命题演讲指演讲者就某一件事情或者某一个问题表明自己的观点、态度，针对性或者专业性比较强的演讲。例如，政治演讲、生活演讲、法律演讲、学术演讲、教育演讲、军事演讲、生意演讲、公共关系演讲、宗教演讲和外交演讲等都可以使用专题型命题演讲的方式。

比赛型命题演讲主要是指在演讲比赛中所进行的演讲。它是演讲者根据指定的题目或限定的主题，表明自己的观点、态度的演讲。这种演讲以宣传教育为主要目的，在提高自身能力、增进友谊、表达个人观点见解的同时，以赢取名次作为目标。

二、命题演讲的程序

命题演讲的演讲者在事先就被指定，并且也确定了演讲的题目或者主题。因此，命题演讲有一定的程序。

（一）准备和构思阶段

不论演讲者是自愿的还是被指定的，都会在事先知道自己的演讲"任务"，所以，演讲者就有一个准备和构思的时间。所谓准备和构思阶段，主要是指演讲稿的写作，其中包括审题、定题、收集和选择材料、构思和定稿等阶段。

1. 审题

众所周知，命题演讲是按照规定好的题目或者主题进行的演讲，所以审题就是非常重要的一个前提。如果没有正确的审题，就有可能偏离演讲的主题，写出来的演讲稿也可能会"下笔千言，离题万里"。不论是演讲者自己选择题目还是使用给定的题目，都需要认真审题。审题时有以下两点需要注意：

（1）选题的角度问题。同样的一个话题，演讲者可以从不同的角度切入，但是切入的角度要新，要适度。新，就是创新，要避免和别人的观点相同或者相近，要有自己的想法和创新，要尽可能地给人耳目一新的感觉。适度，就是演讲题目的角度要适度，角度太大就不容易把握，也很难讲得透彻；角度太小，则又显得容量不够，内容不够充实，也显示不出演讲者的特色和水平。

 示例

美高官博客发文称奥巴马曾反复推敲广岛演说稿

美国总统国家安全事务副助理罗兹日前在博客上发表了有关奥巴马总统访问广岛的文章。罗兹称，奥巴马在旅途中对在和平纪念公园发表的演说的草稿"多次做出修改"，为从更为广泛的角度反映"历史教训"，进行了反复推敲。

白宫称奥巴马在广岛用数分钟时间阐述了自己的感受，但实际上是一场长约17分钟的演说。由此可见，提出"无核武世界"理念的奥巴马为表达自己成为首位访问核爆受害地的现任美国总统的心情，对措辞做出了慎重选择。罗兹还在博客上发布了奥巴马亲笔写下的演说稿的照片。原本写着"人类获得了毁灭自己的能力"的地方用横线画去，修改为"人类获得了毁灭自己的方法"。罗兹称，奥巴马访问广岛"并非为了道歉"，同时强调其此行目的是呼吁消除核武器和为不使战争悲剧重演而努力。罗兹回顾称，在访问越南和日本的途中，奥巴马修改了演说稿，写入了人类在具有争斗冲动的同时也能跨越分歧构筑和平的内容。罗兹提到奥巴马一行在曾与美国有过战争的越南和日本受到了热烈欢迎，总结称"从（越南南部）胡志明市的年轻人和总统在广岛遇到的核爆受害者身上，不难发现与我们相同的人性"。

（2）要懂得扬长避短，发挥自我优势。命题演讲中因为主题已经确定，那么在创新的基础上，能够发挥自己的优势，选择自己的长处表现出来，就能完美地表现自己的演讲艺术。比如，考虑到自身因素和听众因素，选择适合自己或者听众感兴趣的题目，就能于演讲之前为自己的演讲加分。

2. 定题

定题是命题演讲的一个关键点，一个精彩出众的题目是成功的一半。一个好的题目，既能让听众明白演讲的内容，又能提高听众的兴趣，更是对演讲内容的高度概括。

如何确定一个好的题目呢？

（1）要把握主题的时代性。即主题要适应时代的发展，适应社会的需要，具有时代感。

（2）题目要窄而深。即题目不要太宽泛，也不要有很多的主题词。题目可以单一，讲的内容也可以有所偏重。德国著名演讲家海因兹·雷曼麦说："在一次演讲中不要期望得到太多，宁可牢牢地敲进一根钉子，也不要松松地按上几十个一拔即出的图钉。"

 示例

华中科技大学每年的开学和毕业两大典礼，被视为高校的第一课和最后一课。据悉，每年开学典礼和毕业典礼上的讲稿都由李培根自己起草。李培根2005年3月出任华中科技大学校长，2014年离任。从2005年到2013年，他每年的"开学第一课"都让人耳目一新，主题分别是：《转折》《开端》《学习》《实践》《超越》《质疑》《文化》《自由》《开放》；从2008年到2013年毕业典礼上的致辞同样打动了无数莘莘学子的心，《选择》《牵挂》《记忆》《未来》《远方》《告别》，这些命题演讲都很好地跟随时代的步伐，紧扣当代主题，并且精练，每年都有偏重，不失为经典之作。

3. 收集和选择材料

如果说有力的论点是演讲稿的骨骼，那么材料就是演讲稿的肌肉。在演讲的准备阶段，演讲者要学会如何收集和选择适当的材料。

首先，要确定好方向，有了方向才能有所收获，在演讲的时候才会用得上。其次，材料作为演讲的信息载体，是要有力而且有用的，这就需要演讲者在选择材料时具有一定的选择标准，并对材料进行优化组合。

演讲中运用的材料既要能恰当地表现主题，也要能满足听众的需要；既要真实典型，又要具体新颖。

4. 构思和定稿

命题演讲的构思要考虑到两个方面：一是构思演讲稿的写作，包括开场白、主体、高潮、结尾等，这实际上要结合材料进行适当的安排和处理。二是精心设计演讲的现场控制。演讲的现场是不能主观决定的，存在很多临时性和突发的状况，但是演讲者还是可以在事先进行精心设计，预想效果和反复演练。

演讲者在构思演讲稿的时候，就应该考虑到现场的效果和听众的接收情况，在演练的过程中将具体的演讲细节突出，做到胸中有数。这种演讲的设计和设想，包括各种演讲技巧的运用，如手势、眼神、肢体语言、语气和语调等，也是命题演讲一个不可缺少的环节。

在进行初步设想后，就可以将演讲内容执笔成文，变成真正意义上的演讲稿，然后再进行演练。

值得说明的是，演讲稿的写作也不是一蹴而就的，要经过反复的修改和推敲。命题演讲的成败，很大程度上取决于演讲稿的优劣，所以演讲稿的写作是非常关键的。

（二）演练阶段

演练阶段是命题演讲的一个重要阶段和环节，主要包括背诵和处理演讲稿。

演讲中，演讲稿虽然是一个重要的部分，但是如何表现演讲稿的特色，如何完美地进行演讲，也是一个不容忽视的问题。

命题演讲中，有不脱稿的演讲和脱稿的演讲，但是不论怎样，都要求演讲者对演讲稿的内容非常熟悉。

演讲，不是对演讲稿的背诵，不能照着稿子念，也不能照着稿子背。演讲稿只是一个文字的记录，只是让演讲者心里有底，但是文字稿中无法体现语气语调、停顿甚至手势、表情等方面的内容，而这些都只能通过演讲者反复的演练才能体会出来。当然，在真正演讲的时候，演讲者可以有自己的发挥。所以，演练阶段尤为重要。演练中的精心处理，主要包括以下几个方面：

（1）要对演讲稿非常熟悉，即我们通常所说的背稿。这里所说的背稿，不是简单地将内容记下来，而是要把停顿、断句等一并记下来。

（2）感情基调的把握。即要根据演讲稿的内容，做出相应的反应，或平实，或激昂，或欢快，或悲壮。如果感情的基调把握不好，就很难将演讲稿所要表现的思想感情准确地表达出来。演讲稿写得再精彩，演讲的效果也不会好。

（3）语音的处理。即对语气、语调等方面的把握。将演讲稿转化为语言，首先要注意语调，演讲中的语言应该是抑扬顿挫的，有感情起伏的，不能出现念稿或背稿的现象。

（4）态势的处理。即在演讲中对服饰、手势、身姿、表情的处理。态势的可变性和随机性比较强，不是完全能够设计好的，只能够大体把握。另外，细节方面和关键之处可做适当的设计。这样一来，演讲者就能在演讲台上应付自如了。

（三）演讲阶段

常言道："台上一分钟，台下十年功。"事先的所有准备都是为了登台演讲。所以，这是一个非常关键的环节。演讲者在正式的演讲阶段，要注意以下几个关键之处：

1. 登台亮相

演讲者一上台听众就能看清楚演讲者的所有面部表情。如果演讲者的亮相给人印象好的话，就能于无形之中加分；要是给人一种萎靡、消沉甚至邋遢的印象，就很难在之后的演讲中博得听众的认可和赞赏。

演讲者登台亮相，应首先站定，然后抬头看听众，可以扫视全场，也可以轻轻点头或者鞠躬，以表示对大家的感谢和问候。

登台亮相要表现得端庄大方、亲切自然，给听众创造一种轻松的、良好的氛围。

2. 开场白

开场白不仅要开得好，而且要开得妙，能在最短的时间里吸引听众的演讲开头就是好开场。开场白既要扣题，又要营造气氛。好的开场白能够奠定全场的感情基调和气氛，开头精彩就会引起听众的兴趣，演讲者也能轻松上阵，发挥自己的最佳水平。

3. 高潮

演讲的高潮表现在听众的全身心投入，掌声、笑声、欢呼声不断，现场形成强烈的"共振效应"。

（1）演讲者可以通过造势和强化等方法来制造演讲的高潮。

在高潮来临之前，演讲者可以运用制造悬念、故作迷阵、情感铺垫等方法。这是为了在高潮之处能唤起听众的共鸣，能够赢得他们热烈的掌声，这就是造势。而强化则是指演讲者说到情动之处，要利用语言、手势、表情等来加强情感的表达。高兴的事情，可以说得眉飞色舞；伤心的事情，可以说得潸然泪下；气愤的事情，可以说得咬牙切齿。这样，听众也会感同身受，产生共鸣，从而达到高潮的效果。

事例最能说服听众，所谓"事实胜于雄辩"。而经典事例通常蕴含丰富、深刻的情感或哲理，因此不须多，往往一二例，即能感动听众，使其折服。尤其演讲高手，更能就地取材，即兴发挥，利用身边切题的典型素材，借助现场氛围为自己的讲演服务。这样能够出人意表地创造出震撼人心的轰动效应。

（2）高潮的突出和强化，还可以通过修辞和语气来实现。

修辞方面，主要是运用反问、比喻、夸张、排比等来加强语气。这些修辞手法可以使演讲的语言不单调，更有起伏，而且能够更加形象生动地说明问题，情动之处也更能打动人心。

语气方面，则是指演讲者在演说过程中的抑扬顿挫的语调和时而缓慢、时而迅速的语速等，可以更好地表达出演讲者的感情，也会使演讲有节奏感。

4. 结尾

演讲不能虎头蛇尾，而要有一个坚实有力的"豹尾"。因为演讲的结尾是演讲结构中的重要部分。好的结尾可以使演讲意味无穷，为演讲增添光彩。成功的演讲者都希望结尾时再给听众留下一个精彩的印象，都会在结尾处狠下工夫，避免演讲功亏一篑。

三、命题演讲训练

（一）学术演讲

所谓学术演讲，是指相关学者利用学术会议等活动平台，展示自己的科学研究成果，传授科学知识和阐述学术见解的专题演讲。它是一种高层次的演讲，是学术研讨会、学术讲座等场合常见的交流形式，具有独到性、科学性和专业性等特点。

1. 转换训练

学术演讲是学者在某专门领域进行的学术探讨或成果展现，既不能是学术论文的机械性照搬，也不能只是一个简单的说明，而应该是一个包括信息转换、媒介转换、情境调控等过程的活动。

（1）信息转换。在确保学术信息真实的前提下，把论文、专著、教科书、标书甚至学术思想等转换成与会者容易理解和接受、学术演讲媒介适合演示的文本形态。例如，在形式上，把研究论文改写成演示稿（如 PPT 文件）；对原作的内容进行加减处理，即扩展或缩写；对原作进行通俗化、口语化、图式化、视频化等处理，即以提纲、表格、框架图、箭头图、简图甚至图片、视频等简单明了、容易理解的形式展现给与会者。精彩的学术演讲应是有共鸣、真实、言之有物、幽默、有激情、精短、脱稿的演讲。

（2）媒介转换。它是指演讲者把书面材料、图表等转换为视听媒体的过程，目的在于有效地传递学术信息，便于吸引与会者的注意力，提高其学术交流兴趣。

（3）情境调控。它是指学术演讲情境应既庄重又活跃，既紧凑又宽松。学术演讲者如果能恰如其分地驾驭演讲气氛，就能营造出学术演讲的良好氛围。

2. 演讲技巧训练

（1）选择适宜演讲的内容。演讲内容的学术价值高，如立论准确、观点新颖、具有学术启迪意义等，交流者、参与者的兴致就高，会场氛围就热烈。这就要求演讲者对与会者群体的背景和期待有足够的了解，也要求演讲者有真知灼见。

（2）擅长运用演讲的技巧。学术演讲需要合理运用与会者的感官以及"形体—表情—语言—媒体"的技巧，如利用形体传意、利用表情左右与会者的情绪、利用媒体助讲等。

（3）善于同与会者互动。学术演讲中，与会者通常都是在同一领域有所研究或有成就的同行，难免会与演讲者有共鸣或者争鸣，演讲者对此应该予以正视和重视。学术演讲中，还要善于创设情境，引导与会者去质疑和讨论，激发与会者的求知欲望和探究动机。

（二）会议专题演讲

所谓会议专题演讲，是指在各种会议活动中所进行的演讲。它一般是作为传达上级指示、部署工作任务、统一思想、协调行动的重要手段。会议演讲因其内容不同而有不同类型，主要包括开幕词和闭幕词、会议报告和典型发言等。

1. 开幕词和闭幕词

（1）开幕词是指党政机关、社会团体、企事业单位的领导人，在会议开幕时所做的讲话，旨在阐明会议的指导思想、宗旨及会议的重要意义，向与会者提出会议的中心任务和要求。

开幕词要求篇幅简短精练，并且能快速切入正题，内容忌重复、啰唆；语言既要求口语化并富有感情色彩，又要求生动活泼；语气既要热情、友好，也要激越、高亢。

（2）闭幕词是指在一些大型会议或活动结束时由有关领导人或德高望重者在会议结束时所做的讲话。闭幕词具有总结性、概括性、评估性、号召性、简明性、口语化等特点。

闭幕词通常要对会议或活动做出正确的评估和总结，充分肯定会议或活动所取得的成果，强调会议或活动的主要精神和深远影响，激励有关人员宣传会议或活动的精神实质和贯彻落实有关的决议或倡议。因此，要求发言者务必紧扣活动主题，观点鲜明，感情充沛。又因为闭幕词出现在会议终了，所以要与开幕词前后呼应、首尾衔接，显示大会开得很圆满、很成功。

2. 会议报告

会议报告是指在重要会议和群众集会上，主要领导人或相关代表人物发表的指导性讲话，是发言人在会议上讲话的总称。它既可以作为一种书面文字材料，又是会议文件的重要组成部分和贯彻会议精神的依据，还是供查阅的历史资料，具有宣传、鼓动、教育作用。它包括政治报告、工作报告、动员报告、总结报告等。

（1）政治报告。它是领导机关为实现一定历史时期的政治目标而做的路线、方针、政策方面的报告，多由领导机关的主要负责人来完成。

（2）工作报告。它是以经济建设、科学文化、教育卫生等工作为主要内容的报告。例如，国务院总理的《政府工作报告》，各省、市、州、县政府主要负责人向同级人民代表大会所做的工作报告，以及各系统各单位领导就所属范围的工作向下级单位和人民群众所做的工作报告等。

（3）动员报告。它是为动员有关人员去完成某专项工作或突击任务而做的报告。动员的目的是使人们提高认识，明确任务，增强信心，圆满完成任务。

（4）总结报告。它包括工作总结报告和会议总结报告两类。工作总结报告是对前段工作进行总结的报告。工作总结报告与工作报告有一定的区别。工作报告虽然也有回顾前段工作的内容，但非常简要，重点放到今后的任务上，而工作总结报告的重点是从回顾前段工作中得出带有指导意义的经验与教训。会议总结报告是在会议结束时，对会议的整个情况进行总结的报告。

会议报告具有主题集中鲜明、内容条理分明、语言通俗、口语化、形式灵活多样等特点，具有一定的约束性和指导意义。不同种类的会议报告，会有不同的写作或者演说要求，如在做工作报告时，要兼有谈话和专业的风格，既要产生活泼的会议气氛，又要不失报告的严肃严谨性。

3. 典型发言

所谓典型发言是指在表彰大会或推广经验的交流会上，由先进单位、部门的代表或先进个人，报告本单位、部门或个人的先进事迹、工作经验的发言。

在内容上，典型发言有工作上、学习上、生产生活上、技术改革上等的发言；形式上，典型发言有个人发言、集体发言、代表发言等类型；发言方式上，典型发言有综合介绍、重点介绍、一般介绍等类型。

因为典型发言是发言者在具体的会议上介绍经验或者推广技术等，所以发言既要言之有物、独具特色，又要具有普遍的适用意义和指导作用。这就要求演讲者要抓住事物的本质，总结和反映事物的普遍规律。另外，在做典型发言时，一般要求发言者所引用的材料要真实准确，同时秉着实事求是的心态对材料做出客观正确的评价。

（三）比赛型命题演讲

比赛型命题演讲，主要是指在演讲比赛中所进行的演讲。这种演讲以宣传教育为主要目的，在提高自身能力、增进友谊、表达个人观点见解的同时，以赢取名次作为目标。比赛型命题演讲的观摩性、竞争性和教育宣传性很明显，同时还具有听众广泛、公平竞争、自由阐述观点等特点。

要成功地做好比赛型演讲，首先要了解演讲比赛的评分标准及演讲技巧。

1. 演讲比赛的评分标准

演讲比赛的评分一般可以从演讲内容、语言表达、形象风度、会场效果等方面来进行。

（1）演讲内容。首先，要求思想内容能紧紧围绕主题，观点正确、鲜明，见解独到，内容充实具体。其次，要求材料真实、典型、新颖，事迹感人，事例生动，反映客观事实，具有普遍意义，体现时代精神。最后，要求讲稿结构严谨，构思巧妙，文字简练流畅，具有较强的思想性和条理性。

（2）语言表达。一是要求演讲者语言规范，一律使用普通话，吐字清晰，声音洪亮圆润。二是要求演讲者在表达上做到准确、流畅、自然。三是要求演讲者语言技巧处理得当，语速恰当，语气、语调、音量、节奏符合思想感情的起伏变化，能熟练表达所演讲的内容，最好能够脱稿演讲。

（3）形象风度。要求演讲者精神饱满，能较好地运用姿态、动作、手势、表情，表达对演讲稿的理解。着装要朴素、端庄、大方，举止要自然得体，演讲时要有风度，富有艺术感染力。

（4）会场效果。演讲要具有较强的感染力、吸引力和号召力，能较好地与听众感情融合在一起，营造良好的演讲效果和氛围。演讲时间控制在比赛要求的范围内。

2. 演讲比赛的演讲技巧

演讲比赛在日常生活中比较常见，不论是在学校，还是在工作单位，或者在社会其他场合，演讲比赛随处可见。因此，不仅要把握好演讲比赛的评分准则，也要掌握好演讲比赛中的演讲技巧。

（1）做好演讲的准备。比赛演讲一般是事先通知的，演讲者有一定的时间做准备。这就需要演讲者对演讲的各个方面进行了解和把握，包括了解听众，熟悉演讲主题和内容，收集素材和资料，准备演讲稿，进行适当的演练等。比赛型演讲兼有比赛成分和表演成分，要求演讲者最好能脱稿演讲，并能顾及听众的感受，所以事先的准备是一个很重要的方面。

（2）优秀演讲者的条件。做一名优秀的演讲者，必须具备以下几个条件：① 有足够的权威性和理智性；② 具有较强的语言表达能力和技巧；③ 充满热情；④ 合适的仪表状态。

（3）运用适当的演讲艺术和技巧。演讲的艺术包括开场白的艺术、结尾的艺术、立论的艺术、举例的艺术、反驳的艺术、幽默的艺术、鼓动的艺术、语音的艺术、表情动作的艺术等。演讲者通过运用各种演讲艺术，使演讲具备逻辑的力量和艺术的力量。

（4）善用演讲空间。所谓演讲空间，就是指进行演说的场所范围、演讲者所在之处以及与听众间的距离等。演说者所在之处以位居听众注意力容易汇集的地方最为理想，这样不但能够提升听众对于演讲的关注，甚至具有增强演说者信赖度、权威感的效果。在利用空间效果的同时还要注意与观众互动，这样可以渲染现场的氛围，增强感染力，也会使演讲更加有活力。

第二节 即兴演讲

【知识要点】

即兴演讲的含义、特点和类型
即兴演讲的程序
即兴演讲的技巧
即兴演讲训练

一、即兴演讲的含义、特点和类型

即兴演讲是一种与拟稿演讲相对而言的演讲。作为一种最能反映演讲者的思维敏捷程度和语言组织能力的演讲形式，它已经渗透到社会生活的各个领域，涉及范围越来越广，使用频率越来越高，如婚礼祝辞、欢迎致辞、丧事悼念、聚会演讲等。很多时候我们是无备而来，有时虽有准备，但更多的时候是靠临时发挥才能产生良好的表达效果。因此，即兴演讲的能力对我们每一个人来说都显得非常重要。

（一）即兴演讲的含义

即兴演讲，又称即席演讲或临时演讲，是一种不凭借文字材料来表情达意的语言交际活动。演讲者"兴之所至，有感而发"，在事先没有准备或准备不充分的情况下，就眼前的场面、情境、事物、人物等，发表意见、看法或表达某种情感、愿望。

（二）即兴演讲的特点

1. 临场性

即兴演讲往往是演讲者在事先没有准备的情况下进行的，具有明显的"临场性"，正如我国 20 世纪 30 年代的演讲家杨炳乾先生所言："即时演说者，演说家事先无为演说之意，而忽遇演说之时机，不能不仓促构思，以即时陈述也。" 所以，即兴演讲不能像命题演讲那样事先拟好草稿，也不能像论辩演讲那样事先进行调研，模拟训练。演讲者往往是当即打腹稿，临场发挥。

2. 灵活性

即兴演讲的"临场性"决定了即兴演讲相比命题演讲，在内容方面具有一定的灵活性。因此演讲者可以随机应变，根据当时特定环境中的人、事、物、境，在短时间内迅速选择话题，确定演讲内容，发表恰当而具有新意的演讲去征服观众。

3. 短小精悍

即兴演讲要求演讲者在特定的时境中快速构思，发表演讲，因此演讲要短小精悍。演讲者应以敏锐的思维快速组合材料，以简洁、生动、形象的语言去征服听众。

 示例

邹韬奋先生在上海各界公祭鲁迅先生大会上发表的一句话演讲："今天天色不早，我愿用一句话来纪念先生：'人们是不战而屈，鲁迅先生是战而不屈。'"邹韬奋先生的这一句话演讲，在当时被人们誉为最具特色的演讲。当时，轮到邹韬奋先生发言时，已近黄昏，时间所剩不多，考虑到听众心理的微妙变化，邹先生审时度势，决定以少胜多，于是，当机立断，做了一次精彩的一句话演讲。这极其精练的一句话演讲巧妙地采用了鲜明的对比，使卑微者更渺小，使高尚者更巨大。尽管只是一句话，却激发了人们奋起抗争的勇气，鼓舞人们以鲁迅先生为榜样，挺身而出，战斗不止，这就是邹韬奋先生一句话的真实含意。

（三）即兴演讲的类型

即兴演讲的演讲者可以由事而发、因景而发或因情而发。根据其选择程度的不同，大致可以分为主动选题式、被动选题式、命题赛场式三种类型。

1. 主动选题式

主动选题式即兴演讲，虽然没有演讲稿，但有一定的思想准备。会议上的开场白、发言、总结，教师在主题班会、迎新仪式、毕业典礼上的讲话等都属于这一类型。

 示例

1999 年，时任中国总理的朱镕基访问美国，在结束对洛杉矶的访问后转往华盛顿。克林顿总统 4 月 8 日在白宫南草坪为朱镕基举行欢迎仪式，并在致辞时从上衣兜里拿出讲稿，全篇照读。轮到朱镕基致答辞，不知道准备好的讲稿是否在他衣兜里，只见他两手空空，对着在场的人群侃侃而谈。让人佩服的是，他不用讲稿依然讲得甚有条理，从两国的政治、经济关系转到历史、文化纽带，而且还提到刚刚结束的洛杉矶之行。"当我们到达你们的阳光之城——洛杉矶的时候是春雨绵绵，当我们离开洛杉矶时是雨过天晴，当我们到达华盛顿的时候是阳光灿烂。当我们共同在这个美丽肥沃的土地上再次播下中美友好种子的时候，我不能不缅怀那些缔造中美友好合作关系的先驱者们……"朱镕基的结束语更加出人意料："I love Chinese people. I love American people. Thank you!"这几句话不用翻译了，全场掌声一片。

2. 被动选题式

被动选题式即兴演讲，是指在欢迎、欢送、哀悼、竞选、就职、答谢、婚礼、寿庆等场合所做的致辞。

 示例

某位同志在同学婚礼上被主持人推举，与会者一致附和，而自己又无法推脱的情况下，做了以下婚礼致辞：

"今天，阳光灿烂，天上人间共同舞起了美丽的霓裳。今夜，星光璀璨，多情的夜晚又增添了两颗耀眼的新星。新郎夏天先生和新娘时间小姐，情牵一线，踏着鲜红的地毯幸福走进了婚姻的殿堂，从此，他们将相互依偎，牵手撑起一片爱的蓝天。我作为他们的同学，也是二人从小到大的朋友，此时也激动不已、幸福不已、欢喜不已。10月1日，一个特别吉祥的日子。天上人间最幸福的一对将在今天喜结良缘。今天，西班牙王储费利佩正式迎娶他美丽的平民新娘。此时，夏天先生也与西班牙王子一样，幸福地拥有了人间最美丽的新娘。我说，其实最幸福的当属我们眼前的这二位了。"

3. 命题赛场式

命题赛场式演讲大体可以分为两种：一种是在比赛之前，给演讲者一个较大的内容范围和一段准备时间，再在比赛或带有测试性质的场合，让选手抽取讲题的演讲；另一种则是没有内容范围，演讲开始后由演讲者临时抽取题目，然后按照规定的题目做短暂准备后开始演讲。

 **示例**

大家好！今天我抽到的题目是 "爱心"。说起爱心，我们在座的同学可能首先想到的是自己的父母……

二、即兴演讲的程序

（一）演讲前的准备

1. 知识素养准备

演讲者的知识积累、兴趣爱好、阅历修养与演讲的成功有着紧密的关系。"巧妇难为无米之炊"，许多演讲者感到演讲的最大困难在于没有演讲材料。这就要求我们平时做有心人，"家事、国事、天下事，事事关心"，广泛地阅读、收集、积累材料，上下、古今、中外的人文科学、自然科学都要学习，同时加强自我的思想、道德、情感等各方面的修养。这是一个长期、琐碎而复杂的工作。重点从以下几方面入手：① 多收集历史资料，对那些重要的历史事件、人物的有关情况要熟记，并分门别类地进行整理；② 多收集现实资料，对当今国内外发生的重大的政治、经济、文化、科技等各个领域的事件、人物的有关情况要了如指掌，进行思考；③ 加强记忆，多记名人名言、俗语谚语、古典诗词、经典文学、寓言故事、时文政评等。

示例

19世纪大传教士易维德摩迪说："当我选择一个题目，我把题目写在一个大信封上——我有许多这样的信封——倘若我在读书时遇着一些材料可做将来参考的，我便把它写下放入适当题目的信封内。我永远带着一本记事册，当我在听别人讲道时得到些切合我的题目的话，立时把它记下来放入信封内。也许材料有一两年不用；但当我要讲道时，便取出所有我收集的材料。在那些材料和我自己的研究之中，我已有了充足的讲道材料，所以在我讲道时，从这里取一些，从那里择一点，那样，它们永远不会陈旧。"

2. 临场观察准备

演讲者要尽快观察、熟悉演讲现场，及时收集捕捉现场的所见所闻，包括现场环境（时间、地点、场景布置）、听众、其他演讲者的演讲等，以确定自己的话题，增加演讲的即兴因素。

3. 心理素质准备

既然是有感而发，就要有稳定的情绪，有十足的信心，有必胜的信念，这样才能保证思路通畅，言之有物，情绪饱满，镇定从容。

（二）加强基本技能训练

即兴演讲重点要注重以下能力的训练：思维能力、观察能力、记忆能力、分析能力、推理能力、机敏能力，尤其是快速思维能力的训练。因为临场性决定了即兴演讲者必须具有较强的快速思维能力。快速思维即快速组织内部语言，实际上就是一个快速创作、打腹稿的过程。其技巧主要表现为"三定""四思""五借"。

1. 三定

三定包括：① 定话题。应选择你想说的、观众想听的、你能讲的、社会生活需要的话题。② 定观点。应确立明确精练、正确深刻、为大家所能接受的、言之有理的观点。③ 定框架。框架主要包括两种模式：一是开门见山式，也叫金字塔式，即先亮出主题，然后对主题做较详细的论证和分析说明；二是曲径通幽式，也称卡耐基的"魔术公式"，即先举例，再叙主旨要点，然后阐释理由，进行论证分析。

2. 四思

四思包括：① 逆向思维。它是指从相反方向思考问题，即一反传统看法，提出与之相对或相反的观点。这是一种反弹琵琶式的思维模式，它鲜明地表现为对传统的批判精神，但要注意观点必须持之有据，能够自圆其说。② 纵深思维。从一般人认为不值一谈的小事，或无须做进一步探讨的定论中，发现更深一层的被现象掩盖的事物本质，即"透过现象看本质"。③ 发散思维。它是指从同一问题中产生各种各样的为数众多的答案，在处理问题中寻找多种多样的正确途径。多端、灵活、精细、新颖是它的特点。④ 综合思维。它是前面三种思维的综合运用。事实上，我们在思考问题时，一般情况都是将各种思维综合在一起使用的。

3. 五借

五借包括借题发挥、借人发挥、借物发挥、借事发挥、借景发挥。"借"的东西很多，"五借"是泛指。它要求演讲者要善于观察现场，获取信息。快速思维的线路图体现为观察—抓话题—定语点—扩展语点（组织语言）—语序的排列—表达。

📝 示例

1976 年 1 月 8 日，周恩来逝世时，设在美国纽约的联合国总部门前的联合国旗降了半旗。自 1945 年联合国成立以来，世界上有许多国家元首先后去世，联合国还没有为谁降过半旗。一些国家感到不平了，他们的外交官聚集在联合国大门前的广场上，言辞激愤地向联合国总部发出质疑：我们国家的元首去世，联合国的大旗升得那么高，中国的总理去世，为什么要为他下半旗呢？

当时的联合国秘书长瓦尔德海姆站出来，在联合国大厦前的台阶上发表了一次极短的演讲，总共不过一分钟。

"女士们，先生们：

为了悼念周恩来，联合国下半旗，这是我个人的决定，原因有二：

一是，中国是个文明古国，她的金银财宝多得不计其数，她使用的人民币多得我们数不过来。可是她的总理没有一分存款。

二是，中国有九亿人口，占世界人口的四分之一，可是周总理没有一个自己的孩子。

你们任何国家的元首，如果能做到其中一条，在他逝世的日子，联合国总部将照样为他降半旗。

谢谢！"

说完，他扫视了一下广场，而后转身返回秘书处。这时广场先是鸦雀无声，接着响起雷鸣般的掌声……

这是一篇简短而精彩的即兴演讲。通篇不仅表现出瓦尔德海姆先生机敏的谈吐和机智的外交才能，也反映了周总理举世无双的高尚品质。这篇即兴演讲最大的特点就是言简意赅，内涵深刻，因此获得了"雷鸣般的掌声"。

三、即兴演讲的技巧

（一）借题起兴

即演讲者如能从现场获取信息，巧借那些与主题有关的人、事、物等展开话题，会增强演讲的现实感和针对性，使即兴演讲新颖别致。

1. 感"景"起兴

即兴演讲时可以结合眼前的景象展开话题，使演讲情景交融。

示例

在一次具有纪念意义的大会上，闻一多先生做了一次鼓动性的演讲。当他讲到"我们的会开得很成功"时，正好云中的月亮露了出来，他即景生情，用手一指，借题发挥道："朋友们，你们看，月亮升起来了，黑暗过去了，光明在望了，但是乌云还等在旁边，随时会把月亮盖住……"这里巧借天象，形象生动地揭示了这样一个哲理：虽然黑暗最终是挡不住光明的，但是，在光明到来之前，又不能掉以轻心，还须警惕"乌云"，只有最终彻底扫除了乌云，才能永远地享有光明。

2. 感"人"起兴

即兴演讲者可以从自己说起，展开话题，也可以从听众的身份、职业、爱好、语言、籍贯等方面入手寻找起兴点。

示例

面对来自农村的小学校长的一次演讲是这样开场的："刚才，我听会议主持人说，在座的都是来自农村的小学校长。我也当过农村的小学校长，我深知在贫困落后的偏远山区当好这个校长是多么艰辛和劳苦。尽管如此，你们却义无反顾地肩负起了培育跨世纪农村人才的重担。我本来不准备讲话，现在却借此机会，向你们表示崇高的敬意，并讲几句心里话……"演讲者在了解了听众的职业背景后，结合切身经历，说出他的感受并表达他的敬意。这篇演讲一下子就拉近了双方之间的距离，让会场气氛更加融洽，听众马上就对演讲者产生了亲切感，同时也对演讲本身发生了兴趣。

3. 感"物"起兴

即兴演讲现场有时会出现某种引人注目的物品，演讲者可以着眼于其特殊内涵或象征意义，进行主观联想，借物起兴。

示例

于丹在第十届学习型中国世纪成功论坛上《感悟中国智慧》的演讲中有一段是这样讲的："……特别是刚才我看见我们的吉祥物，这是羽扇纶巾的熊猫。他会让我们想起来'羽扇纶巾，谈笑间樯橹灰飞烟灭'，那种三国时期英雄豪杰内心的儒雅与从容。我们叫作世纪成功论坛，一个世纪，会有它的伟大与辽阔，但是也会有同比的压力和迷茫。怎么面对一切的挑战？我们今天能够有一份羽扇纶巾的倜傥潇洒，去让我们眼前一一地出现灰飞烟灭吧。"由此而引入正文，感悟中国智慧。

4. 感"言"起兴

当我们置身于演讲会、座谈会等场合时，可以从别人的表达中捕捉话题，加以引申、发挥，借言起兴。

示例

抗日战争时期，陈毅率领抗日游击队打日寇。有一次，部队在浙江开化县华埠镇休整，有一抗日群众组织请陈毅讲话，司仪主持会议时说"今天请一位将军给大家讲话"。陈毅同志这样开场："我姓陈，耳东陈的陈；名毅，毅力的毅。称我将军，我不敢当，现在我还不是将军。但称我将军也可以，我是受全国老百姓的委托去将日本鬼子的军。这一将，一直到把他们将死为止。"话音刚落，爆发出雷鸣般的掌声。陈毅同志这段十分精彩的开场白，在演讲主旨上做了发挥，洋洋洒洒，气势磅礴，为深化演讲主旨做了铺垫，有力地鼓舞了抗日群众的斗志。

5. 感"情"起兴

即兴演讲者可以从沟通与听众的感情入手，选择与听众息息相关或最能让听众所接受的话题，引发听众与自己在心理上的共鸣。

示例

1914年，英国首相丘吉尔在美国圣诞节的即兴演讲是这样开头的："我的朋友，伟大而卓越的罗斯福总统，刚才已经发表过圣诞前夕的演说，已经向全美国的家庭致友爱的献辞。我现在能追随骥尾讲几句话，内心感到无限的荣幸。我今天虽然远离家庭和祖国，在这里过节，但我一点也没有异乡的感觉。我不知道，这是由于本人的母亲血统和你们相同，抑或由于本人多年来在此所得的友谊，抑或由于这两个文字相同、信仰相同、理想相同的国家，在共同奋斗中所产生出来的同志感情，抑或由于上述三种关系的综合。总之我在美国的政治中心——华盛顿过节，完全不感到自己是一个异乡之客……"丘吉尔在这里动用了感情沟通法，把美国总统罗斯福说成自己的朋友，在心理上缩短了演讲者与听众之间的心理距离，开场白取得了良好效果。

6. 感"地"起兴

即兴演讲者可就演讲所处的特定的地点、特殊的气氛起兴。

示例

鲁迅先生曾在厦门中山中学做过一次演讲,他开头说:"今天我能够到你们这学校来,实在很荣幸。你们的学校名叫中山中学,顾名思义,是为纪念孙中山。中山先生致力于国民革命40年,结果创造了'中华民国'。但是现在军阀跋扈,民生凋敝,只有'民国'的名目,没民国的实际。"鲁迅从演讲的会址中山中学入题,在"中山"上寓于深刻的含义,一针见血地指出名与实之间的强烈反差,从而激发了中山中学师生们的革命热情,为完成中山先生未竟事业而奋斗。

7. 感"时"起兴

即兴演讲总有具体化的时间,倘若当时所处的时间具有特殊的意义,演讲者就可以巧借这个特定的时间尽情发挥。

 示例

在教师节师生联欢会上的即兴演讲

各位同行,学员同志们:

你们好!"教师节"是我们在座每一位师生自己的良辰吉日,可喜可贺!现在不正是如此吗?师生汇聚一堂,欢迎她,情谊殷切;你我竞相赞美,祝贺她,激情满怀!此时此刻,我感触良多。

自古至今,教师是社会文明的传播者。教师以人梯的精神培育了数以亿计的人才,推动着人类的进步、历史的前进。教师的事业是伟大的,是光荣而高尚的。那么多年的教书生涯中,我们一直情系教坛,真诚执教。无论什么挫折和诱惑,都动摇不了我们"教书育人"的天职,改变不了我们"终生从教"的执着追求。

然而,当今社会的改革开放需要我们教师在思想上不断升华,业务上不断进取。没有改革开放的意识,焉能致力于教育的深入改革。不懂得科学教育的人,教育不出科学的人!今天,尽管我们众多的教师,已人到中年,双鬓渐白,承受着事业、家庭的重负,甚至还可能会经历工作、生活中的诸多坎坷磨难,但我们没有怨天尤人,没有心灰意冷,更没有"改弦易辙",而代之以执着的信念投身于大改革、大开放、大建设的热潮,以突出的奉献无愧于这"太阳底下最光荣的职业"。

同学们,趁着还那么年轻,充分发挥你们的青春优势,学习进取,不断地充实自己,用今朝的热血,去写就明天的成功。

最后,值此隆重庆祝教师节之际赠送给同学们"十六个字"和"六种心",以求共勉:

坚定信仰,执着追求,来日方长,好自为之。

忠心献给国家,孝心献给父母,爱心献给社会,痴心献给事业,诚心献给朋友,信心留给自己。

(二)扬长避短

即兴演讲,最好扬长避短,选择自己熟悉的话题来说,这样就不会心慌,觉得有话可说,有话易说。

示例

作家李准"三句话说哭常香玉"的故事

在表演艺术家常香玉舞台生活 50 年庆祝会上，著名演员谢添，让被誉为"语言大师"的作家李准用三句话把常香玉说哭。在一个喜庆的日子，用几句话让喜气洋洋的资深表演艺术家当众落泪，这个即兴讲话的难度很大。李准皱起眉头犹豫片刻，又摆手显出很为难的样子，但大家甚至常香玉也穷追不舍。最后李准说了下面一段话："香玉啊，今天多好的日子——咱们能有今天也真不容易。论起来，您还是我的救命恩人呢。记得我 10 岁那年跟父母逃荒到西安，没吃没喝，眼看成群的难民快要饿死了，忽然听有人喊：'大唱家常香玉放饭啦，河南人都去吃吧！'一下子涌上去许多人，我捧一大碗粥，眼泪吧嗒吧嗒流不停，想：日后若能见着恩人，我得给她磕头。哪想到，'文化大革命'您也挨整，那天，您押在大卡车上戴高帽挂牌子游街，我站在街头看了，心在滴血啊——我真想喊：让我来换换她吧！她可是大好人啊……"李准还没说完，常香玉泪流满面。李准把两个感人的情节片断连接在一起，用苦难时代中自己的亲身感受，突出对常香玉发自内心的感激之情，突出自己对常香玉的人品由衷的赞美之情，并对常香玉蒙冤受屈时的不平之情和感恩之心，感染了常香玉。

（三）构建思路

思维活跃了，话题找到了，接下来就是临场表达。如同写文章一样，不可能千篇一律，即席演讲临场发挥的方法与技巧同样是千变万化、千姿百态的。但大体熟悉几种常见的方法与技巧，或许有助于即席演讲的成功。

1. 戴尔·卡耐基的"魔术公式"

第一，尚未涉及演讲核心之前，先举一个具体的实例，把你想让听众知道的事透露出来。第二，再用明确的语言，叙述主旨、要点，将要让听众去做的事，明白地说出来。第三，说明理由，进行分析，采取集中攻破的方式来处理。卡耐基认为，这是"讲求速度的现代最佳演讲法"。

示例

一位校长在欢迎新生的开学典礼上即席讲话，他是这样开始讲话的："据说清朝有个小孩——林则徐，赴试赶考途中，父亲怕他远行劳累，便让他骑在自己的肩上。进考场时，主考官视其年少，即景出一联索对，作为进考场的条件。其联曰：'以父作马。'这使父亲羞得面红耳赤，很难为情。可是骑在父亲肩上的小孩子十分聪明，出语不凡，他眼珠一转，应道：'望子成龙。'今天，我们不妨把'望子成龙'改动一字：'望子成才'。望子成才乃是当今人们的共同心愿。"

2. 理查德的"结构精选模式"

美国公共演讲专家理查德认为，即席演讲应记住以下几句话，它是各个层次的提示信号：① 喂，请注意！（开头就激起听众兴趣）② 为什么要费口舌？（强调指出演讲的重要性）③ 举例子。（用具体事例形象地将一个个论点印入听众的脑海里）④ 怎么办？（具体讲清楚大家该做些什么）几句话构成了整篇演讲的框架，同时又是演讲者思路的提示。

示例

南昌市委市政府，为振兴江西，振兴南昌，举办过一场老同志座谈会，其中一位长者做了如下的即席演讲："要振兴江西和南昌，首先要搞清楚江西省情、市情。南昌的特点是什么？优势在哪里？《滕王阁序》中有两句话已对南昌的特点和优势做了精妙的概括，那就是：'物华天宝，人杰地灵。'八个字说了三件事：物、人、地。"接着他分别对江西的物产、地理、人才结合实例展开分析，最后得出结论："今天的问题是，要振兴江西，振兴南昌，关键在于发挥上面的三大优势，变资源优势为经济优势。"

这篇即席演讲的方式并不一定是严格按"结构精选模式"构成的，但基本框架是符合这种模式的。这种模式的长处在于，开始的问题提得很直接或者很尖锐，足以引起听众的注意；中间条理清楚，而且有实例，便于接受，便于理解。

3. 逆向思维模式

一般地说，演讲都很讲究开头，即所谓"响开头，曲主体，蓄结尾"。然而即席演讲有一定的特殊性，尤其是毫无准备的即席演讲。当演讲者突然站起来的时候，气氛一般都比较热烈，听众的情绪正处于"热点"中，如果这时候演讲的开头也很响亮，以"热点"对"热点"，反而热不起来，而且很难坚持下去。有经验的演讲者，常常利用听众的这个"热点"，首先不去考虑开头，而去考虑一个响亮的结尾，形成逆向思维，对开头做冷处理。整个演讲呈现出一个"淡开头，趣主体，响结尾"的格局。听众的情绪由热转向冷，又渐渐升温，最后呈现出热烈的气氛，从而获得完美的结果。

示例

某高校举办了歌颂党的"个人独唱独奏音乐会"，其中一个班三名同学获奖。接着又要组织部分同学参加全市纪念"一二·九"运动歌咏比赛。为动员同学参赛，这个班的党支部书记做了如下的即席演讲：

昨天上午的这个时间，我们曾在这里预祝我们班参加歌颂党的个人独唱、独奏大赛的同学取得成功。昨晚，我们班参赛的同学，果然不负众望，把一、二、三等奖都给捧了回来……

同学们，有人问球王贝利："你最漂亮的球是哪一个？"球王回答："下一个。"又有人问导演谢晋："你最好的影片是哪一部？"谢晋回答："下一部。"那么我们班最漂亮的"球"、最好的"影片"是不是也可以说是"下一个""下一部"？如果可以这样回答，那么我们的下一个"球"、下一部"影片"是什么呢？是参与。参与学院参加的全市成人高校纪念"一二·九"运动歌咏比赛并取得更好的成绩。

这种演讲方式是越往后越精彩，最后点题，并形成高潮。关键是要设计好结尾。

4. 连缀法

先确定几个基本观点，按照各点之间的内在联系，或并列连缀，或纵横连缀，或对比连缀。这种演讲方式逻辑严密，重点突出，而且还有一定的气势。

 示例

一位哲学老师以题为《假如马克思健在》做了如下几点连缀式的即席演讲：

假如马克思健在，他绝不会把在座的各位看成他的信徒，他将把我们看成东方的同志和战友……

假如马克思健在，他就要对人们说：我是人而不是神，我也有喜怒哀乐，我也有自己的爱、自己的恨……

假如马克思健在，他会告诉我们：牢记我最爱的那句箴言——怀疑一切……

假如马克思健在，他就会提醒人们：那些仅用我的语录去进行战斗的人，不是完整的马克思主义者……

假如马克思健在，他就会强调：我不能保证我的主义句句是真理，但我却敢保证它永远不会过时……

全场演讲以五个"假如马克思健在"做领头句，从不同的角度阐述马克思主义的实质，很贴切，很有针对性，而且结构十分严谨，内涵丰富，在排比句中显示了凛然的气势。

5. "三么"框架构思模式

在即兴演讲前短暂的准备时间里，快速思考"是什么""为什么""怎么办"三个最基本的问题。

 示例

有关注意交通安全的即兴演讲

"是什么？"：今天，我要讲的问题是交通安全问题。我们要保障交通安全，减少交通事故。

"为什么？"：交通安全很重要，它关系到人民生命财产的安全。这不是一个可讲可不讲的问题。造成交通事故的原因有以下几点（从各个角度举几个典型事例）。

"怎么办？"：我们要……

6. "三点"归纳构思模式

该模式即归纳前面所有讲话人的要点，提取前面某个人或某些人讲话的特点，捕捉前面某个人或某些人讲话的闪光点。运用时，一般总结性即兴演讲可综合运用"三点"（要点、特点、闪光点），中场性即兴演讲可选用其中某一点（特点或闪光点）。

 示例

教师节即兴演讲比赛

说到师德，许多选手都引用了一个传统的比喻：教师像蜡烛一样，照亮了别人，燃烧了自己。这种崇尚奉献的"蜡烛精神"固然可贵，但如果我们当老师的都把自己烧尽了，毁灭了，何以继续照亮别人呢？21世纪的教育不仅需要"蜡烛精神"，更是呼唤"路灯精神"：像路灯一样不断"充电"，给每一个黑夜带来光明；像路灯一样忠于职守，见多识广；像路灯一样不图名利！

以上仅仅是常见的、有效的几种即席演讲的方法或技巧。实际演讲中，形式多样，丰富多彩，值得我们去不断发现，不断总结。

四、即兴演讲训练

即兴演讲是一门艺术，也是一种能力技巧。技巧是可以通过学习和训练而获得的。

（一）散点连缀训练

即兴演讲是人们在特定的场景中，受客观事物的触发而临时发表的演讲。在特定的语言环境中即兴演讲，现场的压力往往催迫演讲者脑海产生灵感的火花，但这些火花般的"思维点"是支离破碎、稍纵即逝的，演讲者必须快速构思，让自己有"路"可寻、有"径"可依。

1．词语接龙训练

首字拈、末字拈均可，如文不加点——文不对题、前程似锦——锦上添花。前后接替时间不超过 5 秒，谁卡壳谁表演节目。

2．故事续讲训练

一位同学先说故事开头，其他同学接着讲故事的发展、高潮和结尾。例如，今晚的月光很好，选修课结束后，我一人独自走在回寝室的路上，突然身后传来一声尖叫……

3．联想扩展训练

随意找出身边的几件实物（如钢笔、圆规、尺子、笔记本），展开联想，说说自己对这些实物的想法。

运用发散思维，连缀几个不相关的事物（如橘子、垃圾桶、书籍、抹布），自拟讲题，围绕一个中心说一段话。

（二）话题分析训练

选择话题是即兴演讲者必须考虑的问题，话题是否符合比赛要求，是否适合听众需要，对演讲有着十分重要的意义。

认真阅读下面的话题，分析说明其技巧及好处，要求以学习小组为单位进行讨论，组长代表本组向全班同学汇报讨论结果。

示例 1

大家都知道我的专业是数学。俗话说"学以致用"，我就用"加减乘除"四个字来概括一下我今后的打算吧！加，就是加入我们的大集体中，把大家当朋友，一切以连队的利益为重，用真情和汗水回馈大家的期待，增加大家对我的信任；减，就是时刻把官兵的冷暖放在心上，多了解官兵的疾苦，尽量为大家办好事、办实事，减少大家的烦恼和忧愁；乘，就是充分发挥我的能量和智慧，将全连官兵的心拧成一股绳，齐心协力，共同开创连队工作的新局面；除，就是除去私心，一心为公。有困难冲锋在前，当旗帜；有利益舍弃小我，顾大局。我相信，1 加 1 一定大于 2，1 减 1 一定小于 0！

示例 2

来这里工作，我带了三件东西：第一件东西是挎包，挎包的口永远是敞开的，什么建议都能装。以后工作中大家有什么好的建议，我一定耐心听取、虚心采纳。第二件东西是一只碗，这是我吃饭用的。我每天还要用它来装满水，并高高举起来，让大家看端得平不平。第三件东西是一支笔。我一定用好这支笔，以血汗为墨水，给大家交上一份满意的答卷，绝不辜负大家的期望。

（三）语言表达训练

在即兴演讲的过程中，演讲者灵活运用语言表达技巧可以使自己的演讲更加生动，更加精彩。

1. 巧打比方

面对突如其来的提问，有时很难用几句话把问题解释清楚，这时如果运用合适的比喻，则能化难为易，收到事半功倍的效果。

示例

在一场新闻发布会上，不少中外记者提出了一些很棘手的问题，然而李肇星的回答却总是能轻松开脱，而且妙语连珠。法国《观点》周刊女记者提出美国对台军售的问题，请教李肇星有什么看法。

李肇星巧答道："现在，在我们海峡两岸的中国人，情同手足、血浓于水，正在进行友好交流，扩大和加强友好交往的时候，个别国家向台湾出口先进武器，这就像弟兄两个人正在拥抱的时候，有人给其中一方递上一把匕首，用心何在……"

2. 数字说明

数字具有表达准确、说服力强的特点。恰当运用数字来说明问题，能够使语言表达更加精辟、清晰。

示例

世界上有些人对数字有偏爱，其实，"9"也是一个很好的数字，它寓意深刻，含义丰富。"9"含有圆满之意；"9"的上半部分是一个圆，好像讲桌上这个圆杯，"9"的下半部分是一撇，形似杯中外溢的水，水满才会外溢。这正好体现了我们九连岁岁丰收，事事圆满。

（黄晓娟，2006）

3. 趣用幽默

在谈笑风生中阐述自己的观点和主张，既可活跃会场气氛，又能解除与会者的听觉疲劳。

示例

当你们掌声响起来的时候，天花板开始摇晃了，风儿告诉我，天花板被陶醉了；当你们掌声再次响起来的时候，天花板掉泪了，雨儿告诉我，天花板被感动了。

4. 插入趣闻

即兴演讲中巧妙地穿插一些故事、笑话、趣闻等，也可以使表达具体生动，能调动听众情绪。

示例

关于抽烟，我想了很久，为什么吸烟的害处那么多，而人们还是要吸呢？我又仔细想了想，可能抽烟有三个好处：一是不会被狗咬，二是家里永远安全，三是永远年轻。大家要问，那是为什么呢？因为，抽烟人多为驼背，狗一看见他弯腰驼背的样子，以为要捡石头打它呢。抽烟的人爱咳嗽，小偷以为人还没有睡觉，不敢行窃。抽烟有害健康，减少寿命，所以永远年轻。

第三节 辩论演讲

辩论产生于人类社会的发展进程中，人们在思想交流、情感传递、观点表达出现分歧时，往往会通过辩论方式来驳斥对方观点的不合理以及论证自己观点的准确，从而达到让对方认同自己的目的。辩论演讲，其目的是坚持真理、批驳谬误、明辨是非，并具有针锋相对、短兵相接的特点。

【知识要点】

辩论概述

辩论赛的准备

辩论技巧训练

一、辩论概述

命题演讲、即兴演讲基本上都是一人说、众人听，属于单向式的语言交流。辩论演讲则是正反双方的说与听，属于双向式的语言交流，是演讲活动的高级形式。辩论演讲较之命题演讲、即兴演讲更难些，要求演讲者必须具备正确的思想、高尚的品质、严密的逻辑性、较强的应变性。

（一）辩论的含义

辩论，又称论辩。辩，指辩解、辩驳，即指出对方观点的谬误性；论，指立论、论证，即确立自己观点的正确性。辩论是双方（或多方）对同一事物的同一方面持有不同的观点，利用一定的理由来反驳对方观点、确立己方观点的一种面对面的语言交锋行为。

（二）辩论的类型

辩论是对立的双方，也可以是意见不同的许多方（不包括竞赛式辩论）为批驳谬误，探求真理而进行的语言交锋行为，主要有以下三类：

1. 对话式辩论

对话式辩论在社会生活中最为常见，以说服对方接受自己的观点为目的，如处理日常琐事、解决经济纠纷、进行工作上的谈判、化解邻里矛盾、协调交通事故等。

2. 答辩式辩论

答辩式辩论如毕业论文答辩、法庭辩论、决策辩论、外交辩论、答记者问等。

3. 竞赛式辩论

竞赛式辩论指两支辩论队伍，按照竞赛规定，针对同一辩题，通过交替发言，论证己方观点，反驳对方观点，最后由评委打分决定胜负。

对话式、答辩式辩论的主要目的在于帮助人们明辨是非、认识美丑，借以说服或驳倒对方，而竞赛式辩论是为了提高辩论口才。

（三）辩论的要素

竞赛式辩论也称辩论演讲。它是一种用语言辨明是非、探求真理的行为。主体、客体、媒体、受体是辩论演讲必不可少的四个要素。

1．辩论主体

辩论主体是辩论行为的实施者。辩论是一种争辩行为，持对立观点的行为主体是复合的，由两个或两个以上辩方构成，因此依赖于内部语言进行的"考虑""思考"或"思想斗争"等"自辩"，不能称为辩论。

2．辩论客体

辩论客体是辩论行为实施的对象。辩论总是针对辩题而展开，辩论双方共同指向的辩题必须建立在同一辩题上，这样，代表正反方的辩者才有可能产生对立的观点，才能进行辩论。

3．辩论媒体

辩论媒体是辩论行为实施的媒介。辩论是通过语言来实施的。运用口头语言进行的辩论，叫作舌战；运用书面语言进行的辩论，叫作笔战。

4．辩论受体

辩论受体，即辩论行为实施的接受者。辩论是一种开放性的行为，除辩论主体外，还会有一些并不参与辩论的听众。只有在极特殊的情况下，当辩论行为被严密地局限在主体范围之内，才会没有受体。

（四）辩论的特征

具体而言，辩论具有以下特征：

1．辩论人员的双边性

双边指有两个不同方面的参与。辩论是一种典型的双边活动，一个人不可能同自己辩论，个人对头脑中的几种方案或做法进行权衡和比较，是思考、思辨而不是论辩。辩论活动最少需要两人参与。

2．辩论观点的对立性

辩论是不同思想观点的交锋，没有对立便没有辩论。辩论双方总是想论证自己的观点正确，希望说服对方认同己方观点。双方的观点是对立的，这样才有辩论的可能，否则只能是诡辩。就具体操作而言，辩论观点的对立性在辩论赛中表现得尤为突出。

 示例

1993—2011 年国际大学群英辩论会决赛情况（从 2011 年后，此辩论会无限期停止）

年　份	届　次	举办地	辩　题		冠　军
1993	第一届	新加坡	正：人性本善（台湾大学）		复旦大学
			反：人性本恶（复旦大学）		
1995	第二届	北　京	正：知难行易（南京大学）		南京大学
			反：知易行难（辅仁大学）		
1997	第三届	新加坡	正：真理越辩越明（首都师范大学）		马来亚大学
			反：真理不会越辩越明（马来亚大学）		
1999	第四届	北　京	正：美是客观存在（马来亚大学）		西安交通大学
			反：美是主观感受（西安交通大学）		

（续）

年　份	届　次	举办地	辩　题	冠　军
2001	第五届	新加坡	正：钱是万恶之源（武汉大学） 反：钱不是万恶之源（马来亚大学）	马来亚大学
2003	第六届	北　京	正：顺境更有利于人的成长（中山大学） 反：逆境更有利于人的成长（世新大学）	中山大学
2005	第七届	新加坡	正：名人隐私应该受到保护（香港科技大学） 反：名人隐私不应该受到保护（电子科技大学）	电子科技大学
2007	第八届	北　京	正：赞成送父母去养老院（中南财经政法大学） 反：不赞成送父母去养老院（澳门大学）	中南财经政法大学
2010	第九届	新加坡	正：新闻价值比人文道德更重要（武汉大学） 反：人文道德比新闻价值更重要（中国政法大学）	武汉大学
2011	第十届	青　岛	正：青春偶像崇拜有利于孩子的成长（武汉大学） 反：青春偶像崇拜不利于孩子的成长（马来亚大学）	

辩论双方的辩论观点截然相反，体现了辩论观点的对立性，于是出现了辩论赛中常用的正方、反方两个概念。

3．论证的严密性

在辩论过程中，要想在唇枪舌剑、激烈对抗中战胜对手，需要口若悬河的语言表达能力、敏捷的思考能力以及应变能力、记忆能力。只有把这些能力综合发挥出来，最终形成严密的论证，才有可能取得胜利。

严密论证主要包含两个方面，即思维的逻辑性和表达的严密性。论证过程必须有严密的逻辑性，同时表述论证的语言也要能准确地表现出这种严密的逻辑性。思维是表达的基础和前提，表达是思维的外在体现。在辩论中，辩论方的辩护与辩驳过程，从思维到表达，均不能出现纰漏，不能留有破绽。辩论者应该做到推理正确、阐述严谨、无懈可击，才能具有说服对方或他人的论证力量。

4．追求真理的目的性

辩论的目的是追求真理，取得共识，辩论双方自身没有是非对错、美丑善恶之分。

二、辩论赛的准备

竞赛式辩论是一种比知识、比谋略、比机敏、比逻辑的综合性比赛。因其具有知识密集、斗智斗勇的特点，成为人们提高论辩口才的有效途径。

（一）熟悉比赛规则

兵家云："知己知彼，百战不殆""三军未动，粮草先行"。辩论犹如战争，赛前准备十分重要。

1．了解人员组成

（1）参赛者。正反参赛队伍各由4名成员组成，分别为"一辩手""二辩手""三辩手""四辩手"或"一辩手""二辩手""三辩手"和"自由发言人"，并按此顺序，由辩论赛场的中央往旁边排列座位。辩手们可呈现不同的论辩风格，一般来讲，"一辩手"亲切感人，"二辩手"逻辑严密，"三辩手"热情机智，"四辩手"高屋建瓴。

（2）主持人。主持人亦称主席，主持辩论活动，维护辩论会场的良好秩序，保障辩论活动按照辩论规则有条不紊地进行。主持人坐在两个参赛队中间、比参赛人员座位稍后一点的中央位置，便于观察整个辩论会场的情形。

（3）评判组。评判组一般由专家组成，按照一定的标准，分别从立论、辩词、风度、整体合作等方面对参赛双方评分。五位评委时，一般采用投票制；七位评委时，一般采用打分制。

（4）公证人。大型辩论赛一般都有公证人参加，对辩论竞赛活动及竞赛结果进行公证，为辩论赛活动及有关人员提供法律认可的证据。

2. 熟知比赛模式

（1）新加坡模式。

正方一辩陈词，阐述正方的基本观点（3分钟）。

反方一辩陈词，阐述反方的基本观点，其中包括反驳正方的观点（3分钟）。

正方二辩陈词（3分钟），反方二辩陈词（3分钟）。

正方三辩陈词（3分钟），反方三辩陈词（3分钟）。

自由辩论（每方4分钟，共8分钟）。反方四辩总结陈词（3分钟）。

正方四辩总结陈词（3分钟）。总时间约30分钟。

（2）2003年国际大专辩论赛新赛制模式。

立论：正方发言（3分钟）。

立论：反方发言（3分钟）。

盘问：反方提问，正方回答（2分钟）。

盘问：正方提问，反方回答（2分钟）。

驳论：反方发言（2分钟）。

驳论：正方发言（2分钟）。

对辩：正方先发言（2分钟）。

对辩：反方先发言（2分钟）。

嘉宾提问：先问正方再问反方（4分钟）。

自由辩论：正方先发言（6分钟）。反方总结陈词（3分钟）。正方总结陈词（3分钟）。总时间约34分钟。

（3）2011年国际大学群英辩论会。

与往届相比，本届辩论会的赛制和规则都做了大幅度的创新，旨在使本届辩论赛能够顺应当今电视节目的发展潮流，更加具有短兵相接、赏心悦目的效果，能够催生出"明星辩手"。其程序和规则如下。

① 开门见山：

阐述己方立场和观点，反驳对方立场和观点。

场上6位辩手均须发言，每人发言时间30秒。发言次序为：正方一辩，反方一辩，正方二辩，反方二辩，正方三辩，反方三辩。

② 角色争锋：

本环节每位辩手须为自己假设一个角色身份，所有发言必须符合发言者事先设定的角色身份，否则将影响成绩；发言要有利于强化本方立场。

主持人依次宣布每位辩手已预先假设的角色身份，并放置桌牌予以明示。

首先由正方一辩发言，用时 2 分钟；然后反方 3 位辩手进行辩驳，累计用时 1 分钟。之后由反方一辩发言，正方 3 位辩手进行辩驳，规则同上。以此类推。

③ 优胜时刻：

10 位评委对正方的 3 位辩手和反方的 3 位辩手分别进行投票，以简单多数的方式各选出 2 位优胜辩手晋级。

如果出现票数相等的情况，将由现场观众通过简单多数的表决方式决定晋级者。

在投票过程中，将请 1~2 名评委进行简短的评述。

④ 针锋相对：

正反双方 4 位辩手之间进行"自由辩论"，发言从正方开始，双方交替进行。

各方累计发言限时 2 分钟。

⑤ 超级辩论：

本环节由 1 名特邀诘问嘉宾首先向正方 2 位辩手依次进行诘问，诘问主要针对正方自由辩论过程中的偏差和疏漏。

每位辩手回答时间累计 1 分钟，评委则不计时。

特邀诘问嘉宾再向反方 2 位辩手依次进行提问，诘问主要针对反方自由辩论过程中的偏差和疏漏。

每位辩手回答时间累计 1 分钟，评委则不计时。

⑥ 优胜时刻：

10 位评委对正方的 2 位辩手和反方的 2 位辩手分别进行投票，以简单多数的方式各选出 1 位辩手晋级。

如果出现票数相等的情况，将由现场观众通过简单多数的表决方式决定晋级者。

在投票过程中，将请 1~2 名评委进行简短的评述。

⑦ 高端对话：

首席评委出场，针对本场辩题发表自己的观点，并与 2 位辩手进行深入探讨。

本环节不对辩手的发言时间、次数和顺序做任何限定，但要求 2 位辩手在探讨中积极回应，言简意赅。

⑧ 终极对决：

首席评委结合本场辩题假设一个特定的情境和人物，请正方辩手针对该情境和人物阐述本方观点，限时 2 分钟。

首席评委结合本场辩题另设定一个特定的情境和人物，请反方辩手针对该情境和人物阐述本方观点，限时 2 分钟。

⑨ 巅峰时刻：

10 位评委投票，以简单多数方式选出"本场最佳辩手"。

（二）辩题审题与立论

辩论是具有对立面的语言互动，辩题概念内涵非常丰富，具有值得辩、可以辩的特点。分析辩题所属类型，准确界定辩题概念，是展开辩论的基础和起点。

1．分析辩题目的

（1）明确争论的问题。只有把辩题分析清楚，才能知道所争论的究竟是什么。

（2）确定辩论的范围。面对一个辩题，可找到双方分歧的根本点，从而抓住要害，确定辩论的范围和中心，以防辩论不着边际或抓不住关键。例如，"多读课外书利大于弊"这一辩题，通过分析就可以发现，它所要辩论的是多读课外书的问题，既不是多读课外书是否有利的问题，也不是是否有弊的问题，而是多读课外书究竟是利大还是弊大的问题。这样一来，辩论的范围就明确了。

（3）根据辩论题目进行立论和辩论。辩题是一切工作的基础，只有把辩题分析清、分析透，才能在此基础上确定己方的论点、论据和论证方法，才能预测对方的基本论点和基本论据，从而设计出辩论的方案。

2．分析辩题类型

辩题确定后，要多设疑、多提问，坚持"为我、公认、重点"的原则，从辩题概念的内涵与外延两个方面"定性""定位"，要克服主观武断。

（1）判断型。即对辩题进行分析判断。例如，"恶贯满盈的人是否值得同情"（是非判断），"人是否生而平等"（价值判断），"电脑是否给人类带来福音"（事实判断）。

（2）比较型。即对事物先做比较，然后得出"……更……"或"……比……"的结论。例如，"男人比女人更需要关怀，还是女人比男人更需要关怀"。

（3）利弊型。即先对同一个事物的利弊情况进行比较，再得出利大于弊或弊大于利的结论。对利弊型的命题，首先要肯定利弊兼有，然后再通过比较来证明己方观点。例如，"英语四六级考试利大于弊还是弊大于利"。

3．明确辩题概念

赛场辩论的辩题一般都是中性的，在理论上双方都存在薄弱点，而这些薄弱点在辩论的过程中又往往很难回避。因此，要想获得辩论胜利，在审题过程中，明确辩题概念，必须在遵守逻辑思维规律的基础上，从辩题的思想倾向、辩题的感情色彩、辩论双方的"共认点""异认点"和"聚焦点"入手，对辩题进行艺术加工，使立论有所突破和创新。例如，对于"金钱是万能的"这一辩题，就要界定"万"是一个虚数，代表很多的意思，指很多功能、作用，而不是指"全能"。

（三）广泛收集材料

事实胜于雄辩。权威、典型、真实、充分、新颖的材料是辩论时最具雄辩的武器。因此，辩论赛前，要通过各种途径，收集辩论所需的材料，并对材料进行分类、整理、加工。

1．事实材料

事实材料包括例证、数据、实物等。经典的例证会使己方的论辩有理有据，给评委、听众留下深刻印象，并支持己方观点。

 示例

在辩论"要不要控制人口出生率"时，反方二辩说："国父"孙中山先生，排行第五，如果控制人口出生率的话，"国父"何在？

这一例证，反方让思想数字化，占据了辩论的主动。准确的数据能增加己方观点的可信度，使己方的观点更具说服力，从而赢得评委和听众的信服。

2．事理材料

事理材料包括科学原理、法律条文、名人名言、谚语成语等。经典生动的名人名言，具有权威性，既能强化论辩力量，又能给辩论增添文学色彩，可谓一箭双雕。

✏ 示例

在"美是客观存在/主观想象"的辩论中，反方辩手的辩词如下：

从孔子的"智者乐水，仁者乐山"，到柳宗元的"夫吾美不自美，因人而彰"，都说明了美是主观想象。如果对方辩友还不相信的话，那我还可以告诉你们：实验心理学的学者们早就用科学研究的方法证明，任何线条、颜色本身并不具备美的标准，而人类为什么会对这些线条和颜色的组合产生感情，觉得它美呢？那是因为我们对它倾注了很多情感和想象，加上各自不同的文化背景，才构成了我们这个斑斓的美的世界。

（四）认真撰写辩词

在确定辩论目标、谋略原则、战术安排之后，还要进行必要的语言准备，如赛场辩论要写辩词、法庭辩论要写公诉词或辩护词等，这样就能真正地把战略意图、战术技巧通过语言表达落到实处。

1．辩词的类型

一般来说，辩词有两类：一类是立论性辩词，主要用于陈述己方论点。这类辩词应精心写作，字斟句酌，反复推敲，甚至要形成完整的文字讲稿。另一类是驳论性辩词，主要用于论战交锋，以驳论为主。因辩论交锋中不可知因素较多，所以这类辩词只能拟定辩词纲要或局部性辩词，作为辩论指导，在辩论中相机而用，或变通使用。从写作的角度看，应把立论性陈述辩词的撰写作为重点。一般而言，立论性辩词要围绕论点安排层次。

2．辩词的层次

（1）陈述辩词的层次。陈述辩词的层次大致可以分为三部分：一是提出己方论点；二是对己方论点进行论证，这是辩词的核心内容；三是引出结论，与论点相呼应。

（2）法庭辩护词的层次。通过一篇陈述性辩词单独完成立论或驳论，在法庭辩论中较为多见。以辩护词为例，其结构形式如下：一是引子。明确辩护人的职责以及对案件掌握的情况，提出辩护人的立场观点。二是辩护内容。它包括对控诉的反驳，运用事实和法律条文对案情进行分析论证，以证明己方论点。三是处理意见。对于辩护论证归结说明，有时还要将与案件处理有关的其他因素一并提出，进行引申论证，以加强辩护观点的力度，引起法庭的重视。

（3）赛场辩论辩护词的层次。在赛场辩论过程中，程序发言通常由几篇辩词共同构成。目前，比较流行的程序性发言属于多人立论性辩词。四个辩手的辩词担负着立论过程中的四个阶段的不同任务——起、承、转、合，各自的辩词从不同角度完成特定层次的论证任务。

由于任务不同，辩词的角度、论据材料的运用都有区分和安排。具体如下：一辩手完成破题任务，规定辩题的内涵与外延，提出并正面阐述己方观点。二辩手突出重点，进一步对己方观点进行论证。三辩手旁征博引，通过大量事实更深、更广地论证己方观点。四辩手总结陈词，升华己方观点，驳斥对方观点，将辩论推向高潮。四位辩手各自的辩词应独立成篇，相对完整。

三、辩论技巧训练

语言是思维的外壳，思维是语言的内核。辩论是一个表述思维结果，以说服对方的过程。思维的品质和水平在很大程度上制约着辩论的质量。无论哪种辩论形式，都要遵守思维规律，突破某些思维的定式，疑人所未疑，言人所未言，才能获得辩论的最佳效果。

（一）思维能力训练

思维是人脑对客观现实概括和间接的反映，它反映的是事物的本质和事物间规律性的联系。发展语言能力，应该不断发展思维能力，离开了思想而单独地发展语言是不可能的。

1．思维方式训练

思维方式是人们大脑活动的内在程序，它对人们的言行起决定性作用。思维方式表面具有非物质性和物质性。这种非物质性和物质性的交相影响，"无生有，有生无"，就能够构成思维方式演进发展的矛盾运动。

（1）常规思维与逆向思维训练。

🏸 **训练1**

把学生分为正方、反方，按常规（正向）思维方式或逆向思维方式，分别对下列成语，做2分钟阐述。

知足者常乐/不知足者常乐　忠言逆耳/忠言不逆耳　一山能藏二虎/一山不能藏二虎
后继有人/后继无人　　　　任人唯贤/任人唯亲　　高薪可以养廉/高薪不能养廉

🏸 **训练2**

对"镜子、太阳、牛肉、鸡蛋、豆腐"等，按常规（正向）思维和逆向思维方式分别说出不同的观点。

（2）发散思维与集中思维训练。发散思维又称辐射思维、多向思维和扩散思维，是指思路从某一中心向不同层次、不同方向辐射，从而引出许多新的信息的思维方式。集中思维是与发散思维相对而言的，又称求同思维、聚敛思维，是将许多新的信息围绕中心进行选择、归纳和重新组合，寻找答案的思维方式。

🏸 **训练1**

1分钟内，说出"棉花"的8～10种用途。

🏸 **训练2**

以小组为单位，围绕"互联网"每人先说一个观点，再由组长把本组的观点加工提炼组成一段话，然后在班上交流。

2．思维品质训练

"短兵相接"的辩论，既需要正确的思维方式，也需要有条理、有广度、有机敏、有变通的思维品质，这样才能在论辩中纵横捭阖、左右逢源。

（1）思维条理性训练。

 训练 1

阅读下面材料，说说其思维特点。

孩子厌学现象已经越来越突出（举例），已成为教育界中的一个毒瘤。孩子为什么会厌学？我认为原因有几点：第一，……第二，……第三，……那么作为一名教育工作者，我们能做些什么呢？我想首先，……其次，……再次，……

训练 2

调整下文结构，说说其紊乱的原因。

在回家的路上，突然，一阵凄凉的哭声传入我的耳朵。小男孩看见我，揪着我的裤管说："我迷路了，送我回家，好吗？"我循着声音寻找，原来是一个小男孩。我背着小男孩，把他送回了家。

（2）思维开阔性训练。

训练

食物联想训练。以"苹果、饼干、巧克力、牛奶"等食物，展开接近联想、类似联想、对比联想。

（3）想象扩展训练。

训练

请将"杯弓蛇影、鞭长莫及、怒发冲冠、抛砖引玉"等成语，在不改变主题的情况下，扩展成小故事，并讲述3分钟。

（4）想象结果训练。

训练

请为莫泊桑的《项链》、鲁迅的《祝福》等小说设想几个不同的结局。

温馨提示

玛蒂尔德悔恨不已，慨叹年华已逝，从此一蹶不振。

玛蒂尔德喜出望外，讨还了三万五千五百法郎，开始了新的追求，新的生活。

玛蒂尔德百感交集，喜怒无常，她的精神崩溃了。

玛蒂尔德与佛来思节夫人争吵不休，最后不得不诉诸法律，打了一场旷日持久的官司而没有结果。

---

3. 思维敏捷性训练

辩论打的是无准备之战，论辩者必须随机应变，快速将思维转化成言语，具有敏捷的思维能力。

（1）限时推理训练。

训练

教师要求学生在 1 分钟内，回答以下推理过程和结果。

某学校一寝室住着甲、乙、丙、丁四人。他们规定，每晚由最后一个回寝室的人关灯。有一次这个寝室的灯亮了一夜，受到宿管员的批评。班主任来查问此事，丙说："我比乙先进寝室。"甲说："我进寝室时看见乙正在铺床。"乙说："我进寝室时丙跟丁都睡了。"丁说："我很疲惫，一上床就睡了，什么也不知道。"请说说，是谁忘了关灯。

（2）快速归类训练。

训练 1

请一口气快速、准确地说出 2008 年北京奥运会比赛项目的名称，说得越多越好。

训练 2

快速说出带有"马"字的成语。

4. 思维灵活性训练

思维灵活性即思维的变通性，要求当事人根据具体情境与临场变化，随机应变地做出切合情境的巧妙反应。

训练 1

请对下面的命题做灵活多样的表述。

① 林美同学进步不小；② 细节决定成败；③ 好事多磨；④ 有情人终成眷属；⑤ 相见和怀念；⑥ 吃亏是福。

训练 2

阅读下文，分析思维表达技巧。

有一位政府官员到中国香港，一下飞机，就有一位记者向他发问："请问，您这次来香港带了多少钱？"显然，这是一个不便回答，也不能回答的问题。因此，这位政府官员"转移"话题，回答道："您知道吗？有句俗话，见到女士不应问岁，见到男士不应问钱。"

卡特在参加总统竞选时，有一位反对派的记者去采访他的母亲。记者问："你的儿子说，如果他说假话，大家就不要投他的票，你说，卡特说过假话吗？"卡特母亲说："说过，但都是善意的。"女记者："什么是善意的假话？"卡特的母亲说："比方说，您刚才进门的时候，我说您很漂亮。"

（二）对话式辩论训练

在日常生活中，我们往往会不知不觉地跟人争辩。这种争辩，不像竞赛式辩论那样唇枪舌剑、咄咄逼人，也不像答辩式辩论那样严肃有余而活泼不足。但生活中的辩论，不管谁胜谁负，往往会因思想碰撞而迸发出智慧的火花，给生活增添色彩。

训练 1

阅读以下案例，并结合辩论技巧加以分析。

案例1：飞机上，一位男乘客对一名乘务员傲慢地命令道："小姐，把我的行李放上去。"乘务员微笑地回答道："先生，对不起，我一个人力量不够，我们一起抬上去，好吗？"那名乘客马上讥笑说："你不是天使吗？天使还放不上去？"乘务员依然微笑地回答："先生，你可是我们的上帝啊！连上帝一个人都放不上去，我一个天使又怎能一个人放上去呢？"

案例2：一天，妈妈对女儿小李说："你爷爷这个老不死的东西，昨天又在你爸爸面前说我坏话了。"小李听了回答道："妈妈你可是我和弟弟学习的榜样呀，怎么能够这样说爷爷呢？爷爷为了我们这个家付出了很多呀，要不是爷爷的坚持，爸爸怎么能上大学；要不是爷爷照顾我们，你们又怎能全身心投入工作？"

 训练 2

假如你是下面案例中的这位学生，该如何与父亲进行一次"电脑之辩"，来实现自己的"电脑梦"？

如果你是一名计算机专业的大一学生，想买一台电脑，可是父亲认为，大一学生买电脑"费钱、费时、费精力"，"用电脑，影响学习"，"电脑质量会越来越好，而价格会越来越便宜，以后再买"。

（三）答辩式辩论训练

答辩式辩论主要指法庭辩论、外交辩论、毕业论文答辩、答记者问等。其辩论过程与逻辑有密切的关系，分为直接辩论和间接辩论两种形式。直接辩论是指用事实或道理来证明论题真假的辩论，常用三段论法、选言法、假言法、二难法、类比法、比喻法等辩论方法。间接辩论是指用事实或道理证明某一中间判断的真假来证明辩题真假的辩论，常用反证法、归谬法等。

1. 三段论法

它是指在辩论时，从已知的大前提和小前提出发，合理推出未知的结论。

 示例

任何公民都有通信自由（大前提）

小李是公民（小前提）

所以，小李有通信自由（结论）

2. 假言法

它是指在辩论时，用假设的前提去推理。

 示例

犯罪分子作案必须有作案的时间，如果犯罪嫌疑人没有作案时间，那么，他不可能是犯罪分子。

3. 二难法

即在辩论中运用二难推理的方法。所谓二难推理就是由两个充分条件假言判断和一个二肢的选言判断为前提的推理，这种方法的特点是辩论的一方以对方的观点出发提出两种可能，再由这两种可能引申出两种结论，使对方不论选择其中哪一种，结果都会陷入进退维谷、左右为难的境地，表面上似乎给对方留下最大的选择余地，实际上却掌握了必要的主动权，前方夹击对方，使之无路可逃。

 示例

某大企业因违章操作酿成一起重大事故，在法庭上厂长振振有词，认为不应当承担刑事责任。公诉人反驳道：如果你知道并支持违章酿成这起重大责任事故，那么你应当负刑事责任，如果你不知道违章酿成这起重大责任事故，那么你也应当负刑事责任，你或者知道或者不知道违章酿成这起重大责任事故，总之你都应当负刑事责任。一席话说得厂长哑口无言，只能认罪伏法。这就是二难推理的魅力。

（四）竞赛式辩论训练

辩论赛是一场智慧之战、机敏之争，也是在动态思维中进行的一种高智商的游戏。辩论能否成功，对辩论双方来说，不在于各自拥有多少真理，而在于能够辩论出多少真理、多少智慧。

1. 取材技巧训练

在辩论中，接到对方的论题后，若是长篇累牍地引经据典，有时不但不能驳倒对方，反而还会使自己深陷绝境。倘若拥有"现挂"的机敏、瞬间的智慧，有的放失地"就地取材""调兵遣将"，往往能四两拨千斤，一招制敌。

 训练

阅读下列辩词片段，说说其以"辩论双方"取材的技巧。

辩题1

信息高速公路的发展对发展中国家是否有利

反方：中国有句成语叫"有勇无谋"。对方辩友口口声声要飞快发展，飞跃前进，我想到了《三国演义》里的张飞，有勇无谋，徒有匹夫之勇。如果发展中国家都成了"张飞"，也是飞不起来的！

正方：反方辩友从"飞跃发展"，想到"张飞"，想到"有勇无谋"，想象力真够丰富的，可惜这不是逻辑推理！我的名字叫徐海楼，难道我往这儿一站，海市蜃楼就出来了吗？如果我要这么说，你们会马上把我送到安定医院去！

辩题2

不立不破／不破不立

正方：对方辩友说，破就是破旧，那么，我请问，如果新事物还没有出现的话，你如何能够断定现存的事物是旧事物？你又如何能断定是不是应该破它呢？对方辩友如果连这个问题都没有搞清楚的话，那么你们所谓的不破不立，只能是瞎破瞎立啊！

反方：如果像对方辩友那样，不立不破，不破就立，连苍蝇蚊子，一股脑儿先吞下去再说，那么到发病的时候，就只怕欲破不能，悔之晚矣呀！再者，怎么对待传统文化呢？要不要在破的基础上再立呢？这就好比对方的三位女辩手吧，可以说是"南京有女初长成"，可是不破除旧礼教，那么恐怕至今还"藏在深闺人不知"呀！

2. 类比妙驳技巧训练

训练

阅读下列辩词片段，说说其类比妙驳的技巧。

辩题1

教师在教书的时候是教师，也是学者

反方：教师在教书的时候，才是教师。不教书的时候，他们是学者。请对方辩友不要混淆了身份概念。

正方：难道教师在教书的时候就不是学者了吗？如果教师只有在教书的时候是教师，那么是不是表示一根蜡烛在点燃的时候是蜡烛，在不点燃的时候就不是蜡烛了呢？

辩题2

应当不应当反对申请助学贷款的学生高消费

正方：如果说高消费是大学生成才的必要条件，那"船院"的学生是不是都要去买一条船，我们"农学院"的学生是不是都要去买一块田呢？

反方：我们没有要求农学院的学生都去种田，但你们能让我们软件学院的同学拿着算盘编程吗？

3. 攻守谋略技巧训练

辩论赛场上，最容易使己方陷入劣势的是被动应战。因此，要想掌握辩论的主动权，反客为主，使己方稳操胜券，就必须灵活运用逻辑推理，掌握"攻守"战术。

训练

阅读下列辩词片段，说说其攻守谋略技巧。

辩题1

电脑是否一定给人类带来福音

正方：反方辩友列举了电脑给人类带来的种种弊端，但是正如雨果所说：任何工具的产生都有它胚胎时的丑恶和萌芽时的美丽。电脑这种事物，虽然是初生的婴儿，但它给人类带来的福音已经完全可以判定了！

反方：对方辩友的逻辑真有趣。如果一个刚生下来的婴儿我们就可以下判决书，判定他今后给人们带来的是祸是福，那么为什么希特勒没有被人们掐死在摇篮里呢？

辩题2

社会秩序的维系主要是依靠法律还是道德

正方：你认为社会秩序的维系主要是依靠道德。那么我问你，如果你家里被"梁上君子"光顾了，你是立即去报警呢，还是等待那不知其名的小偷的良心发现，归还所窃物品呢？

反方：一位中年妇女在银行自动取款机上取了钱，一出门就被小偷偷了，她发现后大声呼喊，结果三十多名群众一起去追，有骑摩托车的，有开出租车的，很快就把小偷捉拿归案。可见道德不但能够"扬善"，同时也具备"惩恶"的功能啊！

4. 语言表达技巧训练

汉语词汇丰富，意义深刻。谋略是辩论的内涵，语言是辩论的形式。灵活运用语言艺术，将内涵与形式完美统一，使辩论更具艺术魅力。

 训练

阅读下列辩词片段，说说其语言表达技巧。

辩题 1

不破不立 / 不立不破

正方：对方要讲历史，我们就从最古老的时期讲起，如果人类不破除四条腿走路的习惯，那么我们今天怎么能站在这里和对方辩友辩论呢？

反方：按照对方辩友"不破不立"的逻辑，是要把四条腿走路的猴子斩尽杀绝，人才能站起来走路喽！

辩题 2

名人免试就读名校利大于弊/弊大于利

反方：为什么名人就可免试进入大学？难道凭借的就是那所谓的一个名字吗？难道一个名字就可以在"深山"之间的"独木桥"旁，堂而皇之地辟出一条"狭隘"意义上的"阳光大道"吗？相对于日夜埋头苦读，梦想着进入名校的普通学子，名人仅仅凭借其本身具有的所谓"名气"而轻松进入高等学府，这难道不是对高考公正力与社会公信力的亵渎吗？

相关链接

做一个怎样的子女
——北大才女王帆在《我是演说家第二季》的励志演讲稿
演讲时间：2015 年 10 月 11 日

大家好，我叫王帆，来自北京大学。我特别热爱传媒，本科学电影，硕士学电视，博士学传播。朋友眼中呢，我是一个"80 后"的知识女青年，但是我拒绝整天泡在图书馆，也不会挑灯夜战。我认为真正的知识，应该来源于丰富的生活，逛街购物，遍尝美食，独立旅行，知识总是在不断地尝试和体验中给我惊喜。说话也是我生活当中最重要的体验之一，我有足够的细腻的内心去体察别人不曾发现的细节，我也有充分的勇气去说出别人不敢说的话。我是勇者，我敢言。

我是一个"80 后"。顾名思义，"80 后"就是指 1980 年到 1989 年出生的人。但是在中国，我们"80 后"还有一层比较特殊的含义，它其实是指在 20 世纪 80 年代初中国正式实施计划生育政策之后出生的第一代独生子女。

我们一出生，就得了一个国家级证书，叫独生子女证。这个证可以保证我们能够独享父母的宠爱，但是这个证，也要求我们要承担赡养父母的全部责任。最开始我是觉得，如果想做一个好女儿，那我肯定得挣很多的钱，然后让我爸妈过上特别好的生活。

我从上大学开始就经济独立，我所有的假期都在工作，所以我的父母几乎一整年都见不到我两次。对于很多像我这样在外求学工作打拼的独生子女来说，咱们的父母都变成了空巢老人。有一天，我妈给我打电话说，早上你爸坐在床边，在那儿掉眼泪，说想女儿了。你知道我当时第一反应是什么吗？哟，至于吗？您这大老爷们儿还玻璃心哪，天天在那儿给自己加戏。

但是后来有一次我回家，那个下午，我永远记得。老爸侧坐在窗前，虽然依旧虎背熊腰，但腰板没以前直了，头发也没以前挺了。他摆弄着窗台上的花儿说了一句："爸爸没有妈妈了。"爸爸没有妈妈了，大家觉得这句话在表达什么？悲伤？软弱？求呵护？我只记得我小时候如果梦到我妈妈不要我了，我就会哭醒，我特别难过，但我从来都没有想过："爸爸没有妈妈了"是一种什么样的感觉呢？我发现这个在我印象当中无比坚不可摧、高大威猛的男人，突然间老了。

爸爸没有妈妈了，表达的不是悲伤，也不是软弱，而是依赖。父母其实是我们每个人最大的依赖，而当我们的父母失去了他们的父母，他们还能依赖谁呢？所以在那一刻我才意识到，父母比任何时候都需要我，而且他们后半辈子能依赖的只有我。

我得养他陪他，把我所有的爱都给他，就像他一直对我那样。我要让他知道，即使你没有妈妈了，你还有我。所以从那以后，我愿意适当地推掉一些工作、聚会，我挤时间多回家，我陪他们去旅行而不再是把钱交到旅行社，让别人带他们去。因为我明白了一点，赡养父母，绝对不是把钱给父母让他们独自去面对生活，而应该是我们参与他们的生活，我们陪伴他们享受生活。

所以，我每次回家，就会带我妈去洗浴中心享受一把。有一次，我正给我妈吹头发，旁边一位阿姨说："你女儿真孝顺。"我妈说："大家都说女儿是小棉袄，我女儿是羽绒服！"幸亏没说军大衣。那阿姨说："我儿子也特孝顺，在美国，每年都回来带我们去旅游。"说着阿姨还把手机掏出来了，给我妈看照片，说你看我儿子多帅，一米八五大个儿，年薪也好几十万元。

我当时有点觉得话锋不对，为什么呢？当一位阿姨向你的妈妈展示他儿子的照片，并且报上了身高、体重、年薪的时候，笑的都是相过亲的，你懂的。就在这个时候，阿姨说了一句让我们全场人都傻了的话，她说，可惜不在了，不在了。原来就在去年，阿姨唯一的儿子在拉着他们老两口在旅行的高速公路上，车祸身亡。

在那一刻，我真的不知道该说什么去安慰那位阿姨，我就想伸出手去抱抱她。可当我伸出手的那一刻，阿姨的眼泪就开始哗哗地往下流。我抱着她，我能感受到她那种身体的颤抖，我也能够感受到她是多么希望有个孩子能抱一抱她。也就是从那一刻我特别地害怕，我不是害怕父母离开我，我怕我会离开他们。而且经过这件事，我对于一句话的理解有了更深入的感觉，叫作"身体发肤受之父母，不敢毁伤"，原来我只觉得这句话是我应该珍惜自己的身体，珍惜自己的生命，别让爸妈担心，对吧？但是现在我发现，不仅如此，我们对待别人，也要这样。

因为每一个人，都意味着一个家！

所以我现在每一次跟父母在一起的时候，我都会紧紧地抱抱他们，在他们脸上亲一下。可能像拥抱亲吻这种事，对于我们大多数中国父母来讲一开始都是拒绝的，但是请大家相信我，只要你坚持去做，你用力地把她搂过来，你狠狠地在她脸上亲一下，慢慢地她就会习惯。像我现在走的时候，我妈就自然地把脸送过来。这样他们就会知道，你在表达爱。

我想，作为独生子女，我们确实承担着赡养父母的全部压力，但是我们的父母承担着世界上最大的风险，可是他们从不言说，也不展现自己的脆弱。你打电话，他们说家里一切都好的时候，他们真的好吗？

作为子女，我们要善于看穿父母的坚强，这件事越早越好，不要等到来不及了，也不要等到没有机会了。就像所有的父母都不愿意缺席子女的成长，我们也不应该缺席他们的衰老。

龙应台有一篇《目送》，她在结尾告诉我们，不必追。可是今天我想告诉大家，我们就得追，而且我们要从今天开始追！提早追！大步追！至亲至情，不应该是看着彼此渐行渐远的背影，而应该是你养我长大，我陪你变老。

谢谢大家！谢谢老师！

问题讨论

1. 简述命题演讲的种类与特点。
2. 简述命题演讲的一般程序。
3. 结合命题演讲实际，谈谈学术演讲中应该注意的事项及技巧。
4. 即兴演讲有哪些特点，可以分成哪些类型？
5. 即兴演讲需要掌握哪些技巧？
6. 即兴演讲的语言表达技巧有哪些？恰当使用数字表达有什么好处？
7. 辩论中如何进行审题与立论？
8. 辩论的语言技巧有哪些？在语言实践活动中，你准备如何运用这些技巧？

实战演练

1. 请从下列题目中任选一题，拟写演讲稿，并进行演讲。
（1）有位哲人说："真正让我疲惫的，不是遥远的路途；而是鞋子里的一颗沙。"
（2）"人生没有彩排，每天都是现场直播。"
（3）"免费是世界上最昂贵的东西。"
（4）"贪婪是最真实的贫穷，满足是最真实的财富。"
2. 请从下面的演讲题目中任意抽取一题，进行一分钟即席演讲。
（1）路在脚下。
（2）永不言弃。
（3）欲速则不达。
（4）天生我才必有用。
3. 以下辩题中每小组任选一个，进行辩论比赛。
（1）网络对大学生的影响利大于弊 VS 网络对大学生的影响弊大于利。
（2）行成于思 VS 思成于行。
（3）治愚比治贫更重要 VS 治贫比治愚更重要。
（4）信用卡带来的利大于弊 VS 信用卡带来的弊大于利。
（5）网络购物利大于弊 VS 网络购物弊大于利。
（6）吃亏是福 VS 吃亏不是福。

第六章　社交口才训练

学习目标

　　社交口才是一个人在社会交往活动中口语表达能力的体现。在现代社会，人与人之间的交往越来越频繁，口才在社交活动中的作用也显得越来越重要了。因此，一个人的社交口才已成为其生活及事业成功的重要因素，社交口才也成为现代人必备的重要能力之一。本章主要讲解介绍与交谈、拜访与接待、赞美与批评、劝慰与道歉、说服与拒绝等社交口才的方式和技巧。通过学习，使学生熟练掌握社交口才的技巧，并能运用于社会交往活动中。

第一节　介绍与交谈

【知识要点】

　　自我介绍和介绍他人的方式与内容
　　自我介绍和介绍他人的注意事项
　　交谈的话题与方式
　　交谈的注意事项

一、介绍

　　介绍是社交活动的开始，是社会交往中人与人之间认识、建立联系的常用方式。因此，在初次见面时，要恰当地运用介绍用语和介绍规则，这样既能创造愉快的见面氛围，又能尽快消除彼此的生疏感，为进一步交往打下良好的基础。介绍一般包括自我介绍和介绍他人两种。

（一）自我介绍

　　自我介绍是人们在社交场合中向他人介绍自己的过程，是向他人展示自己、推销自己，使他人全面了解自己的一个重要手段。自我介绍的好坏直接关系到给他人的第一印象的好坏及以后交往的顺利与否，因此要格外重视。自我介绍一定要选择恰当得体、别具一格的介绍用语，争取给他人留下深刻而美好的印象。

1. 自我介绍的方式

　　自我介绍可用于多种场合，如在聚会、庆典活动上遇到陌生人时；初次登门拜访不相识的人时；前往陌生单位进行业务联系时；在公共场合进行业务推广时；初次利用大众传媒进行自我宣传时；当学业完成到企事业单位应聘求职时；拜访熟人遇到不相识者时等。不同的场合，要采用不同的自我介绍的方式。自我介绍的方式主要有以下几种：

（1）应酬式自我介绍。在某些公共场合和一般性的社交场合，如朋友聚会、途中邂逅、宴会厅里、联谊活动中、通电话时，可采用应酬式自我介绍。此种自我介绍主要是为了确认身份或打招呼，所以用语要简洁精练，一般只介绍姓名即可。

 示例

"您好，我叫张琼洁。"（您好，我是张琼洁。）

（2）工作式自我介绍。在工作和公务交往中，因工作需要而交际时，可采用工作式自我介绍。此种自我介绍一般包括本人姓名、供职的单位及其部门、担负的职务或从事的具体工作等三项内容。这三项内容通常缺一不可。其中，介绍姓名时，应当说出全姓名；介绍供职的单位及其部门时，单位和部门最好全部说出；介绍担负的职务或从事的具体工作时，有职务最好说出职务，如果职务较低或者无职务时，说出所从事的具体工作即可。

 示例

"你好，我叫张波，是××××电脑公司的销售部经理。"

（3）沟通式自我介绍。在社交活动中，希望对方认识自己、了解自己、与自己建立联系时可采用沟通式自我介绍，它是一种刻意寻求与交往对象进一步交流与沟通的自我介绍方式。此种自我介绍比较随意，内容一般包括姓名、工作、籍贯、学历、兴趣等，也可提及双方共同的熟人，以拉近彼此的距离。在做介绍时不用面面俱到，可依照具体情况而定。

 示例

"我叫刘严松，在北京××××有限公司工作。我是××××大学汽车工程系 90 级的，咱们是校友，对吗？"

"你好，我叫王小刚，我在××××电脑公司上班。我是李海波的老乡，都是武汉人。"

"我叫孙朝伟，刚才听你唱的是徐良的歌，唱得真好。我也喜欢徐良的歌。"

（4）礼仪式自我介绍。在一些如仪式、典礼、职务竞聘等正规而隆重的场合，可采用礼仪式自我介绍，此种自我介绍的内容一般包含姓名、单位、职务等，还要加入一些适当的谦辞敬语，以表示对交往对象的友好和敬意。

 示例

"各位来宾，大家好！我叫范伟，是××××公司的副总经理。我代表本公司热烈欢迎大家光临我们的开业仪式，谢谢大家的支持。"

（5）问答式自我介绍。在应试、应聘和公务交往中，可采用问答式自我介绍。此种介绍的内容是针对对方提出的问题，做出自己的回答，一般是有问必答。如应聘者到用人单位面试时，应聘者往往最先被问及的问题就是"请先介绍一下你自己"。面对这个问题，应聘者一定要慎重对待，因为这是突出自己优势和特长，展现自己综合素质的好机会。为了表达更流畅，面试前一定要做充足的准备。在面试前，应聘者可以准备一分钟、三分钟、五分钟的介绍稿，以便面试时随时调整。一分钟的介绍以基本情况为主，包括姓名、学历、专业、家庭状况等，注意表述清晰；三分钟的介绍除了基本情况之外，还可加上工作动机、主要优点缺点等；五分钟介绍，还可以谈谈自己的人生观，说些生活趣事，举例说明自己的优点等。在面试时，回答考官的问题要开门见山，简明扼要，实事求是，突出与申请职位有关的长处。

示例

　　各位考官好，今天能够站在这里参加面试，有机会向各位考官请教和学习，我感到非常的荣幸。我叫张峰，毕业于×××大学。我的性格比较开朗、随和，和亲戚、朋友、同学能够和睦相处，并且对生活充满了信心。在外地求学的四年中，我养成了坚强和独立的性格，这种性格使我克服了学习和生活中的一些困难，积极进取。四年级的时候我在×××检察院实习过，所以有一定的实践经验。成为一名法律工作者是我多年以来的强烈愿望，如果我有机会被录用的话，我想，我一定能够在工作中得到锻炼并实现自身的价值，同时，我也认识到，人和工作的关系是建立在自我认知的基础上的，我认为我有能力也有信心做好这份工作。公务员是一个神圣而高尚的职业，它追求的是公共利益的最大化，它存在的根本目的是为人民服务，为国家服务。雷锋说过，人的生命是有限的，而为人民服务是无限的，我要把有限的生命投入到无限的为人民服务当中去，这也是我对公务员认知的最好诠释。所以，这份工作能够实现我的社会理想和人生价值，希望大家能够认可我，给我这个机会！

2．自我介绍的注意事项

　　（1）选定时机。进行自我介绍前一定要看准对方有空闲、感兴趣、心情好的有利时机，这样才能达到自我介绍的目的，而且不会打扰到对方。

　　（2）控制时间。进行自我介绍要简洁明了，时间最好控制在半分钟至一分钟之间。但内容要完整简洁，介绍时一气呵成。在做自我介绍时，可辅助名片、介绍信、个人简历等资料，以提高效率。

　　（3）讲究态度。进行自我介绍所表述的各项内容，一定要实事求是，真实坦诚，不可妄自菲薄、弄虚作假。在做自我介绍时，要大方、自然、友善、亲切、随和，充满信心和勇气，不要畏畏缩缩，也不要轻浮夸张。如果态度不端正，很容易被对方所轻视，影响将来的沟通。

　　（4）把握声音。自我介绍要语气自然，语速适中、吐字清晰、声音响亮。声音小而模糊、说话吞吞吐吐是胆怯、紧张、不自信的表现，会影响自我介绍者的形象。

　　（5）注意介绍顺序。主人和客人在一起，主人先做介绍；长辈和晚辈在一起，晚辈先做介绍；男士和女士在一起，男士先做介绍。

（二）介绍他人

　　介绍者站在第三者的立场上，使被介绍的双方相互认识并建立关系。

1．介绍他人的内容

　　介绍他人除了介绍姓名、工作单位、担负的职务或从事的具体工作外，还可以介绍一下双方的共同爱好、兴趣、相似经历以及各自的特长等。这样既能让介绍双方产生好感，又能为介绍双方找到共同话题，为他们进一步交流打下基础。

 **示例**

"这位是我的朋友老刘，从事酒店管理，他特会讲笑话，和他交谈你一定会感到非常愉快。"

"这位是××××大学的王××教授，从事古汉语研究，平常特别喜欢下棋，是围棋业余五段。"

2. 介绍他人的注意事项

（1）注意手势。介绍他人时，要伸开手掌示意，不可用手指指着人说话，这样是极其不礼貌的。

（2）遵循原则。在社会交往中，为他人做介绍要遵循一定的原则。一般地，要先介绍客人再介绍主人，先介绍长辈再介绍晚辈，先介绍职位高的再介绍职位低的，先介绍女性再介绍男性。

（3）注重称谓。在社交场合中常用先生、女士。如果被介绍的人有官衔或职称，应一并介绍出来，如"×××董事长""×××会计师"等，在介绍家庭成员时，要说清楚和自己的关系，如"这是我丈夫""这是我女儿"等。

（4）体现尊重。决定为他人做介绍，首先要熟悉双方的情况。如有可能，在为他人做介绍之前，最好先征求一下双方的意见，以免为原本相识者或关系恶劣者去做介绍。这样也可体现出对他人的尊重。

二、交谈

在社会生活中，人与人之间的了解与相处、沟通与协商都离不开交谈。人们之间通过交谈可以加强个人与外部的联系，交流信息、沟通心灵、加深感情、传播知识、消除误解、增进友谊，确立互信的人际关系，营造良好的环境氛围。交谈技巧的熟练应用会使人们的社交生活更加丰富多彩。

（一）选择交谈话题

要想使交谈融洽自如，首先要寻找适当的、容易引起他人兴趣的话题。好的话题，是初步交谈的媒介，深入细谈的基础，纵情畅谈的开端，把握交谈时机的保障。那么，在与人交谈时，怎样选择话题呢？

1. 找准兴奋点

大家在一起交谈时，要把话题对准大家的兴奋点，选择大家共同关注的、与大家的切身利益密切相关的事件为话题。选择这样的话题，人人都能有话说，人人都愿意发表自己的观点和看法，从而使交谈进行得顺利而热烈，如工资、住房、养老保险、子女上学与就业、食品安全等问题。

2. 即兴引入

双方进行交谈时，可针对当时见面的情境即兴引出话题，如天气、对方的籍贯、服饰、居室、办公室、发型等。"即兴引入"法的优点是灵活自然，快速营造交谈气氛，常常能取得好的效果。例如，"您这套房子是三室两厅吧，结构不错""我本人长期从事室内装修，但从来没见过装修得这么精致的办公室"。

3. 投石问路

当交谈的对象是陌生人时，可以采用投石问路的方式展开交谈。例如，参加老同学

×××的婚礼，和邻座的陌生客人交谈时，便可先"投石"询问："我和×××是老同学，你和他是一个单位的？"无论答话是肯定的还是否定的，都可循着这一话题谈下去。

4．寻趣入题

选择话题时，可选择谈话对象感兴趣的话题，如与家庭主妇可谈些生活小窍门，与青年人可谈些今后的打算，与年轻的爸爸、妈妈可谈些教育孩子的方法，与老年人可谈些养生之道，与成功人士可激发其谈奋斗史……这些话题无疑都会引起对方的共鸣。

与人交谈时，也可先试探性地询问对方的兴趣爱好，循趣发问，便于顺利地进入话题。如探询出对方喜爱围棋，便可以此为话题，问问对方何时开始学棋，现在几段，师从何人等，这样，便激发了对方谈话的兴致，他一定会滔滔不绝地讲下去。如果你对围棋也略懂一二，那肯定谈得非常投机。如果你对围棋不太了解，那也无所谓，你只要做一个忠实的听众即可。

5．借用媒介

两人在一起，却不知从何谈起时，一方要努力寻找自己与对方之间的媒介物，借此找出共同的话题。如看见对方正在玩手机游戏，你可以就此提问："你在玩什么游戏？"并对此表现出浓厚的兴趣。此时，对方一定会一边展示给你看他玩的游戏，一边给你详细地讲解游戏规则，这样，双方的交谈便开始了。

6．笑话、故事与新闻

在两人或几人不知如何开始交谈时，可用笑话打开这种僵局。也可将自己或朋友亲身经历的惊险故事分享给大家，如在公交车上丢失了钱包、野生动物园的经历、撞车事件、最近的热点新闻等，都能引发大家的话题，使得谈话顺利展开。

（二）采用恰当的交谈方式

1．平等式交谈

这种交谈方式类似于我们平常的聊天，它虽然有一定的目的性，但谈话的话题可随意，时间可长可短，双方互为发话者和听话者，都可以表达自己的见解、主张和感情。平等式交谈方式限制较少，可以提供更广泛的信息。

2．主辅式交谈

这种交谈方式以其中一方为主要发话者，其他方则充当听话者，如领导安排工作或传达上级的精神、医生问诊、教师和学生谈话、记者采访、说服者劝导或说服等。这种交谈方式，双方明显存在着说话和听话的不均衡现象。

3．倾诉式交谈

这种交谈方式是发话者一方将自己的喜、怒、哀、乐以及今后的打算和决定统统告诉听话者，希望听话者分享或渴望对方给予帮助。这种交谈方式，发话者在交流中会带有强烈的感情色彩。

4．商洽式交谈

这种交谈方式是多方谈话者就某一问题经过讨论、协商，最后统一意见、达成合作协议或形成决议。这种交谈方式，谈话者各方既要清楚地表达自己的观点、意见或主张，又要认真听取其他各方的意见。

在现实交谈活动中，谈话者要根据不同的情境恰当、灵活地选择不同的交谈方式，以达到事半功倍的效果。

（三）善于倾听

倾听，是交际中的一项基本功。许多事实表明，越是善于倾听他人意见的人，人际关系越理想，交谈效果越好。因为倾听是褒奖对方谈话的一种方式，耐心倾听能在无形中提高对方的自尊心，加强彼此的感情。

1. 用心倾听

倾听时，要专注地看着对方，适时给以点头等方式的回应。没有听懂或没弄清楚的地方要及时提出并沟通，以免造成误解。但不要喧宾夺主，更不要把话题扯开。这样才能获得一个良好的交谈氛围，并获得对方的信任。

2. 注意观察

在倾听谈话时，要注意观察对方的眼神、面部表情、手势等肢体语言所透露的信息，从而更好地理解对方说话的内容和想要表达的情感，产生良好的谈话效果。

3. 运用肢体语言

在倾听谈话时，身体要前倾，表示对谈话感兴趣；要适时地和对方保持眼神的交流，要适当以头部动作和丰富的面部表情回应说话者。

4. 掌握要点

倾听时，听者要一边听一边分析对方的谈话的意图和谈话要点，并把对方的思想、观点和自己的思想、观点进行比较，预想自己将要表达的内容，为进一步交谈做好准备。

5. 积极反馈

当一方在阐述自己的观点时，另一方要通过眼神、点头或简单的语句进行反馈，激发对方的交谈兴致。当对方谈话结束时，另一方可把对方所谈的重点复述一遍，并提出自己的看法。这样做可以使对方感到达到了交流与沟通的目的。

6. 不匆忙下结论

在对方没有把话说完之前，不要急于发表观点，也不要提前在心中做出预判，更不能带主观色彩去判断，一定要耐心听完对方的话。过早地判断和评价，容易让对方陷入防御地位，不想再将谈话进行下去，从而造成交际障碍。

（四）运用适当的语气、语速、声音

（1）在交谈时，一般要用平和的语气。在说服性交谈中，说话语气要表现出诚恳，要能够感染对方，从而产生应有的说服力。

（2）在交谈时，讲话者要从从容容，保持适当的语速。讲得太快会让听者觉得很费劲，从而捕捉不到谈话的有用信息；讲得太慢会让听者觉得乏味，从而导致思想涣散。

（3）在交谈时，声音的大小可根据场合的大小来决定。如果场地宽阔，声音要响亮，语调要激昂；如果场地较小，声音要放低，语调要柔和；如果只是两人之间进行交谈，声音要轻柔，语调要亲切、舒缓。

（五）交谈的注意事项

1. 使用礼貌、准确的语言

在与人交谈时，用词要准确，用语要简单、礼貌，要讲普通话。最好不要使用不熟悉的词汇或不明白具体含义的词汇；不使用诸如"非常重要""最可笑""最优秀"等极限词语；不使用华丽的词汇，不堆砌词汇，避免粗话、脏话、荤话、黑话等。

2. 谈话内容要主次分明

在与人交谈时，重要的环节要讲得详细，其他部分用一两句话交代即可，如不分主次，就会使听者找不到头绪，索然无味。同时，交谈时要中肯切题，有条有理，语言精练，切忌谈话跑题，否则将会丧失交谈的时机。

3. 思想要集中

交谈时，双方都要专注。不要心不在焉、似听非听，或左顾右盼，或面无表情，或翻阅报纸，或挖鼻掏耳，或打哈欠、伸懒腰，或不时地看手表，或若有所思，或突然发问"你刚才说什么来着""你说到哪儿啦"。这些表现会让谈话者感到扫兴，从而使谈话无法进行下去。

4. 控制谈话时间

在与人交谈中，谈话者一方应避免过多的题外话，要很快切入主题，言归正传，千万不能喋喋不休地谈自己、唠家常。而听者一方可通过话题的转换控制谈话的长短；也可通过面部表情或肢体语言来传递信息，给谈话者暗示，让对方注意谈话的时间；实在无法忍受谈话者没完没了的唠叨时，可用借故离开的方式终止交谈。

5. 不打断、纠正对方

在与人交谈时，不要在对方还没说完话时就打断对方，不要因深究那些不重要或不相关的细节而打断对方，不要在对方谈话兴致正高时随意插话，这样既不礼貌，也会打断对方的思路，使谈话不能顺利进行下去，甚至让谈话者产生反感；一般性的问题没有必要和对方争论"对或不对""是或不是"。不打断对方，不在无关紧要的问题上纠正对方，既是有涵养、善包容的一种表现，也是尊重对方的一种表现。

6. 不用口头禅

在与人交谈时，有些谈话者常常爱使用一些不必要的词语，如"当然是""明白吗""说实话""比方说""就是说""然后""那个"等，自己却不察觉，而听者往往很容易发现谈话者的这一问题。这样，不仅影响谈话的效果，而且容易被对方当作笑柄。因此，谈话时，应尽量避免口头禅。

7. 不自我炫耀、不牢骚抱怨

在交谈中不要以自我为中心，只说自己的事，更不要自我吹嘘，向对方炫耀自己的长处；不将自己日常生活、工作中的小事和烦恼向别人倾诉，如逢人张口便是"我的命怎么这么不好""我的工作怎么总是不顺""最近我遇到太多的烦心事"，这不但得不到同情，反而会引起听者的反感，不利于谈话的顺利进行。

第二节 拜访与接待

【知识要点】

拜访与接待的环节

拜访与接待的注意事项

一、拜访

在社会交往中，我们常常需要去拜访别人，或礼节性拜访，或工作性拜访，或公关性拜访，或私人性拜访，无论哪种拜访都需要掌握一定的口才技巧和社交礼仪。

（一）拜访的环节

1. 预约

拜访他人要多为对方着想，无论是去单位拜访还是去家里拜访，都应提前电话预约，让对方有所准备。这样既达到拜访的目的，又不影响别人正常的工作、生活。

2. 登门

一定要按照事先约定好的时间，准时登门拜访，千万不要迟到。一般地，要提前5~7分钟到达。若因特殊情况不能前去，一定要提前通知对方，并表示歉意。

到了主人的家门口，要先轻轻地敲门，或者短促地按一下门铃。即使门开着，也应很有礼貌地问一声，听到回答后再进入，如"请问，×××在家吗""请问，屋里有人吗"。同主人见面后，应立即打招呼。至于怎样打招呼应根据拜访的形式和内容而定。常用的进门语有"一直想来拜访您，今天如愿以偿了""好久没有来看您了""我们又见面了，真高兴""上次托您办事，一定给您添了不少麻烦，今天特地登门拜谢""听说您生病了，今天特地来看望您"等。

3. 寒暄

在拜访他人时，一般不要直奔主题，可先从对方感兴趣的话题如手，待交谈的氛围融洽了，再引入正题，说明来意。寒暄的话题应自然引出，如天气的冷暖、孩子的学习和特长、老人的健康、趣闻轶事、墙上张贴的字画、客厅的摆设等。好的寒暄可以为后面的交谈创造一个好的氛围，它是交谈双方为了沟通感情所必不可少的桥梁。寒暄有很多种类型，比较常见的寒暄方式大体有以下几种。

（1）问候型寒暄。这种寒暄方式可表现出礼貌、关心等，如"您好""新年好""好久不见，你近来怎样""最近身体好吗""来这里多长时间啦，还住得惯吗""最近工作进展如何，还顺利吗""又有大作问世了吧""您这学期课多吗"等。

（2）言他型寒暄。这种寒暄方式是初次见面较好的寒暄形式。如两个陌生人见面，一时难以找到话题，可以说："今天天气真冷啊！"

（3）触景生情型寒暄。这种寒暄方式是针对具体的交谈场景临时产生的寒暄语。如看到主人客厅里挂着一幅十字绣《富贵牡丹》，你可以这样说："您这幅《富贵牡丹》可真漂亮。挂在您的客厅，一年四季不分春夏秋冬，都能欣赏到它的丰姿秀色、国色天香了，它还能给您带来富贵和吉祥。"

（4）夸赞型寒暄。这种寒暄方式能很快拉近彼此之间的距离，创造一种愉快的交谈气氛。如当你看到女主人穿着一件新裙子，你可以用赞美的语言说："您穿上这件连衣裙更加漂亮了！"看到主人的孩子，你可以说："这孩子，一看就是个小机灵。"其他问候如"这房间真整洁""您的新发型真好看，您看上去更年轻了""老人看起来真精神"等。

（5）攀认型寒暄。这种寒暄方式是意在发掘双方的共同点，缩短双方的心理距离，使双方在感情上靠拢，为进一步交谈营造一个和谐的气氛，如"我出生在南京，跟您这位南京人可算得上同乡啦""听说您夫人是××××大学毕业的，我和您夫人还是校友呢""您刚才听的是莫扎特的钢琴协奏曲吧，我也特别喜欢他创作的曲子"等。

4．切入正题

寒暄不可过长，寒暄之后要直接进入正题，说明自己的来意。晤谈语应言简意赅。交谈时要把握好时间，一般以一小时以内为宜，千万不要跑题，更不能东拉西扯，说个没完没了，耽误主人过多的时间。谈话时要注意音量，只要双方听清即可，不要因音量太高而影响周围的人。

5．告辞

登门拜访不能时间太久，如果事情顺利谈妥，可以提前告辞；如果事情还没谈成，对方又没兴趣再谈下去，应中止谈话，主动提出告辞，并向主人表示"打扰"之意。客人在辞别时，应对主人的热情款待表示谢意，并请主人留步。常用的辞别语有"请留步，您有空一定到我家坐坐""再见，再次感谢您的帮忙""今天初次拜访，占用了您这么多时间，十分感谢""十分感谢您的盛情款待，再见""这件事就拜托您了，谢谢""就送到这里，请回吧"等。

（二）拜访的注意事项

1．选择恰当的时间

当需要去对方单位做工作性拜访时，应当选择在对方上班的时间，不要选择在快下班的时间或下班时间，否则会占用对方的业余时间，影响对方的生活。当需要去别人家中做礼节性拜访时，要提前和对方电话沟通，让对方确定其方便的时间。如有特殊原因，没有提前预约，见了面一定要说："真抱歉，没和您提前打招呼。"

2．着装要得体

拜访之前，应根据拜访的对象、目的等，将自己的衣物、容貌适当地加以修饰，以反映出对被访者的尊重。如拜访的地点设在对方的办公区域，则应着正装或所在单位的制服，这样既代表了单位的形象，又表现出对这次拜访的重视。

3．用语要恰当

寒暄语要符合习惯，避免问年龄、婚姻、收入等；交谈时语言和口气要恰当，要顾及对方的辈分、地位等，还要看相互间的关系。如果是多人拜访，不要一个人抢着说话，要让大家都有机会说话；遇到另有来客，应前客让后客，如可以这样说："对不起，我还有点事。你们谈吧，我先走一步了"或"对不起，我有点事，失陪了"。

二、接待

（一）接待的环节

1．迎接客人

对于公务或商务接待，对前来访问、洽谈业务、参加会议的外国、外地客人，应首先了解对方到达的车次、航班，安排与客人身份、职务相当的人员前去迎接。若因某种原因，相应身份的主人不能前往，前去迎接的主人应向客人做出礼貌的解释。

对于一般性拜访，在客人光临之前，主人应将房间或办公室收拾干净整齐；听到门铃声或敲门声应立即应答，如"来了""请稍等""哪位呀""请进"等；如果访客是一个陌生人，可以先问你好，然后再核实一下来者的身份，如"您好，请问您是……""您好，您找哪位"等；如果访客是自己熟悉的人，应立即起身，主动握手表示欢迎，并说："欢迎，请进""稀客，稀客，非常欢迎，快请进"等。待客人坐定，应用干净的茶杯端上茶水。如果在家中，还可以为客人端上饮料和茶点。

2．与客交谈

在了解了来访者的来意之后，可马上进入谈话正题。在谈话时，要注意自己的语速、音量和谈话的语气。如对待年长的人，语速要慢、音量要略高些；对待同龄人或年轻人，可按平常的语速和音量；对待小朋友，语速要缓慢、语调要柔和。在谈话时，还要根据来访者不同的文化程度、性别、职业选择不同的词汇和表达方式。

3．送别客人

拜访时间结束，如果是工作性质的拜访，在客人主动提出告辞时，可不做挽留；如果是礼节性的拜访，而且拜访地点是在家中，当客人提出告辞时，主人可进行挽留，并在客人起身后再起身。如"时间还早，再坐会儿"。如果客人确实必须马上离开，主人应将客人送至门外，并可说些诸如"欢迎常来""欢迎再来""有空来玩啊""您慢走""走好""再见""常联系"等告别语。送别客人进门时，关门声音要轻，以免让客人产生误解。若是外地的客人，主人要将客人送至车站或机场。送别客人时，不要着急离开，一般主人应目送客人走远后再离开。如果客人比较坚决地谢绝主人相送，则可遵照客人的意思，不必强行送客。

（二）接待的注意事项

1．接待要热情、周全

如需到车站、机场去迎接客人，主人应提前准备好交通工具，准时到达，恭候客人的到来。接到客人后，应首先问候"一路辛苦了""欢迎您来到我们这个美丽的城市""欢迎您来到我们公司"等；如无须接站，主人应对来访者的进门语做礼貌周全的应答，并热情招待客人。

2．正确称呼对方

在接待中，应根据对方的年龄、辈分、职业、地位等，得体地称呼对方。长辈对晚辈、领导对下属、同辈之间可以直呼其名；晚辈对长辈、下属对领导，应采用"姓加辈分""姓加职位"的称呼方式，如张叔叔、赵老、陈局长、张主任等。另外，在接待时，主人要能够一见面就主动叫出来访者的姓名，这样可以迅速缩短主客之间的距离，建立友好关系。在接待中，如果记不清来访者的姓名时，可用巧妙的语言加以掩饰，如"你今天打扮得这么漂亮，我一时认不出你了""你和×××太像了，你的名字叫……"。

第三节　赞美与批评

【知识要点】

赞美与批评的方式

赞美与批评的注意事项

一、赞美

每个人都希望得到赞美，真诚的赞美能赢得对方的欢心，拉近彼此间的距离，为自己打开良好的局面创造契机。真诚的赞美，能促进彼此间的沟通，增进友谊。因此，在我们日常生活、工作、社会交往中，要学会赞美，适当的赞美可以收到意想不到的效果。

（一）赞美的方式

1．直接式赞美

在日常生活、工作、学习、社交中，直接式赞美是用得最多的方法。如朋友见面说："啊！今天你真漂亮！"老同学好久不见，再次重逢，当你听到"你仍是那么帅""你还是那么有精神"的赞美时，你会有何感受？一句发自内心的赞美，会让人感到精神愉快、信心倍增。

2．反向式赞美

反向式赞美就是把指责和挑剔变为赞美的一种方式，指责和挑剔会使犯错的人越来越糟，反向赞美不但能使犯错的人改正错误，而且能鼓励其朝着正确的目标奋斗。如一个人原本胆子很小，若你称赞他胆子很大，受到你赞赏的激励，他就可能鼓足勇气改正自己的缺点，朝着你赞许的方向努力。

3．肯定式赞美

每个人都渴望得到赞美，特别是在"第一次"的时候。第一次发表文章、第一次参加演讲、第一次参加歌唱比赛、第一次去面试等，如果能用赞美去鼓励对方，会使对方树立起信心。当获得成功之后，他会对赞美者由衷感谢。

4．期许式赞美

当看到一个人的努力后，应该及时地给予鼓励和肯定，并为其树立一个目标。这样能让受表扬者树立信心，为这一目标而不懈努力。如一个孩子书写比较认真，但看起来字还不是很漂亮，一次，老师摸着他的头对他说："老师相信你，将来一定能把字写得漂漂亮亮的。"在老师的期许式赞美下，这个孩子勤奋地练字，一年后，在全市书法比赛中，他取得了第一名的好成绩。

5．先抑后扬式赞美

先抑后扬式赞美是在赞美之前，先否定对方的过去再称赞现在的一种赞美方式，如"刚认识你的时候，我觉得你特清高，不好交往，现在我才发现其实你挺随和的，我喜欢和你做朋友"，又如"我记得你原来外语水平一般啊，现在，怎么说得这么流利了"。

（二）赞美的注意事项

1．赞美要有针对性

赞美他人要有针对性，要针对对方的职业、年龄、兴趣等对他说出最合适的赞美的话。如面对一位商人，你要用才能出众、生财有道、财源滚滚、重义轻利、童叟无欺等词语来赞扬他；面对一名记者，你要用言辞犀利简洁、话语慷慨激昂、点亮人间真情、弘扬真善美等词语来赞扬他；面对一位老师，你要用诲人不倦、孜孜不倦、教导有方、循循善诱、桃李满天下等词语来赞扬他；面对一位工程师，你要用严谨认真、一丝不苟、吃苦耐劳、尽心竭力等词语来夸赞他。这样，有针对性地进行赞美，不仅能使被赞美者感到快乐，还会给赞美者带来益处。

2．赞美要恰如其分

在社会交往中，看到对方的优点应给予适当的赞美。适当的赞美能使人感到欣慰、振奋鼓舞，能为社会交往创造一种和谐的氛围，而不符合实际的赞美是一种违心的迎合。这种一味地贬低自己，以此来抬高对方的迎合，不但使对方怀疑你的诚意，使人难堪、反感，甚至会遭遇社交尴尬，也有损自己的人格。

3. 赞美要具体深入

赞美他人要具体，不要含糊其辞。赞美得具体可以让对方感到你十分了解他，这样，能够拉近彼此间的距离，有利于社交活动的展开；含糊其辞的赞美可能会使双方陷入窘迫的境界。我们常常能听到这样的一些赞美的语言，如"你这件衣服真漂亮""你的发型真好看"等，这种空洞的赞美有时会给人一种敷衍的感觉。因此，赞美人时，要尽可能具体细致些，如上面的称赞可以分别改成"你真有眼光，这件衣服的款式和颜色正适合你的职业和年龄""这个发型很适合你的脸型，使你看上去既年轻又漂亮"。

4. 赞美要注意场合

在众人在场的情况下，赞美其中一个人的优点时，必然会引起其他人的心理反应，因此，赞美时一定要注意选择不同的赞美方式和赞美内容，千万不能因赞美了其中的某一个而贬低了其他人。

二、批评

每个人都不是十全十美的，都会有优点和不足，难免会做错一些事，会说错一些话。面对这种情况怎么办呢？如果是读了错别字、讲了外行话、记错了对方的姓名等，只要是无关大局，大可不必计较；如果是发现对方犯了明显的错误，必须纠正时，是当场指出别人的缺点，还是等到私下再指出来呢？私下指出应该是面对别人缺点采取行动的第一步，因为没有一个人愿意把自己的错误暴露在光天化日之下。私下与其交换意见，委婉地表达自己的想法，并给其摆事实、讲道理，分析利弊，他才会心悦诚服，真正接受批评和帮助。

（一）批评的方式

在日常生活中，我们常常会听到"良药苦口利于病""忠言逆耳利于行"的说法。这些说法常常用来告诫人们不管对方的批评方式、方法怎样，都要虚心接受批评。但是，对于批评者来说，一定要讲究批评的方式、方法，这样才能达到预期的效果。

1. 肯定对方式批评

在批评别人时，可采用欲抑先扬的方式，即先夸赞后批评，先指出其长处或肯定其取得的成绩，然后再委婉含蓄地提出批评，指出不足，最后可再使用一些鼓励的词语。这种批评方式会使人认为你的批评是客观、公正的。这样，被批评者心理会比较平衡，减少了因批评所带来的抵触情绪，从而能收到良好的批评效果。

📖 **示例**

某办公室主任看到王秘书写的调查报告有不妥之处。他对王秘书说："小王，这份调查报告总的来说写得不错，思路清晰，重点突出，有几处写得很有见地，看来你是下工夫了。只是有几处数据，你还需进一步调查，有个别地方缺乏定量分析。需要修改的地方，我在原稿上已经给你标出了，你再修改一下。你的文笔不错，相信经过修改，你一定能写出一篇出色的调查报告。"听了主任的话，王秘书感到主任对自己的批评很公正，主任很器重自己，对自己充满期望和信任。于是，按照主任的要求，王秘书将调查报告认真地修改了一遍。修改后的调查报告主任非常满意。

2. 自我批评式批评

在批评他人时可先谈自己存在的不足，这样可以消除被批评者心理上的障碍，让批评者感觉你不是专门指责他，这样容易接受批评，改正错误。

 示例

1964年，日本电器业界因受经济不景气的影响而动荡不安，于是松下电器公司决定召开全国销售会议。"有什么意见都可以说出来。"松下先生一语未了，某销售公司的经理立即发泄他的不满："今天的赤字到这种地步，主要在于松下电器的指导方针太差，作为公司的负责人一点都不检讨自己是否有不足之处……""我方的指导当然有误，可是再怎么困难也还有二十几家同人获利。各位不觉得你们太缺乏独立自主的精神，太依赖他人，才招致今天的后果吗？"松下先生反驳道。3天13个小时，松下先生就站在台上不断地反驳他们的意见，而他们也立即反击。

第三天最后一次会见，情况发生了转折性的变化。松下先生走到台上，说："过去两天多时间大家相互指责，该说的都说了，我想没有什么好再说的了。不过，我有些感想，给大家讲讲。过去的一切，走到今天这个地步，所有责任我们要共同负责。松下电器有错，身为最高负责人的我在此衷心向大家致歉。今后将会精心研究，让大家能稳定经营，同时考虑大家的意见，不断改进。最后，请原谅松下电器的不足之处。"说完，松下先生向大家鞠躬。整个会场顿时静了下来，有人说："请董事长严加指导。我们缺点太多了，应该反省，也应该多加油去干！"随着松下先生的低头，人人胸中思潮翻涌。随后又相互勉励，发誓要奋起振作。

3. 间接式批评

看到某人的错误时，最好不要直接指出，尤其是对于一些脸皮薄的人，批评时最好用婉转的语言指出。这样既能给受批评者一个思考的余地，也不伤害他的自尊心，从而达到批评教育的目的。

 示例

美国陆军第542分校的士官长哈雷·凯塞在带预备役军官时，他面临着一个军队中普遍存在的问题。什么问题呢？在预备役军人和正规军训练人员之间，最大的差异就是理发。预备役军人认为自己只是老百姓，因此他们非常不愿意把头发剪短。如何解决这个问题呢？按照以前正规军的士官长一样，他可以向他的部队怒吼几声，或威胁他们。但他不愿这样做。

他这样说道："各位先生们，你们都是领导。当你以身教导时，那是最有效不过的办法了。你必须为你所领导的人做个榜样。你们应该了解军队对理发的规定。今天我也要去理发，而我的头发却比某些人的头发要短得多了。你们不妨对着镜子看看，如果你要做个榜样的话，是不是该要理发了？我们会帮你安排时间去营区理发部理发。"

结果是可以预料的。有几个人自动去镜子前看了看，然后下午去理发部按规定理了发。次日早晨，凯塞士官长讲评时说，他已经看到在队伍中有些人已经具备了领导者的气质。

4. 温和式批评

在批评他人时，首先应该态度温和，尽量在不伤害对方自尊心的前提下做出适当的批评。否则，只会让对方难以接受，得不偿失。同样，当你做到了这一点，你也一定会赢得对方的理解。

 示例

小李和小杨是某区的城管人员。有一天，二人在巡逻时遇到了一群无照经营者。小李冲上前去抓住了一位卖水果的妇女，厉声呵斥，并令其交纳罚金。谁知那位妇女不但不交罚金，索性躺在地上撒起泼来，引来许多围观的群众，弄得小李毫无办法。这时，小杨连忙走上前去，对那位妇女说道："大姐，您赶快起来吧，我们也知道您不容易，但是您这样做确实影响了交通，您看您在这躺着，让大家看着多不好啊！"一席话说得那位妇女有点不好意思了，她立即爬起来并交了罚款，围观的群众也纷纷散去。

5. 幽默式批评

幽默式批评就是在批评过程中，使用富有哲理的故事、双关语、形象的比喻等，缓解批评时的紧张情绪，启发、调动被批评者的积极思考，增进相互间的感情交流，使批评含而不露。这种批评方式不但能达到教育对方的目的，同时也能创造一种轻松愉快的气氛。

 示例

传说汉武帝晚年希望自己长生不老。一天，他对大臣们说："朕最近刚看了一本相书，相书上说，一个人鼻子下面的'人中'越长，寿命越长。'人中'长一寸能活百岁。不知是真是假？"

东方朔感到汉武帝的长生不老梦非常可笑，嘴里就不自觉地"哼"了一声。汉武帝见东方朔似有讥讽之意，面露愠色，喝道："你怎么敢笑话我？"东方朔脱下帽子，恭恭敬敬地答道："微臣不敢，臣是在笑彭祖的脸太难看了。"汉武帝问："你为什么笑彭祖呢？"东方朔说："据说彭祖活了八百岁，如果真像皇上刚才所说，'人中'就有八寸长，那么，他的脸不是有丈把长吗？"汉帝听了不禁大笑起来。东方朔批评汉武帝的愚昧，讽刺汉武帝的荒唐，是通过嘲笑彭祖完成的，可以说是指桑骂槐，而汉武帝在谈笑中接受了东方朔的批评。

6. 商讨式批评

当看到有些人犯了错误时，有时需要以平等的态度心平气和地与之商讨，使他们认识到自己的错误，从而自觉地改正。

示例

在一节语文课上，李老师正在为大家分析讲评作文，有两位同学窃窃私语，他们不但违反了课堂纪律，还影响了其他的同学听课。李老师用眼神暗示他俩，没有起到作用，此时他并没有大声斥责这两位同学，而是走到他们身旁，轻声地问道："你们在谈什么呀？老师分析得有什么不恰当的地方吗？"两位同学听后，脸"唰"得红了，都为自己刚才的行为而感到惭愧，立即坐正了身子，专心听起课来。

7. 委婉式批评

委婉式批评是用曲折含蓄的语言表示不便直说的一种批评方法。这种批评方法不会使对方感到尴尬。

 示例

著名作家冯骥才在美国访问时，一个美国朋友带儿子去看望他。在他们谈话的时候，那个壮得像牛犊的孩子爬上冯老的有些摇晃的床铺，站在上面拼命蹦跳。这时，冯老如果直接喊孩子下来，势必会使其父产生歉意，也让人觉得自己不够热情。于是，冯老笑着对朋友说："请您的孩子到地球上来吧。"那位朋友没有对孩子进行指责，而是顺着冯老的思路，同样不失幽默地回答道："好，我和孩子商量商量！"冯老的话使本来也许是困难的批评，变得顺利起来，而且创设了比较融洽的氛围。委婉，能够在不"伤人"的境况下展开温馨的批评。

8. 暗示式批评

暗示式批评是不明确地指出对方的错误，而是借助其他的手段让对方自己悟出错误之处，自行改之的一种批评方法。

 **示例**

苏轼从小喜欢读书。他天资聪明，记忆力特别强，每看完一篇文章，就能一字不漏地背出来。几年苦读，年轻的苏轼已是饱学之士。一天，苏轼乘着酒兴，挥笔写了一副对联，命家人贴在大门口："读遍天下书，识尽人间字。"

这天，苏轼正在家里看书，有一位老者专程来到苏家，向苏东坡"求教"，请苏东坡认一认他拿来的书。苏轼接过书，看也不看，就说："你听着，我念给你听！"可他仔细一看，从头翻到尾，又从尾翻到头，那本书上的字竟一个也不认得。苏轼羞得面红耳赤，慌忙向老者道歉。老者没说什么，含笑而去。苏轼这才感到自己门前的对联名不副实，马上将对联各填两字，上联是："发愤读遍天下书。"下联是："立志识尽人间字。"这件事教育了苏轼，从此，他谦恭苦读，勤奋学习，终于成为有名的大学问家。

9. 启发式批评

发现对方的错误时，要使对方彻底认识到自己的错误并且改正，批评者可以采用启发式批评。

 示例

数学课上，赵杰偷偷地看课外书，钱老师发现后并没有立刻批评他。下课后，钱老师把赵杰叫到办公室，亲切地对他说："你语文学得不错，老师请教你一个问题，你给老师解释一下'专心致志'是什么意思？"赵杰立刻回答道："无论做什么事，都要把心思全放在上面。形容一心一意，聚精会神。"钱老师说："不错，你能给老师举个例子吗？"一听老师的话，赵杰的脸"唰"的红了，他吞吞吐吐地说："上数学课时，我没有专心致志地听讲，而是偷偷地看课外书。老师，我错了，请您原谅我吧。"钱老师就是采用了启发式批评，帮助学生赵杰自己认识到错误从而自行改正。

（二）批评的注意事项

1. 选择恰当的时机和场合

批评要及时，但如果双方都在气头上，应该先使自己冷静下来，等到对方也稳定情绪之后，再选择适当的方式进行批评；在批评他人时，要选择在两人独处的场合，让对方觉得批评者尊重他的人格，这样有利于对方接受批评，改正错误。

2. 把握用语的分寸

在批评他人时，应从正面指出对方的缺点错误，切不可使用羞辱、讽刺挖苦的语言，否则会使受批评者感到自尊心受到了伤害。这样的批评不但不能帮助对方改正错误，反而会使其产生对立情绪，甚至造成双方感情上的裂痕。在批评他人时，不可使用"你总是……""你根本……""你从来都是……"这样的语言，这样以偏概全的语言容易使对方感到自信心遭受打击而不愿接受批评；在批评他人时，不可使用模糊性和威胁性词语，否则也达不到批评教育的目的，如"你总是自由散漫""你以为你是谁，自高自大""你办事怎么总是拖拖拉拉。这星期，你如果再不完成，我就降你的职"。

3. 避免翻陈年旧账

批评人的目的是帮助人，因此，批评者在批评他人时，只要点到即可，没有必要翻来覆去地批评。切不可翻陈年旧账，把对方过去的错误甚至不足之处一股脑儿地翻出来。事实上，这样做会使对方认为批评者是有意责难。这样做不但起不到批评教育的目的，反而会使对方恼羞成怒，甚至产生怨恨心理，进而影响双方关系。

4. 要就事论事

批评他人时，要对事不对人，即只能针对一个人的某些行为和表现，而不能针对这个人。例如，一个学生解一道化学方面的题目，由于不小心，将分子式写错了。如果老师批评他："你怎么这么笨，这么小的问题也会出错！"被批评者心里肯定极不舒服。如果老师只针对他写错了分子式这一行为来批评，末了提醒他以后多加小心，被批评者一定会心服口服。

5. 不要频繁使用

对于小的错误，给对方提个醒就够了，最好不要轻易地采用批评的方式。如果必须给予批评的，一次即可，过多地使用批评手段，不但起不到作用，被批评者还会产生抵触情绪。

第四节　劝慰与道歉

【知识要点】

劝慰与道歉的方式

劝慰与道歉的注意事项

一、劝慰

月有阴晴圆缺，人有旦夕祸福。在人的一生中，如择业、交友、创业、爱情婚姻等各方面难免会遇到这样或那样的困难，遭遇这样或那样的不幸。在他人遇到不幸时，劝慰者首先要心存同情，选择恰当的方式方法，用语言和行动去安抚对方，让对方获得心灵的抚慰和精神的补偿，从而减轻痛苦和悲伤。

（一）劝慰的方式

1．倾听式劝慰

对于丧失亲人的不幸者，静静地倾听对方的悔恨、痛苦，也许是一种最好的劝慰方式。劝慰者一定要耐心地倾听对方的哭诉，不管对方是痛哭流涕，还是喃喃自语，都不要去制止，而让其将压在心头的悲痛尽情地宣泄、释放出来。这样，丧失亲人的不幸者在心理上才能感觉好受一些。等到对方宣泄完毕，内心恢复平静后，再进行劝慰，这时，劝慰的话才能发生作用。在劝慰时，尽量不谈及死者，让其逐渐从丧失亲人的阴影里走出来。

2．鼓舞式劝慰

对于遭受挫折的人，光是给予同情是不够的，应多加以鼓励。在劝慰时，要真诚地帮助受挫者分析失败的原因，总结经验教训，鼓励其勇敢地面对现实。在劝慰时，可讲一些名人的例子，帮助对方克服灰心、痛苦的情绪，找回自信，重新树立必定成功的信念。例如，有位大学生毕业后自己去闯荡，但一年多时间过去了，工作仍无着落，于是整天在家唉声叹气。面对沮丧的儿子，父亲语重心长地劝慰他说："对你现在的心情，我们做父母的是非常理解的，我们也为你的前途担忧，但我们更相信你的能力。社会是个大课堂，尽管你一进入这个社会就碰了壁，但你并不是个失败者。你从这个大课堂里学到了学校学不到的东西——毅力的培养。我们相信你不会被眼前的困难所吓倒，你一定能找到自己称心如意的职业的。"一席话鼓舞了儿子的斗志，他最终找到了满意的工作。

3．言他式劝慰

对于身患重病的不幸者，劝慰者不要过多地谈论病情和治疗情况，这样会使病人心情更加沉重。安慰者可以从侧面去宽解病人，这样才能收到较好的效果。例如，劝慰者可带一束美丽的鲜花或带一些病人爱吃的食品去看望病人，待病人心情好转后，可多谈谈病人关心、感兴趣的事情，转移对方的注意力，减轻精神负担。如果能给病人带来好消息，则更有利于病人身体的康复。

（二）劝慰的注意事项

1．语言要恰当

在劝慰他人时，要使用巧妙、恰当的语言，将安慰蕴含于鼓励之中，给被安慰者带来面对困难的勇气。例如，面对残疾者，不能只是讲一些怜悯的话，因为残疾人最忌讳别人把他们当作弱者来可怜，所以劝慰他们时，一定要使用鼓励性的语言；面对丧失亲人的人，则不能使用表示惋惜的语言，这会使其更加悲伤；面对事业、学业、婚姻等的不顺利而伤心、难过、生气的人，劝慰者要深表同情，不可使用"这点事情算得了什么呢？让你伤心难过成这样"或"何必自寻烦恼呢"这样的语言，这样，会使其觉得劝慰者是个缺乏同情心的人，从而更加生气。

2．时机要恰当

劝慰他人一定要选择恰当的时机，才能收到预期的效果。例如，当听说朋友丧失亲人或朋友失恋时，劝慰者要第一时间出现在朋友身边，让朋友感受到关心和体贴，之后的劝慰能让其感受到是对他伤痕的抚慰。

3．方式要恰当

劝慰他人时，劝慰者要采用恰当的方式，才能取得相应的效果。例如，当朋友处于痛苦之中时，劝慰的最佳方式就是先任其哭泣、诉说。作为劝慰者不必急于劝说"别哭了，事情没你想的那样糟糕，一切都会好起来的"这样的话语，对于处于痛苦中的人来说，起不到什么作用。因此，选择恰当的劝慰方式是很重要的。

二、道歉

在日常工作、生活中，有时我们会因为某事而打扰、影响别人，或给别人增添了不便和麻烦，或做错了事，甚至给别人造成某种损害或者伤害，这种情况下就应立刻承认错误，并真诚地向对方道歉，以赢得对方的谅解。做错了事，对别人造成了伤害，如果不及时解决，往往会加深彼此之间的隔阂，甚至产生严重的后果。

（一）道歉的方式

1．直白式道歉

打扰影响了别人或给别人增添了麻烦，可直接跟对方讲一句"对不起"，想必也会得到对方的谅解。

2．替代式道歉

有时犯了错误，当事人不是不想立即道歉，而是觉得道歉的话说不出口，这时可以采用替代式道歉的方式。例如，给对方买一束喜欢的花，并在花束上放一张小纸条，上面写上道歉的话；或给对方寄去一张表示诚恳歉意的明信片；或给对方发条致歉的短信和微信；或给对方送上一件小礼物，并附上自己的歉意。

3．赔偿式道歉

由于自己的过失给他人带来了损失，这时一个"对不起""很抱歉"已经不能表示你的诚意了，这时候，要主动提出给予对方赔偿。例如，一天，家住在×××小区的业主曹女士将自己的雷诺爱车停在小区地下一层停车场，夜晚 11 点多，她突然接到一个电话，是一个女孩打过来的。对方告诉她，是来她所在的小区走亲戚，误把入口当成了出口，倒车时不小心把曹女士的车给撞了。她随后来到地下停车场。小两口看到曹女士一个劲儿道歉，随后相互留下电话，就各自休息了。第二天上午，曹女士将轿车开到 4S 店，小两口也马上赶到。办理完手续后，宋先生说都是自己爱人的责任，修车的费用由他全部负担。由于车子要喷漆，暂时开不走，宋先生给曹女士留下 200 块钱打车用，并向曹女士轻鞠一躬致歉。曹女士特别感动，她说："年轻人如此诚实守信，实在难得，为他们点赞。"

4．转达式道歉

如果道歉者觉得通过自己的道歉可能不会消除对方的怒气，或道歉者觉得道歉的话不容易说出口，此时不妨求助于第三者，找一个双方之间都熟悉的朋友从中周旋，让他将歉意转达给对方。

（二）道歉的注意事项

1．道歉要诚心实意

向对方表示歉意时要有诚意，要充分显示出内心的歉疚，如果漫不经心或没有诚意，只是说一声"对不起"是于事无补的。有些时候，光是嘴上说"对不起"是不够的，为了表示道歉的真诚，可以采用书面致歉、登门致歉等方式。道歉时，应当大大方方、完全彻底地表达出自己改正错误的决心。

2．道歉要语言简洁

道歉时，不要做过多辩解，首先应摆明自己认错的态度，如"深感歉疚""请您原谅""非常惭愧"等，如果对方已经表示谅解，就不必再做进一步解释；如果道歉后仍未得到对方的谅解，这时，可向对方阐述错误原因；如果对方正处于气头上，最好先通过第三者转达歉意，等对方火气平息之后，再当面赔礼道歉。

3．道歉要及时

道歉要抓住时机。事情发生了，最好不要拖延时间，要马上道歉，越早越好。发现了错误，可马上说"对不起""请原谅"等，扫除对方心中的不快和怨恨。如果错过时机再道歉，不仅难以启齿，而且会让听者认为道歉者没有诚意，失去应有的效果。有时由于道歉时间的拖延，造成双方的口角，甚至于大打出手。

4．道歉要有分寸

如果确实是自己错了，对自己所做的事要勇于承认，不要找借口，也不要采用大事化小、小事化了的态度。需要道歉时一定要及时道歉；不需要道歉的，如只是有些遗憾的，则不用道歉；更不能为了息事宁人而把事情都揽在自己身上，做有损自己人格的事情。

第五节　说服与拒绝

【知识要点】

说服与拒绝的方式
说服与拒绝的注意事项

一、说服

在学习、生活与工作中，人们不可能具有同样的想法。当面对与自己意见相左的人时，一种自然的心理反应就是，试图通过争论赢得对方的赞同。但这并非一个明智的选择，因为争论往往是无结果的，争论的双方并不会因为争吵而改变自己的想法。如果想让双方的想法达成一致，说服是最有效的方法。

（一）说服的方式
1．为对方着想式

在说服对方时，说服者应站在对方的立场上去思考分析问题，使对方分清是非与利弊，并让对方感觉到说服者的建议是为其考虑谋划的，从而达到说服的目的。

示例

有一次，魏征在上朝的时候，跟唐太宗争得面红耳赤。唐太宗实在听不下去，想要发作，又怕在大臣面前丢了自己接受意见的好名声，只好勉强忍住。退朝以后，他憋了一肚子气回到内宫，见了他的妻子长孙皇后，气冲冲地说："总有一天，我要杀死这个乡巴佬！"

长孙皇后很少见唐太宗发那么大的火，问他说："不知道陛下想杀哪一个？"

唐太宗说："还不是那个魏征！他总是当着大家的面侮辱我，叫我实在忍受不了！"

长孙皇后听了，一声不吭，回到自己的内室，换了一套朝见的礼服，向唐太宗下拜。

唐太宗惊奇地问道："你这是干什么？"

长孙皇后说："我听说英明的天子才有正直的大臣，现在魏征这样正直，正说明陛下的英明，我怎么能不向陛下祝贺呢！"

这一番话就像一盆清凉的水，把唐太宗满腔怒火浇熄了。

后来，唐太宗不但不记恨魏征，反而夸奖魏征说："人家都说魏征举止粗鲁，我看这正是他妩媚可爱的地方哩！"

2．鼓动激励式

鼓动激励式是在日常工作和学习中，可以用言语或行为使他人有所行动的一种说服方式。例如，一位领导想让下属去完成一项工作，下属如果不愿意，领导可以用鼓动激励式去说服他。

 示例

某公司有一个项目必须很快完成，公司领导经过商量认为小陈做这个项目最合适，可是小陈的妻子刚刚生了孩子。针对这种情况，公司领导对小陈说："你的技术最好，业务能力又最强，我们考虑再三，一致认为你做这个项目最合适。我们知道你家里的情况，但这个项目实在是太急，我们相信你一定能克服困难，尽快把这个项目完成。"听了这样的话，小陈即使有困难，也会乐意地接受下来，并千方百计地去完成。如果公司领导这样说："这个项目是你职责范围内的，你必须赶在这周末前把它完成。"这种命令式的语言不但激不起员工的工作热情，调动不了员工的工作积极性，而且公司员工可能会找各种理由拒绝做这个项目。

3．侧面暗示式

侧面暗示式就是用巧妙的语言把自己的想法、建议传达给对方，以此来影响对方的心理和行为，使对方意识到自己的缺陷和不足，自觉、主动地接受意见，弥补不足。使用这种说服方式不会使对方感到尴尬。

示例

某住宅楼的几位老人反映楼上的年轻人每天睡觉很晚，他们的喧闹声严重影响了老人们的休息。物业的负责人找到这几位年轻人，在与他们闲聊中，给他们讲了个单口相声《扔靴子》。听完这段相声，几个年轻人在哄堂大笑之后悟出了物业负责人的言外之意、弦外之音，之后每天晚上都格外注意自己的行为，老人们也能睡安稳觉了。

4．含蓄幽默式

含蓄幽默式就是用含蓄、幽默的语言说服对方的一种说服方式。

示例

1946 年 5 月，远东国际军事法庭开庭审判日本战犯，10 个参与国的法官们为了排定座次，展开了一场激烈的争论。中国法官理应排在庭长左边的第二把交椅，但是由于当时中国国力不强，而被各强权国所否定。在这种情况下，中国法官梅汝璈首先正面阐明排座次应按日本投降时各受降国的签字顺序排列，这是唯一正确的原则立场。接着他微微一笑说："当然，如果各位同人不赞成这一办法，我们不妨找个体重测量器来，然后以体重大小排座，体重者居中，体轻者居旁。"各国法官听了忍俊不禁。梅法官接着回答说："若不以受降国签字次序排座，那还是按体重排好。这样纵使我被排在末位也心安理得，并且可以以此对我的国家有所交代，一旦他们认为我坐在边上不合适，可以派一名比我胖的人来换我呀。"这种诙谐的言语，以非常理的方式含蓄地讥讽、批评了不合理的排序原则。梅法官以诙谐、幽默的语言阐明中方的严正立场，获得了以正常方式得不到的成功效果。

5. "引君入彀"式

"引君入彀"的说服方式是根据对方的想法，专门设置一个情境或问题，让对方在这个情境或问题中暴露自己的缺陷，最后自己认识到自己的观点的错误之处，从而到达说服的目的。

 **示例**

梁惠王有一回跟孟子说：寡人尽心于国，察邻国之政，无如寡人之用心者。而邻国之民不加少，寡人之民不加多，何也？孟子采用了他善用的"引君入彀"的方式。面对梁惠王的提问，孟子不直接回答原因，而是设了个圈套。总体上用打仗来比喻治理国家，用战败一方弃甲曳兵而逃来比喻没有治理好的国家，用逃跑了一百步比喻邻国，用逃跑了五十步比喻梁惠王。然后提出"以五十步笑百步，则何如"的反问，进一步启发，诱使梁惠王在不知不觉中说出否定自己论点的话："不可，直不百步耳，是亦走也。"这样，梁惠王便跳进了孟子设的圈套，承认了自己与邻国之政并无本质区别，只是形式上、数量上不同而已，都是没能实行仁政。于是，在梁惠王认识到自己不足的基础上，孟子进一步说服梁惠王必须要施行仁政。

6. 引经据典式

在说服别人时，可适当地引用名人名言、历史典故等来增强自己的说服力。

 示例

唐宪宗元和四年，宪宗任命吐突承璀兼领功德使，大力修治安国寺。吐突承璀在修治安国寺时奏请竖立圣德碑，颂扬皇帝功德，碑楼造好后，宪宗命李绛撰写碑文。李绛是皇帝的大秘书，又颇富文采，于公于私都不好推辞这一差事。但李绛为人正直，勇于直谏，于是当即上疏唐宪宗，反对这一做法："唐尧、虞舜、夏禹、商汤都没有立碑称道自己超凡的德行，只有秦始皇在巡视游历过的地方镌刻石碑，为自己大力宣扬，不知陛下打算效仿何人？况且叙述修治寺庙的美盛之处，只不过是写建筑壮丽，足供游观而已，难道这是光大陛下恩德的好办法吗？阎巨源以前奏请竖立'纪圣功碑'，陛下没有答应，现在却同意吐突承璀的奏请，这种前后矛盾的做法，是荒谬反常的。"唐宪宗阅览完李绛奏疏后，当即吩咐吐突承璀去把碑楼推倒。事后唐宪宗深有感慨："不是李绛，我做了傻事也不知道！"

7. 鼓励赞美式

在说服他人时，说服者要善于发现对方的优点，适当地鼓励赞美，为顺利地说服对方打下良好的基础。

 示例

景公饮酒，七日七夜不止。弦章谏曰："君欲饮酒七日七夜，章愿君废酒也！不然，章赐死。"晏子入见，公曰："章谏吾曰：'愿君之废酒也！不然章赐死。'如是而听之，则臣为制也；不听，又爱其死。"晏子曰："幸矣，章遇君也！令章遇桀纣者，章死久矣！"于是公遂废酒。

弦章的以死相谏，让景公陷入了两难的境地。如果听从，则君王反受臣下挟制；不听从，景公又舍不得弦章死去。晏子听后，抓住了景公有心改过，却又碍于面子的心理，赞美弦章遇到了像景公这样的明君，如果遇到像桀纣那样的暴君，弦章早就死了。晏子在赞美景公贤明的同时，很巧妙地给景公台阶下，使其爱慕虚荣的心理得到满足，从而达到了说服的目的。

8. 名褒实贬式

在说服他人时，说服者可借用对方的话题，将其错误的言行推向极端，并列举出这种极端的错误将造成的严重后果。这种说服方式是寓批评于赞扬之中，名为赞扬，实则委婉说服，使对方领悟其中的实质，从而改正过错。

 示例

景公使圉人养所爱马，暴死，公怒，令人操刀解养马者。是时晏子侍前，左右执刀而进，晏子止而问于公曰："尧舜支解人，从何躯始？"公瞿然曰："从寡人始。"遂不支解。公曰："以属狱。"晏子曰："此不知其罪而死，臣为君数之，使其知罪，然后致之狱。"公曰："可。"晏子数之曰："尔罪有三：公使汝养马而杀之，当死罪一也；又杀公之所最爱马，当死罪二也；使公以一马之故而杀人，百姓闻之必怨吾君，诸侯闻之必轻吾国，汝杀公马，使怨积于百姓，兵弱于邻国，汝当死罪三也。今以属狱。"公喟然叹曰："夫子释之！夫子释之！勿伤吾仁也。"

正在气头上的景公因马而杀人，这显然是盛怒之下做出的错误决定。可是晏子在这里并没有直接去反驳景公行为的荒谬，而是帮他说话，为景公列举圉人该杀的三个理由，这些理由层层推进、逻辑分明，所带来的严重后果递增，让景公乍听之下认为圉人罪有应得，但实际上晏子是正话反说，用逻辑上的归谬法把景公要杀人的错误归入极端，不露声色地批评景公为马杀人乃重物轻民、不恤百姓的不仁不义之行为，让景公认识错误并加以改正，逐步化解了圉人的危机。

9. 委婉含蓄式

在说服他人时，不直截了当，而是用委婉曲折的方式去劝说其接受自己的建议。

 示例

北宋时，寇准和张咏友情深厚。寇准出任宋真宗的宰相时，张咏对其部下说："寇准奇才，惜学术不足尔。"时隔不久，寇准因事来到陕西，刚刚卸任的张咏也从成都来到这里。老友相会，格外高兴，寇准设宴款待。临分手时，寇准问张咏："何以教准？"张咏对此早有所考虑，正想趁机劝寇公多读书。可是又一琢磨，寇准已是堂堂的宰相，怎么好直截了当地说他没学问呢？张咏略微沉吟了一下，说："《霍光传》不可不读。"当时寇准弄不明白张咏这话是什么意思。回到相府，寇准赶紧找出《汉书·霍光传》，从头仔细阅读起来，当他读到"光不学无术，谋于大理"时，恍然大悟，自言自语地说："此张公谓我矣！"张咏通过让寇准读《霍光传》这个委婉的方式，说服了寇准，使其愉快地接受了自己的建议。

（二）说服的注意事项

1. 要以理服人

说服他人时，说服者首先要消除对方的防范心理，然后采用各种说服方式为其摆明事实、讲清道理。只有理由充足才能让对方心悦诚服。

2. 要有分寸

在说服他人时，说服者首先要调节好谈话的气氛，以友善的态度，在维护对方的自尊心的基础上进行说服。切不可摆出一副盛气凌人的架势，以命令的口吻去命令对方，这样，说服一定会失败。

二、拒绝

在人际交往中，常常会遇到这样的情况：当一方请求帮助时，另一方因自己没有这方面的技术、才能，或没有时间等方面的因素，只能采取回绝的态度；或当一方提出不合理的要求时，另一方也只能表示拒绝。在拒绝对方时，一定要讲究方式方法，采取一些巧妙的拒绝方式，这样既表达了自己的想法，轻松地说出了"不"字，又使对方高高兴兴地接受，而不伤害双方的感情和双方已经形成的朋友、同事、同学等关系。

（一）拒绝的方式

1. 直接式拒绝

当对方提出要求时，不用拐弯抹角，可采取直接拒绝的方式。

 示例

邻居要出趟远门，想请小梅帮助照看他家的小狗。小梅微笑着说："不行啊，您知道，我是害怕小动物的。"她虽然选择了直接拒绝的方式，但态度温和、友好而坚决，邻居只好作罢。

2. 间接式拒绝

在对方提出的要求有一定的合理性，但因条件、时间等的限制无法予以满足的情况下，我们可采取间接拒绝的方式，以减少因拒绝造成的不快或挫伤对方的积极性，并能给自己留有余地。

 示例

春节前夕，一个客户刚在电信局申请安装了宽带业务，就想马上用上，于是他要求电信局的工作人员务必在24小时内给他安装完毕。面对这样的客户，电信局的工作人员热情地说："满足客户的要求是我们的责任，可是由于目前工人短缺，不能满足您的要求，我们将在三个工作日内为您解决，请您耐心等待。"

3. 转换式拒绝

在对方提出建议、想法时，如果你不愿接受，可以巧妙地运用转换话题的方式，使对方处于被动的地位，从而改变对方的想法，达到拒绝的目的。转换话题是一种有效的拒绝方法，运用这种方法能够维护双方的面子，避免引起正面冲突。

示例

一天，张凯来到刘强家，让刘强和他一起去打游戏，刘强认为打游戏既耽误功课又坏眼睛，他极不愿意。于是他便对张凯说："我家有许多故事书，可好看啦。咱们一起读故事书吧。"张凯对读故事书一点儿不感兴趣，悻悻地走了。

4. 拖延式拒绝

在拒绝他人时，如不方便直接拒绝，可采用推迟答复时间的方式拒绝。

示例

某公司组织员工去九寨沟旅游，小李向朋友借了一架专业相机，想拍一些高清晰度的照片。同事小贾看着这架照相机性能好，非常想在带女朋友外出的时候借用一下。小李非常为难，他灵机一动，想出了拒绝的办法，他对小贾说："这架照相机是我和朋友借的，我回去和朋友商量一下，看他愿不愿意。"

5. 模糊式拒绝

在日常交往中，我们往往会碰到这样的情形，我们无法向对方说出自己的真实想法，感觉直接拒绝对方后，会对对方造成伤害，这时，我们就可以采用模糊式拒绝。

示例

一天，好朋友徐丽热情地邀请王鑫去她家做客，王鑫想如果直接拒绝她，一定会引起她的不快，于是王鑫这样回复徐丽说："我有空一定去。""有空"具有相当的灵活性，这样回答既不会引起朋友的不快，又不会使自己为难。

6. 暗示式拒绝

暗示式拒绝大致有如下两种：一种是不用言语表达，而是用肢体语言将拒绝的意思传达给对方的拒绝方式。例如，在谈话过程中，一方转动脖子、按太阳穴等动作表示自己已经较疲劳了，希望早点结束此次谈话；长时间沉默、眼睛注视别处等动作表示对此次谈话不感兴趣；看手表、盯着门口等动作则表示此次谈话所用时间过长，自己还需安排其他事情。另一种是运用语言巧妙暗示对方的拒绝方式。

示例

老王晚上去拜访他的老同学老杨，在他侃侃而谈时，老杨说："我女儿今年就要中考了，咱们是不是说话稍微轻声点，别影响她做功课。"这句话虽然使用的是商量的口气，但却传达出一个十分明确的信息，老王的高谈阔论影响到孩子的学习了。

7. 婉转式拒绝

在拒绝他人时，为了不使对方不悦、难堪，可采用婉转式的拒绝方法。

 示例

在纽约国际笔会第 48 届年会上，有人问中国著名作家陆文夫："陆先生，你对性文学怎么看？"陆文夫幽默地答道："西方朋友接受一盒礼品时，往往当着别人的面就打开来看。而中国人恰恰相反，一般都要等客人离开以后才打开盒子。"与会者发出会心的笑声，接着响起雷鸣般的掌声。陆文夫用一个生动的借喻，对一个敏感棘手的难题委婉地表明了自己的观点——中西不同的文化差异也体现在文学作品的民族性上。陆文夫实际上是对提问者的一种委婉的拒绝，其效果是不仅使提问者不感到难堪，而且可以使交往继续进行下去。

8. 推脱式拒绝

在拒绝他人时，可找一些合情合理的借口去拒绝。

 示例

×××编辑部的老孙刚刚得到一笔稿费，同事小李就向他借钱。老孙不温不火地对小李说："我父母家的电视机坏了，我前几天就给他们预订了一台，我女儿 9 月上大学，也需要一台电脑，今天我就得去把钱交了，把电视机和电脑买回来。等我再有钱了，一定借给你。"

9. 幽默式拒绝

幽默的语言能调节气氛，用幽默的语言来拒绝对方，不会给对方难堪和压力。

 示例

意大利歌剧作曲家焦阿基诺·安东尼奥·罗西尼于 1792 年 2 月 29 日出生于意大利的佩罗萨，因为每四年才有一个闰年，所以等他过第十八个生日时，他已经七十二岁了。他认为这样可以为他省去许多麻烦。一次，在他过生日的前一天，有一群朋友来告诉他，他们集了两万法郎，要为他立个纪念碑，以此作为生日礼物送给他。罗西尼听了以后说："浪费钱财！给我这笔钱，我自己站在那里好了！"

罗西尼并没有直接拒绝朋友，而是采用幽默的拒绝方式，使大家在觉得可笑的同时，开心地接受了他的观点。

10. 建议式拒绝

当对方有为难的事需要帮助，而你又没有能力帮助或不想插手时，可以为对方提出建议，这种拒绝方式可以弱化可能因拒绝对方而产生的不快。若对方真的按照你的建议解决了问题，他就更不会在意曾经被拒绝了。

 示例

小徐：我家的水龙头坏了，我已经买了个新的，你能帮我换一下吗？

小贾：不好意思，我这儿没有管钳子，你去物业找张师傅，他能帮你换上。

（二）拒绝的注意事项

1. 不要有模棱两可的态度

当对方提出的请求不合理或不能解决时，要给予明确的答复，态度不能模棱两可，给对方产生某种期待；说话不能吞吞吐吐，让对方误认为你不是帮不了他，而是根本就不想帮他，从而伤害彼此的感情。

2. 不要伤害对方的自尊心

拒绝对方时，不要直接地用"不要""不行""没办法"等词汇，这样简单直接地拒绝会伤害对方的自尊心，使对方心理上产生强烈的反感。拒绝对方时，首先应说同情、理解的话，再陈述自己的实际情况，向对方表明自己的拒绝真的是出于无奈，希望对方能够理解。

3. 不要用粗暴的语气和方式

拒绝对方时，要面带微笑，态度庄重，说话要留有余地，方式选择要恰当，让别人觉得你对他十分尊重，因而欣然地接受拒绝。切不可在拒绝时，表情冷漠、语气严峻，态度傲慢，这会使对方感到难堪；更不可使用强硬、粗暴的语气和不当的拒绝方式，引起对方的不满，甚至怨恨，从而产生不良的后果。

4. 不要找不当的借口

拒绝对方时，不要随便找些借口来搪塞对方，以求得一时的解脱。这种借口不但起不到拒绝的目的，反而会让对方在识破之后继续找理由跟你纠缠下去，甚至怨恨你。

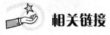 **相关链接**

最难说服的六种人

说服力是一个人成功与否的关键。世界上不会有任何一种力量能比得上影响和说服的力量，要知道，说服是一种艺术，对待不同的人要采取不同的说服方法。

一、引人注目型

这类人有强烈的表现欲，以自我为中心，为显示自己特别，而装阔或故弄玄虚，但事实上却未必是胆大的人。说服这样的人不要太勉强，得顾全他的面子，而且别忘了，事先得准备好资料，如果准备不充分被说倒了，就会很麻烦。

二、容易冲动型

这类人属于性情不稳定的人。情绪好的时候与情绪差的时候有天壤之别。所以深入探讨一件事对这类人而言是苦差事。抓住这一点，说服时最好能诉诸感情，甚至可以使之情绪激动，反而能产生效果。

三、杞人忧天型

这类人对自己期望过高，但行动消极，只是一味担忧，而且碰到糟糕的现实的时候，就会意志消沉。说服他的要点是：平日里就要尽量培养这种人畅谈的能力，并随时进行鼓励肯定，若能获得他的信任，将会很好说话。

四、固执己见型

此类型的人有点拘泥于形式，缺乏幽默感，不知变通，甚至有些我行我素。所以要说服这类人，必须用心取得他的信赖。做事漫不经心、马马虎虎的人，很难对此类型的人产生说服力。此外，此类型的人对长幼次序意识很强，因此大都慑于权威，若直接用权威之力说服他，则可以做到无往而不利。

五、冷静精细型

这类人经常冷静地思考，处理事情一丝不苟。他们不大在意别人或关心别人。说服这类人可以用很平常的口吻，过于客气的态度反而会不得要领。注意逻辑和说理，剖析事件有深度，就可以说服成功。

六、八面玲珑型

这类人一般待人亲切热情，个性坦率，但凡事只看表面，不能深入，不爱负责任。表面显得有点儿做事草率，实际上却小心谨慎。说服这类人，关键在于减压和引导。多让他做些容易的事情，慢慢训练其责任感，好好交流，就可以沟通。

（宇琦. 领导干部每天一堂口才课[M].北京：中国华侨出版社，2011.有删改）

 ## 问题讨论

1. 如果你被邀请参加一个联谊活动，你将如何进行自我介绍？
2. 你是个善于倾听的人吗？为什么说倾听能改变谈话的结果？
3. 怎样正确使用"进门语""寒暄语""晤谈语""辞别语"？
4. 在接待客人时，我们应该注意什么？
5. 看到对方取得成功时，应如何赞美？
6. 批评他人时，可以采取哪些方式？应注意什么？
7. 劝慰和说服有什么不同之处？在劝慰和说服他人时，可采用哪些方式？
8. 当需要拒绝他人时，你可以采用的方式有哪些？

 ## 实战演练

1. 请为自己设计2分钟的自我介绍，让更多的人记住自己。
2. 将全班学生分组，每组8人，模拟介绍与交谈的交流过程。
3. 以学习小组为单位，小组内的同学分别扮演不同的角色，进行拜访和接待训练。
4. 你去一位朋友家，在他家里你看到客厅、餐厅、书房挂着三幅不同风格的画，请你设计一段寒暄语。
5. 刘经理的秘书小王经常写错别字，这次给他看的稿子里又出现了两个，刘经理对此非常生气，他狠狠地将稿子往小王桌子上一摔，说："你看看你打的是什么东西，错误百出，再这样就别来上班了。"秘书小王被训得掉下了眼泪，并提出了辞职。你要是这位经理，怎样对小王进行批评？
6. 同学小张几次应聘都失败了，他很灰心。你怎样劝慰他，才能使他重新鼓起勇气？
7. 和朋友在饭店吃饭时，你不小心将肉汁溅到朋友的衣服上了，你准备怎样和朋友道歉呢？
8. 有位朋友到你家串门，天很晚了，你也很累了，他却没有离去的意思。这时，你该怎么办？又准备怎么说？

9. 你的邻居李永学习成绩一直不错，但因他怯场，导致高考落榜。他的父亲不但不劝慰他，反而将他痛骂一顿并威胁说："如果明年再考不上，我就把你赶出家门。"李永听后，更没了信心，连高考都不想参加了，并准备离家出走。面对这种情形，你该如何指出李永父亲的错误呢？你又该如何说服李永，使他能够恢复自信，考上理想的大学？

10. 老王的几位老同学从外地来玩，想住在老王家。老王只有一套二室一厅的房子，一家三口住着，女儿两星期后又要期末考试了，老王不想让这几位老同学来家里住，老王该怎样拒绝他们呢？

第七章 行业口才训练

学习目标

　　行业口才的训练，对于培养适应当代社会发展所需的各类专业人才，使其具备必需的交际技能和素质，有着非常重要的意义。本章主要介绍领导口才、谈判口才、推销口才、主持口才、导游口才和应聘口才的相关知识，通过学习和训练，使学习者逐渐养成特定行业的口语风格和职业表达规范。

第一节　领导口才

【知识要点】

　　领导者讲话应遵循的基本原则

　　领导者应知晓的口才定律

　　领导者讲话的口才技巧

　　领导口才的注意事项

一、领导者讲话应遵循的基本原则

　　在高速运转的现代社会里，方方面面都与"说话"有关，一个人的口才很大程度上代表着他的实力，因而口才被看作一项至关重要的技能。口才的好坏也是衡量与考察领导者综合素养的重要因素。作为领导者，要想把队伍带好，就必须要导之于言、施之于行，好口才对于领导者来说就是不可或缺的重要资本。领导者在各种场合、各种活动中都是焦点和中心，讲话是难以推脱的工作之一。领导者缜密的思维与卓越的口才，无疑是让员工尊敬与信服的最佳利器。所以，好口才是领导者的事业资本。以下就介绍几条领导者讲话应遵循的基本原则：

（一）讲话要掌握分寸

　　说话要有分寸是指说话要适度，就是要做到"适时、适情、适势、适机"。领导者的讲话发言，无疑在一定程度上能反映出领导者的秉性、素质和修养。领导者无论在什么场合讲话，都要注意三思而后行。讲话时一定要掌握分寸和懂得处世的技巧。敏感话题、争议话题、个人隐私等，一定不可轻易谈及。只有这样才能做事得心应手，达到自己的目标。

（二）讲话要注意对象，讲究策略

　　俗话说："看人说话，量体裁衣。"这是指领导者说话要注意看对象，注意讲策略。在日常交往中，作为领导者会和各行各业的人打交道，领导者在面对不同层次、不同职

业、不同性格的人讲话时，要充分考虑到对方的接受能力和感受，要针对不同的讲话对象有选择地"表达感情"。同时，还要注意说话的策略性。同一话题在不同时间、不同地点讲出来，效果都会不一样。智慧的领导者知道如何制定说话策略，从实际出发，每一次讲话都会得体。

（三）讲话要含蓄委婉

在社会生活中，人们总会遇到一些不便直接说出自己观点或意见的场合，或者还不能肯定自己的某些要求是否合理时，便可以借助含蓄的语言来进行交流。领导者亦是如此。领导者在和下属沟通时，尤其在批评和否定他人时，一定要注意这一点。运用含蓄委婉的语言表达出自己的意见，既不伤到员工的自尊心，又能很好地维护自己的风度，达到自己想要的目的。

（四）讲话要有真情

人都是有感情的，语言所承载的信息，除了理性之外，就是感性了。感性的信息所包含的内涵也是很丰富的。所以领导者在讲话时不仅要有理智，还要有真情流露，要让对方感受到真实的情感。切不可自认为是领导者，就高高在上，讲话时态度傲慢，毫无人情味。

二、领导者应知晓的口才定律

（一）比林定律

"比林定律"是指对于不该答应的事，要果断地说"不"。"人在一生中所遇到的麻烦，有一半是由于太快地说'是'，而太慢地说'不'造成的。"这句话是美国幽默大师比林的名言。"比林定律"便由此而来。

在现实生活中，很多人因为不知如何拒绝他人而感到苦恼，因此，也常常把自己陷入"不得不答应"的尴尬境地。对于一个领导者而言，因为职位和权责所在，每天要面对各种各样的要求与求助，一味地答应或拒绝肯定是不可取的。关键是要区分清楚哪些是可以答应的，哪些是必须给予否定答复的。领导者做事一定要讲原则，超出自己职权范围的、不符合政策规定的要求，必须明确告知对方。同时，拒绝别人时要注意方式方法，讲究说话的艺术性。

（二）首因效应

"首因效应"是指人们在交往过程中第一次给他人留下的印象，会在对方的头脑中强烈地占据着主导地位的效应。

"首因效应"是一种直观的感觉，所形成的第一印象往往不太可靠。虽然如此，但有时还是会影响人们的判断，甚至陷入交往误区。作为领导者，首因效应也是至关重要的。在工作中，自己的语言表达和交际能力会影响到他人心中的个人形象。所以领导者必须重视这一点，无论是在形象上、语言上，还是在行动上都要严谨细致，才能在"第一印象"中取得关键性的胜利。

（三）近因效应

"近因效应"是指最后的陈述也会决定谈话的整体效果。我们知道，最初和最后的印象，一般都是比较深刻的，它甚至可以冲淡在此之间产生的各种因素和影响，最初印象形成的是首因效应，那最后印象形成的就是近因效应。

在实际生活中，人们往往注重第一印象，实际上近因效应产生的心理现象也是非常普遍的，我们应该谨慎地加以利用。作为领导者，在与人谈话或演讲时，如何开头固然重要，但是考虑如何在谈话结尾时画龙点睛、升华主题也同样至关重要。好的结尾也会让人记忆深刻，回味无穷。这也是领导者必须考虑和学习的。

（四）权威效应

"权威效应"是指假若一个人地位高、有威信，那么他说的话、做的事就容易被别人重视，容易受到认可。

"权威效应"普遍存在于日常生活工作之中。大家往往认为权威人士是正确的楷模，他们的言行和社会规范是一致的，因而会得到认可。在工作中，如果"权威效应"被领导者充分运用，就可以助其成为成功的领军人物。而树立权威最直接有效的方法就是语言。或通过一席慷慨激昂的演讲，或通过一番春风化雨的谈话，一个人的学识、智慧都可以通过讲话表达出来。只要讲得好，就可以树立起威信来。当然，善用权威并不是让领导者滥用职权，愚弄下属，而是诚信做人，关怀下属，这样才能更好地体现权威效应。

三、领导者讲话的口才技巧

（一）批评口才

1. 欲抑先扬

身为领导者，会经常面对下属的工作失误，此时就需要对下属进行批评教育以纠正其错误。一个聪明的领导者，总会在批评之前先肯定下属的成绩，赞美他的优点，然后再真诚地指出他需要改进的地方，这样就容易让下属接受批评。

 示例

柯立芝任美国总统期间，一天对女秘书说："你今天穿的衣服真漂亮，你真是一位年轻迷人的小姐。"女秘书受宠若惊，因为这大概是一向沉默寡言的柯立芝对她最大的赞赏了。随后柯立芝又说道："我还要告诉你，以后抄写时标点符号注意一下就更好了。"

像柯立芝这样，在批评前先表扬对方，以表扬来营造批评的氛围，能让对方在比较愉快的赞扬中接受批评。未批先夸，实际就是欲抑先扬的批评方式。在批评别人时，先找出对方的某些长处进行一番称赞，然后再提出批评，最后还可以使用一些鼓励性的词语来收尾。这种方式会使人认为你的批评是比较客观公正的，因而也会减少批评带来的抵触情绪，能够收到良好的批评效果。

2. 迂回战术

聪明的领导者在批评下属时往往都会保持温和的态度，采用委婉的方法来指明对方的错误。

 示例

1952年，周恩来总理召集有关人员，逐字逐句讨论、修改一份文件。复印前，他专门叮嘱一位同志要认真校对，不可马虎。但当周总理拿到这份文件后，发现仍有错误，但是周总理并没有马上批评这位校对的工作人员。第二天，周总理与大家共进午餐时，特意与这位校对人员碰了杯，笑着对他说："罚酒一杯吧！"简简单单一句话，既亲切又

严肃，这位工作人员立刻意识到了自己的错误。总理的一句话，既点明了他的错误，又没有让这位人员当众出丑。

通常而言，人们犯了错误，自己的心里也会进行反省，觉得愧疚。如果作为领导者，只是一味地横加批评、指责，那下属很可能从此丧失信心，甚至产生逆反心里。如果领导者批评下属时讲点策略，用委婉的语气含蓄地批评，就会起到很好的效果。犯错的下属在感激领导者信任和体谅的同时，一定会在今后工作中认真仔细，纠正自己的错误。

3. 因人而异

当领导者发现下属有错误时，就要指出他的错误。但在批评下属时，还要考虑面对不同年龄、不同阅历、不同性格的人，所采用的方式方法也应该有所不同，做到因人而异。

示例

某工厂的小赵和小李，在同一车间工作。小李是新来的员工，小赵比小李年龄大，进厂工作也比小李早几年。一次，两人在操作时都犯了同样的错误。车间主任得知情况后，对两人分别进行了批评教育。因为小赵是老员工了，所以他狠狠地批评了小赵。但批评小李时，车间主任只是指出了她的操作不当的地方，并且还安慰她要慢慢学习。小赵得知情况后，心里非常不服气，就去找车间主任。主任解释说："你是老员工了，你对操作应该很熟悉了，这种错误就不应该发生在你的身上。出错了，那一定是你工作态度的问题。而小李是新员工，还不熟悉操作，所以你俩的错误性质不同啊，你说对不对？"小赵听了车间主任的解释，沉默不语了，她接受了批评，改正了错误。

以上例子说明，就算是同样的错误，发生在不同人的身上，那领导者采取的批评方式也应有所不同，做到因人而异，这样才能达到批评的目的。

4. 善用暗示

聪明的领导者在批评下属时往往不用"批评"二字，而是用巧妙的方式、委婉的表达"点醒"听者，让其自我醒悟。

示例

某机关一个很有才气的大学毕业生，因工作成绩突出而飘飘然，傲气十足，结果人际关系紧张。领导与之谈话时没有直接指其问题，而是谈了一件类似的事：某单位有位青年能力很强，又有钻劲，成果突出，就是太傲气，瞧不起人，周围的人对他很有看法。后来在一次民意测验时他的分数最低。结果一公布，对他打击很大，他感到灰溜溜的，坚决要求调走。这位领导惋惜地说："本来很有发展前途的一个青年，就因为太傲，不善于创造良好的生存环境，使自己的发展受到影响，真是太可惜了。"

这位领导运用暗示法对下属进行善意提醒。这个青年从这番意味深长的话语中听出了话外音，受到了启示，从此觉醒起来，克服缺点，改善人际关系，很快使自己成为一个受欢迎的人。对于那些有自知之明的人来说，如果他们有了错误，领导者最好采用暗示的方法，无须把话说得太明了，点到为止即可，这样做不会令对方难堪，也不会伤及对方的自尊心。

（二）赞美口才

1. 赞美要真诚

领导者的赞美是下属工作的精神动力，可以对下属起到激励的作用，可以让员工有成就感和荣誉感。但领导者的赞美必须要真诚，要发自内心，不然就会让员工觉得虚情假意。

 **示例**

某电视台的老张是一名在新闻中心工作多年的老编辑了，平时工作总是勤勤恳恳，任劳任怨。在老张生日这一天，全科室的同志为他庆祝生日，新闻中心的主任也来参加。在庆祝会上，主任祝福说："老张同志多年来对工作任劳任怨，尽职尽责，甘于奉献，默默无闻。从来不抢功、不邀功。确实起到了老员工、老党员的模范带头作用。今天是老张同志的生日，我代表全科室同志向你表示祝贺，祝生日快乐！幸福安康！并送上大蛋糕一个！"主任的一番话让老张很感动，他感到这是领导对他工作的肯定。

总而言之，领导者真诚的赞美会激励员工，成为下属努力工作的动力。

2. 赞美要具体

领导者在赞美下属时除了要做到真诚，还要斟酌词句，具体明确，一定要让员工知道他在哪些方面做得好，值得表扬。笼统的、含糊其辞的赞美会让下属误解和窘迫，就会削弱赞美的力量。

 示例

克莱斯勒公司为罗斯福总统定制了一辆汽车，因为他下肢瘫痪，不适合使用普通汽车。工程师钱柏林先生把汽车开进白宫，总统对它表示出极大的兴趣，说："我觉得不可思议，只要按下按钮，汽车就开了起来，驾驶毫不费力，真是太妙了！"

总统的朋友也在旁边欣赏汽车，总统当着大家的面说道："钱柏林先生，非常感谢你们花费时间和精力研制了这辆车，这是件了不起的事。"总统接着欣赏了散热器、特制后视镜、特制车灯等，换句话说，他注意并提到了每一个细节，他知道工人为这些细节花费了不少的心思。最后，总统坚持让他的夫人、劳工部长和秘书都注意这些装置。

这种比较具体化的赞美，下属肯定会感觉出其中的真诚与谢意。因此，领导在赞美下属时，一定要具体明确，用语越具体，表扬的有效性就会越高，也越能激发下属的工作热情。

3. 赞美要恰如其分

古语曰："誉人不溢美。"这是说赞美他人时要恰如其分，如实反应，不要添枝加叶、夸大其词。不实事求是的赞美，对于被赞美者也是无益的，会使其产生盲目的自我陶醉情绪，容易自我满足，反而丧失了谦虚努力的工作态度，而且也会让他人议论纷纷。所以，领导赞美下属时，一定要实事求是，做到公平合理。

（三）拒绝口才

1. 通过诱导来拒绝

通过诱导拒绝是指领导者在工作中，经常会遇到下属提出一些不太合理的要求，此时，领导者最好不要直接拒绝，而应注意讲话的策略，让下属明白这样的要求不合适，自己自愿放弃。

 示例

一位业绩卓越的室内设计公司老板，对于用户和下属的一些不切实际的设想，他从不直接说"不行"，而是竭力引导他们自己放弃。

一次，一位下属在设计过程中想用一种不合适的花布做成窗帘，这位老板提议道："你确实给了我们新的思路，不过让我看看你究竟希望窗帘达到什么样的效果呢？"接着，他大谈什么样的布料做窗帘才能体现最佳的现代装饰效果。很快，他的下属便把自己的设计重新做了修改。

领导者可以把自己的意见通过循循善诱的方式表达出来，对方比较容易接受。用这种方法来处理下属的不同意见，也不会让下属感到难堪。

2. 善用缓兵之计来拒绝

用缓兵之计来拒绝是指在拒绝别人时，遇到一时不知该如何处理时，可以先拖延时间，然后再想办法。

 示例

有位经理正在和一位新的客户谈生意，这时，突然一位老客户打来电话要撤销他们以前的购买承诺。在这种情况下，该经理就面临着双重压力，一面要从老客户那里挽回败局，另一面又不能在新客户那里泄露失利的信息。面对这种结局，如果他惊慌失措，在电话里斥责对方或大声叫喊，那么结果就是既留不住老客户，又赶跑了新客户。这位经理非常聪明，他很客气地对老客户说："没关系的，不过，我现在正忙，我们明天再详细谈一谈，你看如何？"听经理这么一说，老客户就没有在电话里继续纠缠，答应了明天再说。经理获得了一个通过谈判维持原有交易的机会，同时新客户也很高兴，因为他觉得经理很重视他，同时又为经理因他而拒绝一次约会而感到抱歉，于是新客户当场就签了订单。

由此可见，缓兵之计不失为一种理智而又聪明的做法。

（四）幽默口才

幽默是一个人的学识、才华和智慧在语言中的综合体现。幽默的语言可以让紧张和沉重的气氛得到缓解。在人际交往中，幽默的语言如同润滑剂，能够化解冲突，消除敌意。作为领导者，也要培养自己的幽默感，从而成为受下属欢迎的领导。

1. 随机应变，巧妙解围

幽默是一种奇妙的语言，运用得巧妙，就能化解很多尴尬，把人们带入愉悦的氛围之中。

 示例

约翰·洛克菲勒是世界著名的大总裁，可他的日常开支却很节俭。一天，他到纽约一家旅馆去投宿，要求了一间最便宜的房间。旅馆经理认出了他，便劝说道："先生，您为何要住最便宜的房间呢？您的儿子住宿时挑的是最豪华的房间。"洛克菲勒回答道："不错，我儿子有一个百万富翁的父亲，可是我没有啊。"

生活中，人们都有可能遭遇窘境，此时就需要用幽默的方式来化解尴尬。

2．一语双关，机智幽默

有时候，相同的一句话在不同的场合说出来就会表达出不同的意思，一语双关也是一种非常实用的幽默技巧。

 示例

美国第 38 任总统福特，他说话风趣幽默，喜欢用双关语。有一次，他回答记者的提问时说："我是一辆福特，不是林肯。"

众所周知，林肯既是美国很伟大的总统，又是一种很高级的名牌汽车，而福特当时只是一种廉价的、比较大众化的汽车。福特总统说这句话，一方面表示出自己的谦虚，另一方面也凸显自己是受大众欢迎的总统。

有些场合，一语双关能够显示出过人的智慧和风趣。

3．避重就轻，绕弯说话

生活中，有些时候，有些话直接说出来会让对方难以接受，面对这种情况时最好的办法就是避重就轻、绕弯说话。

 示例

有一次，美国前总统林肯先生被邀请在某家报纸的编辑会上发言，林肯觉得自己并非编辑，出席这样的会议不是很合适。为了说明自己不出席这次活动的理由，他给大家讲了一个故事。

"有一次，我在森林里遇到一位妇女，我停下来让路，可她也停了下来，并且不转睛地盯着我看。这位女士说：'你是我见到过的最丑的人。'我说：'你大概讲对了，可是我有什么办法呢？'女士又说道：'当然了，你已经生就这副丑面孔了，你也没办法改变了，但是你可以待在家里不要出来嘛。'"大家被林肯幽默的自嘲逗笑了。

由此可见，人说话也要学会绕弯，避实就虚，才能为自己减少一些不必要的麻烦。

四、领导口才的注意事项

（一）要有号召力

领导者讲话一定要很快地把群众的心凝聚起来，鼓舞士气，激励群众。如果只是光喊口号，空话连篇，只有要求，没有措施，就变成了空洞的说教，这样的讲话没有指导和约束的作用，不如不讲。

（二）要简洁精练

从常人的心理来看，没人会喜欢听长篇大论，所以领导者讲话也一定要精干利索，"惜字如金"，不讲套话空话，不拖泥带水。

（三）要幽默诙谐

领导者讲话要尽量生动活泼，把深刻的道理用大家喜闻乐见的方式表达出来，才能让大家接受。切忌语言僵化刻板，毫无新意。

（四）要文明高雅

领导者讲话千万不能粗俗。语言是低俗还是高雅反映了一个人的素质和个人魅力，所以领导者讲话要文明文雅，尽量给人以美感。

（五）要有感染力

领导者讲话一定要探究听众心理，把握现场环境，援引哲理，充满激情。如果语言平淡，没有力度，就不会有吸引力，甚至让人反感。

第二节　谈判口才

【知识要点】

谈判口才的重要性
谈判语言的基本要求
谈判口才的技巧
谈判口才的注意事项

一、谈判口才的重要性

谈判是生活中不可缺少的交际行为，是一种特殊的双向沟通方式。无论是在工作中还是在生活中，我们都会经常遇到各种矛盾、争端，这就需要通过谈判来解决。谈判是一门专业技能，更是一种艺术。做一名无往不胜的谈判高手，需要有敏捷的思维、伶俐的口齿和广博的知识。但谈判最终还是离不开话语交谈，谈判的全过程也是口才施展的过程。所以，要想谈判获胜，掌握谈判口才是必不可少的。

（一）好口才是谈判中获得信息的一个重要手段

在谈判中，随时随地都要通过谈话了解对方的目的、实力、需求等信息。如果话说得好，问题问得巧，就可以获得很多有用的信息。如果不讲究方法、技巧，直来直去地提问，不仅得不到想要的信息，甚至可能会引起对方的不满。为此，谈判人员练就好口才是很有必要的。

（二）好口才在谈判中可以使双方更好地了解和沟通

在谈判中，谈判双方会出现意见相左、各执一词、相持不下的局面，这种情况的出现对谈判双方都很不利，它破坏了双方的友好气氛，会使谈判陷入僵局。如果此时哪一方的代表能用巧妙、恰当的语言对双方争执的问题加以叙述，那就能打破僵局，促使彼此间相互理解，使谈判顺利进行下去。

（三）好口才在谈判中可以说服对方

在谈判中，谈判双方都处于被说服的地位，同时都有一种抗拒的心理。在这种情况下，就看哪一方的谈判人员具有较好的口才了。有较好的谈判口才者，可以运用说服技巧，通过有理有据地摆事实讲道理，从而说服对方。

二、谈判语言的基本要求

（一）用语要有针对性

谈判中，各方会通过语言来表达自己的愿望和要求，因此，谈判中的语言要针对性强，做到有的放矢。模糊、啰唆的语言会成为谈判的障碍。谈判用语的针对性还指谈判中语言的运用要针对不同的场合、不同的对手。例如，针对性格直爽的对手，简短明快的语言更适合一些。总之，谈判中，要充分考虑到对方的性格、习惯、情绪、文化差异等，针对性地使用语言技巧。

（二）用语要准确

在谈判中，在表达己方观点，特别是涉及双方义务、权利和责任时，一定要表述清晰、准确、细致、具体，切不可模棱两可或产生歧义，否则会让自己蒙受损失。

（三）用语要掌握分寸

在谈判中，适用语言要把握好度，最好是礼貌、客观、冷静的，避免使用偏激、主观和粗俗的语言。

（四）用语要灵活

谈判过程中，时常会遇到一些措手不及的事情和问话，这就要求谈判者具备灵活的头脑和相应的语言应变能力，巧妙摆脱困境。

三、谈判口才的技巧

（一）叙述的技巧

谈判中，叙述就是介绍自己的情况，阐述自己对某一问题的看法，以使对方了解自己的观点、见解和立场。叙述时要注意不谈与主题无关的意见，阐述时不拐弯抹角，涉及数值时一定要准确无误。除此之外，叙述中常用的技巧有以下几方面：

1．转折用语

谈判中如遇到问题难以解决，或者有话不得不说，或者接过对方的话题转向有利于自己的方面去，都要使用转折用语。例如，"可是……""但是……""虽然如此……"等。这种用语具有缓冲的作用，可以防止气氛僵化，既不使对方感到难堪，又会向着有利于自己的方向转化。

2．解围用语

当谈判出现僵持、无法达成协议时，为了突破困境，给自己解围，可以运用解围用语。例如，"真遗憾，只差一步就成功了""行百里者半九十，最后的阶段是最难得啊""再这样拖延下去，恐怕最后的结果都不妙啊""既然事情已经到了这个地步，那就让我们再做一次努力吧"等。这种解围用语有时能产生较好的效果。只要双方有诚意，对方可能会考虑你的意见，促成谈判成功。

（二）提问的技巧

1．要把握提问的时机

在谈判中，问题问得再好，没有把握时机，就不算好的问题，可能就不会获得你想要的信息。因此把握时机需要注意：

（1）对方正在表达意见或阐述问题时不要提问。这时的提问就像"打岔"，是不尊重对方的表现，会影响对方的情绪和回答。

（2）不要在对某一话题的讨论兴致正浓时提出新的问题。而是要先转移话题，然后再提出新的问题，这样有利于对方集中精力思考和回答。

2. 要选择提问的方式

提问的方式不同，对方的反应也会不同，我们得到的信息也就不同。提问常用的技巧有以下几种：

（1）封闭式提问。这种提问是可以在特定领域中获得特定答复的提问。这样的提问，回答者往往不需要太多的思考就能直接给予答复，而发问者也可以获得自己想要的信息和资料。例如，"你是否认为售后服务没有改进的可能了"，回答者直接答复是或者否就可以了。

（2）开放式提问。这种提问是可以在广泛的领域内获得广泛答复的提问。这种问题一般都不会以简单的"是"或"否"作为答复。这种提问可以使对方畅所欲言，同时提问者也可以从中获得自己想要的信息。例如，"你对自己当前的工作表现有何看法""你认为你们公司的前景如何"。

（3）选择式提问。这种提问是根据己方所需而设定的一种提问技巧。例如，某商场休息室里提供咖啡和牛奶。刚开始，营业员总是问顾客说："要喝咖啡吗？"或者问："您要喝牛奶吗？"一段时期里销售业绩很一般。后来，老板要求服务员换一种问法："先生，您是要咖啡还是牛奶？"这样一来，销售额大增。原因在于：第一种问法，容易得到否定；而第二种问法就属于选择式的，顾客一般都会选择一种。

（4）要因人而提问。谈判中提问也要考虑对方的年龄、职业、性格、教育程度等，根据对方代表的特点来发问，或者直率、或者简洁、或者幽默，不可千篇一律。

（三）答复的技巧

谈判中一定是有问有答。在回答对方问题之前，一定要充分思考，构思好答案，以便使回答的结果对自己更加有利。谈判中，也要根据具体情况来决定回答的内容。

1. 正面回答

谈判中，有时会遇到涉及全局利益的问题，还会遇到原则性的问题。在遇到这些问题时，就应该针锋相对，据理力争，将自己的观点、原则正面地告之对方，让对方打消不合理的念头。

示例

1982 年 9 月 24 日的香港回归谈判上，英国撒切尔夫人一开始就要求在 1997 年之后继续维持英国对香港的管辖，并以威胁的口气说："要保持香港的繁荣，就必须由英国管辖。如果中国收回香港，必定给香港带来灾难性的影响和后果。"

邓小平针锋相对地回答说："主权问题不是一个可以讨论的问题。如果中华人民共和国成立了 48 年后还不把香港收回，任何一个中国领导人和政府都不能向中国人民交代，甚至也不能向世界人民交代。如果不收回，就意味着中国政府是晚清政府，中国领导人是李鸿章。不迟于一两年时间，中国就要正式宣布收回香港这个决策。"

在这个回答中，邓小平就从正面直接告诉撒切尔夫人，中国一定要对香港恢复行使主权。

2．拖延答复

谈判中，对于一些可能会暴露自己的意图、目的的问题的答案，要小心谨慎，不要马上做出回答，要留出思考和探测对方的时间。在表态时机还未成熟时，可采用拖延答复的方式。可用"我不清楚""我不知道""资料不全"等来拖延答复。

 示例

美国一位著名的谈判专家，有一次替他的邻居与保险公司交涉赔偿事宜，谈判是在专家的客厅里进行的，理赔员先发表了意见："先生，我知道您是理赔专家，一向都是针对巨额款项谈判的。不过，我们公司只能赔偿 100 元，您觉得如何？"

专家表情严肃，保持沉默。根据以往的经验，不论对方提出什么条件，都应该表示出不满意，但谈判专家却一言不发。理赔员果然沉不住气了："抱歉，请不要介意我刚才说的，我再加一点，200 元如何？"

"加一点，抱歉，无法接受。"

理赔员继续说："好吧，300 元了，可以了吧？"

专家沉默了一会儿："300 元……我不知道。"

理赔员显得有点惊慌，说道："那好吧，400 元。"

"400 元，嗯……我不知道。"

"就赔 500 元吧。"

"500 元，嗯……我不知道。"

……

就这样，谈判专家用"我不知道"这种拖延答复，最后让保险公司赔偿了 950 元，而客户最开始只希望得到 300 元。可见，这种拖延答复真是效力无穷啊！

3．反问答复

反问的特点是在倾听完对方的问题后，抓住关键的问题向对方反问以掌握主动。

 示例

买方："请谈一下贵方价格比去年上涨 10%的原因？"

卖方："物价上涨与成本提高是不言而喻的。当然，你对这个价格感到不满意的话，我很乐意就你觉得不妥的某些具体问题予以解释，请问哪些方面使你觉得不妥？"

（四）拒绝的技巧

谈判中拒绝对方时也不可"板起面孔"，态度生硬地回绝对方。相反，而是应该选择恰当的语言、恰当的方式来回绝对方，最好还要给自己留有余地。常用的回绝技巧有以下几种：

1．提问法

所谓提问法，就是面对对方提出的一些过分要求，我们通过一连串的问题提出质疑。这些问题无论对方回答与否，都会使得对方明白他们提出的要求太过分了。

 示例

某供应商在与一家大型卖场的合同谈判中，卖场提出了非常苛刻的结款条件。这时，该供应商抓住对方的苛刻条件提出了以下问题，终于让卖场由单方面的强势变为被动。

卖场如此结款的依据是什么？

该卖场的其他分店在结款政策上是否也是如此？

卖场对不同供应商结款政策是怎样区分的？

其他同类型的供应商是否也遵照此条款结款呢？

2. 条件法

谈判中如果直截了当地回绝对方必然会恶化双方的关系。条件法就是不妨在拒绝对方前，先要求对方满足自己的条件：如果对方能满足，那你也可以满足对方的要求；否则，你也不能同意对方的条件。

示例

甲公司向乙公司紧急订购一批电子产品，乙公司估算了一下，大概能在 3 月底完成，成本共计 4 000 万元。而甲公司的提案是要在 3 月 25 日之前必须完成，价格可以给到 4 500 万元。事实上，乙公司根本不可能在规定的时间内完成。经过考虑，乙公司提出反提案，提出公司可以在时间上让步，在很短的时间内完成任务，但甲公司必须多支付 500 万元。乙公司的做法让甲公司认为对方在乎的是价格。于是双方开始谈判。在谈判中，乙公司提出，甲公司要么多给钱，要么放宽时间，甲公司通过乙公司的答复，认为放宽时间更符合公司利益，同意乙公司 4 月 1 日交付，并支付 4 500 万元的货款。

该案例中，乙公司认定甲公司不会满足"多支付 500 万元"的条件，所以提出了提案。

四、谈判口才的注意事项

谈判中，无论是鉴于礼仪，还是鉴于谈判技巧，谈判桌上都要注意用语恰当。既然用语要恰当，就决定了谈判桌上一些用语是不能使用的，如欺诈隐骗、盛气凌人、含混不清、枯燥呆板等。以下是谈判人员应知的一些注意事项：

（一）谈判用语要实事求是，不可欺诈隐骗

有些人把谈判视为对立性的你死我活的竞争，在具体洽谈时，不顾客观事实，欺、诈、隐、骗，依靠谎言或"大话"求得自身的谈判优势。欺骗性的语言一旦被对方识破，不仅会破坏谈判双方的友好关系，使谈判蒙上阴影或导致谈判破裂，而且也会给企业的信誉带来极大损害。所以说，谈判语言应坚持从实际出发，应给对方诚实、可以信赖的感觉。

（二）谈判要坚持平等原则，不可盛气凌人

有的谈判者由于自身地位、资历"高人一筹"，或者谈判实力"强人一等"，在谈判中往往盛气凌人。居高临下、盛气凌人的行为易伤对方感情，使对方产生对抗或报复心理。所以，参加谈判的人员，只要和对方坐在谈判桌前，就应坚持平等原则——平等相待，平等协商，等价交换。

（三）谈判过程始终要目标清晰，不可含混不清

有的谈判者由于事前缺乏对双方谈判条件的具体分析，加之自身不善表达，当阐述

自身立场、观点或回答对方提出的某些问题时，或者语塞，或者含含糊糊、模棱两可，或者前言不搭后语、相互矛盾，使自己陷入被动。所以，谈判者事前应做好充分的思想准备和语言准备，对谈判条件进行认真分析，把握自身的优势和劣势，对谈判的最终目标和重要交易条件做到胸中有数。

（四）谈判氛围要友好轻松，不可枯燥呆板

某些人在谈判时非常紧张，如临大战，说起话来表情呆板，过分地讲究针对性和逻辑性。这对谈判也是很不利的。谈判应该在一种积极、友好、轻松、融洽的气氛中进行。因此，谈判者在正式谈判开始前应善于建立一种良好的谈判气氛，在正式谈判过程中也应恰当地运用一些比喻，善于开一些小玩笑，使说话生动、形象、诙谐、幽默、有感染力。通过活泼的语言创造并维持一种良好的谈判气氛，这对于整个谈判的顺利进行会起到重要的促进作用。

第三节　推销口才

【知识要点】

推销的埃达（AIDA）公式
推销中常用的口才技巧
推销口才的注意事项

一、推销的埃达（AIDA）公式

古语曰："一言可以兴邦，一言可以亡国。"由此可见说话表达的重要性。在这个万象杂陈的社会中，作为一名销售人员，就是要运用一切可能的方法把产品或服务提供给客户，使其愉快地购买或接受。如今，在市场经济的环境下，产品质量一致、价格相近、服务相当，甚至连折扣等因素都所差无几的情况下，如何才能使自己的产品脱颖而出，让客户接受？良好的推销技巧无疑是制胜法宝，而推销口才又绝对是推销技巧的核心。可见，好的口才对于销售人员来说是多么重要与关键。

国际推销专家海因兹姆·戈德曼曾把成功推销总结为四个步骤，即引起客户注意—唤起客户兴趣—激起购买欲望—促成购买行为。因为注意、兴趣、欲望、购买四个英文单词的第一个字母分别为A、I、D、A，所以又称埃达（AIDA）公式。

（一）引起客户注意

现代推销学和心理学研究表明，在推销现场，有近 80%的客户看推销人员第一眼后就不再理会了，即使是听推销人员的第二句话或看第二眼，其注意力也已经大大降低了，这说明推销人员的第一句话能否引起客户的注意至关重要。人们常说："好的开场白就是销售成功的一半。"因此，成功的推销人员必须思考如何才能在最初接触客户时就紧紧抓住他的注意力。当然，最有效的方法是通过设计一些独特而有吸引力的问题以引起客户的注意，然后激发他进一步了解产品的欲望。

（二）唤起客户兴趣

唤起客户兴趣的基本方法是针对客户的不同需求、不同动机，分别采取不同的方法。

一般来说，可以通过对产品的功能、性质、特点的展示吸引客户的关注。另外，还可以从情感上主动与客户交流沟通，使客户在情感上靠拢自己，然后再遵照情感变化的规律引起客户对所推销产品的兴趣。无论采用什么方法，展示也好，情感沟通也好，销售人员要尽快了解客户的兴趣爱好所在，投其所好，达到"先做朋友再做生意"的效果，及时把客户的情绪引导到对产品的兴趣上来。

（三）激起购买欲望

客户的购买欲望主要取决于对满足其需要的方式的选择。推销人员如果不能消除客户的顾虑，不能改变客户的消极心态，不能坚定客户对产品的积极的选择，那就不能激起客户的购买欲。推销人员应用诱导和充分说理的方法来激起客户的购买欲望。诱导侧重于用情感来激发客户的购买欲，就是常说的"暖心之言，打动客户"。充分说理则侧重于用理智来唤起客户的购买欲，如摆事实、讲道理，为客户提供充足的购买理由。

（四）促成购买行为

促成购买行为是推销人员在介绍完产品后，要不失时机地促进客户进行关于购买的实质性思考，强化客户的购买意识，进一步说服客户，使其完成购买行为或表态同意购买。一个优秀的推销人员会从客户的询问中获得顾客发出的购买的信号。例如，客户开始提出并关注最快的交货时间，仔细询问相关的售后服务等问题，或开始讨价还价等，当客户的语言由提出异议转化为谈论以上内容时，就可以看作客户在发出成交与购买的信号。作为销售人员应该有敏锐的观察和辨析能力，抓住机会，促成客户的购买行为。

二、推销中常用的口才技巧

（一）初次见面的口才技巧

1. 提出问题吸引客户

依照销售心理学的分析，最好的吸引客户注意力的时间就是当推销人员和客户最初接触的 30 秒，如果在这 30 秒里紧紧抓住客户的注意力，那后续的销售过程就会变得比较轻松。所以，推销人员必须抓住这短暂的时间。而在这 30 秒的开场白里，最好的方式是各种提问。用问题吸引对方的注意力，始终是比较好的做法。

示例

日本"先锋"电器是一个新崛起的牌子，人们一般都不会很快信任和接受新牌子。"先锋"公司的推销员在樱花节时组织了一次推销活动，他们问来往行人一个问题："您说时代在前进吗？"人们当然回答："是的。"然后推销员紧接着问道："那人们为什么不相信新的高科技产品呢？"这时行人的兴趣被调动起来，推销员马上不失时机地递上一份"先锋"电器的介绍，从而使"先锋"电器获得了市场认同，至今仍畅销不衰。

"先锋"电器的推销员正是运用了向顾客发问的方法，成功地抓住了顾客的好奇心和注意力。

2. 激发客户好奇心

众所周知，好奇心的产生是因为外界的现象对大脑产生了一种刺激，使大脑的某些区域处于一种亢奋的状态，进而引起人们对外界事物产生关注。一些营销专家会把这种心理活动运用到推销策略当中去，明确指出引起客户好奇心的重要性。谁能够快速引起客户的好奇心，谁就有了成功推销的基础。

 示例

某寿险销售员："李总，假如我有十公斤的软木要卖掉，你愿意出多少钱？"

客户李总："我并不需要什么软木，所以我也不必出这个钱。"

某寿险销售员："好的，我再问您，如果您现在坐在一艘正在下沉的船上，生命遇到了危险，我可以救您，但前提是您必须答应付我十万元的酬金，您愿意吗？"

客户李总："这个嘛……呵呵，你怎么会问这样的问题呢？"

……

这位寿险销售员与客户谈话之初，并未急于推销自己的寿险险种，而是问了一些与销售无关，甚至稀奇古怪的问题，让客户觉得意外，就产生了想听下去的欲望。这位销售员开场白的成功之处在于掌握了客户的好奇心理，激起了客户想进一步了解的欲望。

（二）介绍产品的口才技巧

1. 尽量客观介绍产品的优点

在销售中，销售员虽然需要"老王卖瓜，自卖自夸"，但过分吹嘘会让客户觉得你不诚实，从而产生反感和不信任。哪怕你的产品有独到之处，也可能会导致客户放弃和你的合作。

 示例

有一家医院最近一直采购某家药厂的产品，突然有一天，他们不再使用该药厂的产品了。原因很简单，就是因为药厂的推销员在介绍产品时过度夸大了产品的优点，他对医生说："这种药可以治愈所有气喘病人的疾病。"一听此话，医生说道："你可真敢吹牛。我院有一些病人服用后，一点效果都没有。"等那个推销员走后，有人问医生："真的一点用也没有吗？"医生回答："也不完全如此。据其他医生反映，这个药就缓解症状而言是有效的，但气喘是无法根治的，会有很多因素使它发作。推销员说完全治愈，那是夸大其词。如果他说对80%的气喘病人缓解症状是有效的，那我是可以接受的。可他为什么要无端夸大呢？"

通过这个案例我们看到，在向客户介绍产品时，一旦被客户抓住了产品的某些缺点，销售工作就会变得被动起来。销售人员当然要努力宣传产品的优点，但一定要客观，给客户一种实事求是的感觉，否则就会产生不利影响。

2. 找准客户真正的"关心点"

在销售过程中，很多销售人员只是一味地为客户介绍产品的特性、价格的低廉等，而忽视了客户真正关注的东西。一个优秀的推销员往往能很好地察言观色，抓住客户的购买心理，从而完成销售任务。

 示例

有一个房地产销售员，带领一对夫妻去看房子。当这对夫妻刚进入院子时，太太就被后院一棵非常漂亮的樱桃树所吸引。销售员注意到太太悄悄对丈夫说："我太喜欢这棵樱桃树了，我早就想在我们院子里种上这么一棵樱桃树了！"

当这对夫妻走进客厅时，显然对客厅陈旧的装修有些不满。这时销售人员对太太说："是啊，客厅的装潢是有些陈旧，但这栋房子最大的特点就是从客厅可以看到后院那棵美丽的樱桃树！"当太太走进厨房时，对厨房陈旧的设备也不太满意，而销售员接着对太太说："夫人，您知道吗？当您在做晚餐时，从窗户向外望去，就可以看到这颗美丽的樱桃树了，这是多么浪漫啊！"

不论这对夫妻提出什么不满意的地方，销售员始终强调说："是啊，这栋房子是有些缺点，但它也有一个别的房子没有的特点，那就是无论您从那个角度向窗外望去，都可以看到这颗美丽的樱桃树！"最后，这对夫妻花了50万元买下了这棵"樱桃树"，这就是著名的"樱桃树成交法"的起源。

这个故事里的销售员成功地把握住了客户看中的产品的特点，不断加以夸大、强化，客户提出的任何异议都可以用它来化解，使得客户觉得，有了这个特点后，其他都不足为道了。由此说明，销售员一定要从客户的实际需求出发，找出其最关心的问题，然后以产品中满足其需求的优势为手段，向他发出"猛攻"，自然会促成交易。

3. 寻找卖点，突出产品优势

在销售过程中，销售员要把自己产品的优势充分展现出来，这样利于说服客户。但是，销售员首先要分清楚，哪些是产品的特性，哪些是产品的益处。一般来讲，特性是指产品的功能、特点等，益处是指产品对客户的价值所在。在介绍产品时，要尽量把特性转化为益处，如果不能针对客户的需求说出产品的相关益处，那客户就不会被说服。

示例

"的确，这个手机的牌子不是很响亮，但它的优点正符合您的需要。它的待机时间很长，比市场上其他手机的待机时间都长，这样可以省去您频繁充电的麻烦。而且，它的价格比同类的手机都还便宜一些，何乐而不为呢？符合您的才是最好的，不是吗？"一位手机销售员对客户这么说。

以上是一则很具说服力的销售语言案例。销售员抓住产品的特点，突出产品的优势，淡化弱势，扬长避短，针对客户的关键需求点，用产品的优势与好处来打动客户，也就是很好地抓住了产品的卖点，赢得了销售上的成功。

（三）赞美客户的口才技巧

1. 用真诚的赞美赢得客户的好感

真诚地赞美客户一直都是销售员拉近与客户之间距离的最有效的方法。"美好的语言胜过礼物"，每一个人的内心都渴望被赞美。既然人们有被承认、被赞美的需求，那销售员就可以利用这一动机，赞美客户，从而获得客户的好感。

示例

玛丽开了一家服装店，自己做起了老板。她的店铺位置并不是很好，但生意却一直很红火。同行对此非常的好奇，于是偷偷地观察起她来。

玛丽性格开朗活泼，待人真诚友善。有一天，她店里来了一对年轻的夫妇，玛丽上前热情接待。这对年轻夫妇看了一会儿，妻子便在一件非常漂亮的大衣面前停了下来。见此情形，玛丽走上前去，得体地给年轻夫妇介绍起来。听了玛丽的介绍，妻子更加动心了。不过一看价格，妻子遗憾地说："大衣确实不错，但价格太贵了。"

"价格您不用担心，咱们还可以商量。关键是您穿上合不合身，能不能显示出您高贵的气质和曼妙的身材，如果不能，就算送给您，您也不会穿的，对吧？您不妨试穿一下。"

妻子穿上了大衣，果然效果不错。玛丽开口说道："您感觉如何？"妻子说："感觉不错，不过价格还是贵了。"

"您肯定明白'一分价钱一分货'这个道理。如果价格太低了，还不够衣服的成本，它的品质怎么会好呢。您现在看着贵一点，但这件大衣物有所值，您穿十年都不会过时，而且当您参加宴会或者重要活动时，穿着这样一件有品位的大衣一定会让您增色不少的。同时，您穿着这样有品位的大衣，也会让您的先生赏心悦目，您大方高贵的气质也会让您的先生倍儿有面子呢。您说是不是？"

玛丽边说边看看先生和妻子，此时，先生虽没说什么，但是脸上的表情却在说："我要为太太买下这件大衣。"

于是，玛丽又说："夫人，您真幸运，有许多太太都看上了这件大衣，可惜不是每个人都合适这件衣服，不过您的气质、品位、身材和这件大衣真的很配，仿佛为您定制的一样。"玛丽的一番话说得这对年轻夫妇心花怒放，最后，俩人买下了这件价值不菲的大衣。

销售就是这样，赞美说得好，产品就畅销。销售员如果都能像玛丽一样，与客户交谈时，懂得察言观色，善用得体的赞美去夸奖客户，那一定会赢得销售的成功。

2. 赞美的原则和方法

（1）要与众不同。在称赞别人时，要明白无误地告诉对方，是什么使你对他印象深刻。你的赞美越是与众不同，就要越清楚地让对方知道。称赞对方具备某种你所欣赏的个性时，你可以列举事实为例。例如，对于客户提过的某个建议，你可以说："对于您那次的果断决定，我还记忆犹新呢。这个决定使您利润上升不少吧？"

（2）要恰如其分。在称赞对方时要做到恰如其分，用词不可过分渲染。不要借一件不足挂齿的小事赞不绝口，大肆发挥，这样会让对方觉得你的赞美是牵强和虚假的。另外，在赞美对方时，尽量不要每次都用同样的话语。

（3）要采取适宜的表达方式。赞美时，不仅是你说了什么，还要看你是怎样表达的。你的用词、姿势和表情以及认真的程度，都是至关重要的。在赞美对方时，要直视对方的眼睛，面带笑容，注意自己的语气，讲话要清晰洪亮，不可吞吞吐吐、欲语还休，给人感觉是在应付差事。

（四）处理客户异议的口才技巧

在销售过程中，客户随时会提出各种问题或各种理由来挑剔商品，包括对商品的性能、质量、外观、价格、售后等有不清楚的问题，或需要进一步解释的问题等。客户对商品提出异议是很正常的现象，它既是成交的障碍，又是客户有购买意向的征兆。根据不同客户提出的意见，销售人员应选择不同的处理方式，并加以解释说明。这种解释说明的过程，也是说服客户的过程。所以，销售人员绝对不可以把反对意见变为销售的负面效应，失去销售的机会。

1. 先发制人

当客户可能要提出某些反对意见时，销售员最好的办法就是自己先把它说出来，然后给予解答，主动消除客户疑虑。这样不仅会避免客户反对意见的产生，同时，销售人员坦率地指出产品的某些不足，还可以让客户觉得你诚实可靠，从而赢得信任。但是要注意，在主动提出产品的不足时，一定要给客户一个圆满合理的解释。

示例

有一位顾客在购买压力锅时，对压力锅的安全问题有所疑惑，销售员是这么解释的："您现在一定是在考虑压力过大是否安全的问题，这个您不必担心，这个安全阀的设计和本身的作用正是防止压力过大的。"

2. 询问法

从客户的反对意见中找出误解的地方，再以询问的方式来征询对方。

示例

一位客户在观看一把塑料手柄的工具，然后问道："为什么不用金属手柄呢？那样更结实耐用。看来是降低成本了，甚至偷工减料。"销售员说道："我明白您的意思。但是，改为塑料手柄并非为了降低成本，更不是偷工减料。您看，这种塑料可绝不是普通的塑料，它是一种新型材料，和金属一样坚固耐磨。您在使用工具时，是喜欢又笨又重、价格还贵的呢？还是喜欢既轻便又价钱实惠的呢？"

3. 引用比喻法

通过介绍事实或比喻以及使用展示等（如赠阅资料、商品演示），用较生动的方式消除客户疑虑。

示例

客户说："好好一张脸，抹上那么多层化妆品，还不得抹坏了呀？"销售员说："您看，裹在很多层衣服里面的皮肤，因为衣服阻隔了阳光直射、粉尘、污垢等，不容易受到伤害，所以皮肤那么细嫩。我们的面部就不一样了，它经常受到阳光的暴晒会导致黑斑的产生，分泌的皮脂和空气中的粉尘混合，很容易堵塞毛孔，使皮肤产生黑色素、粉刺等问题。所以，我们要给面部皮肤穿上衣服。"

4. 迂回处理法

迂回法是当客户提出某些不购买的异议时，销售员能立刻将客户的异议直接转化为他必须购买的理由。迂回法能处理的，多半是客户并不十分坚持的异议。迂回法最大的目的是让销售员能及时处理异议，并迅速地陈述能带给客户的利益，以引起客户的注意。

示例

客户："就我这身材，我穿什么都不好看。"

销售员："正因为身材不好，才更需要衣服的修饰，您说对不对？"

三、推销口才的注意事项

（一）客观真实地介绍产品，不说夸大不实之词

销售人员有时为了一时的销售业绩而去夸大产品的功能和价值，这样的结果就像一颗"定时炸弹"，一旦爆炸，后果严重。因为客户在日后的使用里，终归会知道你说的是假话。任何产品都不是十全十美的，销售员要客观地帮助客户分析自己产品的优势和不足，帮助客户分析市场，让客户心服口服，对你充满信任。任何欺骗和谎言都是销售的大敌。

（二）使用文明礼貌用语，禁用攻击性语言

俗话说："良言一句三冬暖，恶语伤人六月寒。"作为一名销售员，无论是对客户还是对竞争同行，都要求使用文明用语，注意礼节，不能使用带有攻击性的语言，更不能为了掩盖自己的不足，而把对方说得一文不值，因为这会使你的形象在整个行业中大大降低。因此，使用攻击性的语言对销售只会起到反作用，有百害而无一利。

（三）问话语气要委婉柔和，少用质疑性的话语

在与客户沟通时，由于销售人员担心自己的话客户是否听懂，常常会问："这个问题简单，您听懂了吧""您明白了吧""您听懂我的意思了没"。这些话听上去像老师在质疑学生，会让客户感觉很不舒服，甚至很反感。若是把质疑的语气改成委婉柔和的，效果会好很多。例如，"您觉得我说得清楚吗？""还有需要我进一步解释的地方吗"。对于这样的问话，客户是比较容易接受的，也能解决自己想要了解的问题。

（四）介绍用语要通俗易懂，尽量少用专业术语

作为一名销售人员，当然要熟知产品的相关知识，而掌握一些专业术语和概念也是非常必要的。但在与客户的沟通过程中，不要过多地使用专业性和技术性过强的专业术语。因为，大部分客户对于专业术语都是比较模糊的，过多的术语会使客户越听越糊涂，最终会导致厌烦，就会对销售员产生一种傲慢的评价，这是非常不可取的。所以，在沟通时，销售员尽量使用简洁易懂的话语向客户介绍产品，做到让客户听得懂、听得明白。

（五）注意敏感词语的表达，尽量回避说出不雅之言

作为销售人员，在工作中要尽量避免使用不雅之言，否则，会对自己的销售带来负面影响。例如，你是寿险销售员，你和客户沟通时，最好避开"死亡""没命了"这一类的词语。有经验的寿险员会以委婉的方式表达这些比较敏感的词语。销售人员一定要注意，优雅的谈吐会助你走上成功之路。

（六）态度要热情真诚，忌冷淡冷漠

销售人员在与顾客沟通时，除了注意声调和语速以外，还要注意态度和语气，一定要诚恳热情，尤其是当客户表示出没有购买意愿时更要注意自己的态度，不可显示出不耐烦和冷漠。人们常说："买卖不在情意在。"销售人员热情诚恳，一定会感动客户，从而赢得客户的信赖。

第四节　主持口才

【知识要点】

主持人需要具备的基本素质

主持人的口才标准

主持人常用的应对技巧

主持人口才的注意事项

一、主持人需要具备的基本素质

世界上最早的主持人起源于美国。我国最早是在 1981 年的对台广播"空中之友"栏目设主持人，由徐曼主持。之后，1981 年中央电视台在赵忠祥主持的《北京中学生智力竞赛》节目中开始使用"节目主持人"一词。1993 年，我国各地电视台涌现出大量的节目主持人，如今，很多活动都离不开主持人的主导，好的主持人能通过优秀的口才使活动连贯和谐、妙趣横生。所以，主持人自身必须具备良好的各项素质和技能。

（一）一定的学识修养

学识修养就是文化修养，以渊博的知识和丰富的文化为基础。主持人在工作和生活中，要进行广泛和长期的知识储备，这样与广大听众、观众交流时才能做到对答如流，胸有成竹。主持人的知识不仅要力求"专与深"，而且还要"广与博"。主持人要积累各方面的知识，不断培养和加强敏感性和洞察力，这样才能在语言表达上站在时代的高度，正确引导大家的思维方向。

（二）良好的表达能力

作为一名主持人，出色的口语表达能力应该是最基本最重要的能力了。能否准确敏捷地表达意思，能否生动形象地强化语言效果，能否风趣幽默地体现主持风格，这些都会直接影响到节目的质量和收视率。所以，作为一名主持人，在做好知识储备的同时，要与同人多交流，取长补短，多思考，多练习，这样才能提升业务素质。

（三）良好的个性气质

个性气质是一个人在与人交往或处理问题的过程中表现出来的具有一定倾向的、比较稳定的特性。主持人的个性气质主要分为以下三种：儒雅型、幽默型和严谨型，这是由主持人的不同性格、不同生活阅历、不同审美趋向等决定的。一位受欢迎的主持人一定会有自己独特的个性气质，这也是主持活动是否成功的重要因素之一。因此，主持人必须不断学习，丰富内涵，提升素养，保持自己的个性魅力。主持人的外貌会随着岁月而改变，但知识的魅力是永恒的，不断更新自己，这也是保持个性魅力的根本。

（四）良好的心理素质

有无良好的心理素质直接关系到主持的质量和效果，良好的主持状态需要主持人具备敬业精神、驾驭节目的能力、应变能力、知识储备和工作经验等。这些因素都和心理素质有着紧密的联系。主持人只有具备良好的心理素质，他的主持能力才能得到充分的发挥和展示。良好的心理素质形成于鲜明的性格、坦荡的情怀、坚定的自信心，还有扎实的专业基础做依托，好的心理素质也是可以锻炼出来的。

二、主持人的口才标准

一个优秀的主持人应该是一个"通才"。健全的人格、广博的知识，敏锐的观察力，以及能言善辩是主持人的基本素养。相对于其他行业来说，主持人的口才应该包括以下几个方面。

（一）工于开场

"好的开头是成功的一半"，节目主持也是如此。一名优秀的主持人特别善于开场，确定基调、营造气氛、表明主旨、沟通感情，使全场人的情绪都高涨起来，造成一种全场和谐共鸣的态势，从而保证活动的顺利开展。

示例

一次篝火晚会，主持人的开场白是这样的："踏遍青山人未老，风景这边独好！朋友们，今晚繁星满天，篝火通红。这画一般的景色，激起我们诗一般的情怀……"

主持人的开场白情景交融，美妙生动，把观众都带入诗情画意里了。

（二）随机应变

一个成功的主持人最大的特点是遇惊不乱，随机应变，灵巧变通，尤其在遇到意外情况时能反应敏捷，准确判断，巧妙地调整表达方式。

示例

节目主持人杨澜有一次在广州天河体育中心主持文艺演出，在下台阶时不小心摔倒了，场下观众一片惊呼。只见杨澜非常沉着地站了起来，凭着她的口才，对台下观众说："真是人有失足，马有失蹄啊！我刚才的狮子滚绣球还不怎么熟练呀，看来这次演出的台阶还不好下呢！但台上的演出会很精彩，不信，你们接着瞧吧！"

杨澜的这段即兴发言，不仅为自己摆脱了难堪，更显示了她非凡的口才。她的话音刚落，场上就爆发出热烈的掌声。

（三）自然亲切

主持人是活动的指挥者和组织者，是联系听众、观众和表演者之间的纽带，与受众的关系应如知心朋友一样。因此，主持人的话语要平民化、大众化、生活化，主持的态度要亲切自然。

示例

《东方之子》栏目主持人白岩松，在《学者系列——季羡林》开场白中，以平和亲切的语气给观众讲述了一个感人的故事。

"北大的一位新生在开学报到那天，在校园里遇到一位衣着朴素的老人，他以为老人是学校的校工，就请这位老人帮忙看管行李。一个小时以后，他回来了，那位老人还在行李旁等着他，他谢过了老人。第二天的开学典礼上，这位新生惊奇地发现，主席台上，昨天为他看管行李的老人居坐在校长的身旁，他就是该校的副校长——季羡林先生。"

主持人的这一段故事，就像在"拉家常"，显得十分亲切，很自然地引起了大家的兴趣，快速拉近了与听众、观众之间的距离。

（四）收放自如

俗话说："编筐织篓，最难收口。"节目进入尾声时，也要注意收尾的技巧，不可草草收场，给人应付差事的感觉。要做到收放自如，巧于结尾，再展高潮。

示例

在教师节庆祝晚会结束时，主持人这样说道："朋友们，教师是伟大而崇高的。他们是蜡烛，燃烧自己，照亮别人；他们是小草，默默生存，点缀人生。在这台晚会就要结束时，让我们深情地对他们道一声：老师，您辛苦了！"

这段结尾用词精练，语言生动，感人至深，回味无穷。

三、主持人常用的应对技巧

（一）转换话题的技巧

在谈话的过程中，同一话题往往难以贯穿始终，中间转换话题是很正常的事情。转换话题也需要一定的技巧，最好能自然而然地将对方导向新话题，并且双方对新话题都有很多的共同语言。

1. 岔开式

不直接回答对方的提问，而是把对方所提的问题搁置一边，回答与其有一定联系的其他问题。

 示例

有一位著名的主持人应邀去上海主持晚会，有人问他，自认为长得如何？他回答说："我的脸很中国，你认为伟大的中国怎么样？"

他的回答很巧妙，就是运用了岔开式，既避开了不愿当众回答的问题，又表达了对中国的深情厚谊，令人拍案叫绝。

2. 反问式

如果主持人发现受众提出的问题有明显的失误或者有明显的挑衅，就可以举出类似错误的问题，反问对方，给对方一个措手不及。

示例

在一次访谈节目中，有一位自认为很聪明的老者问主持人："《总理遗嘱》每次纪念会上都要诵读，已经烂熟于心了，请问它一共有多少个字？"主持人没想到会是这样的问题，脱离常规也有点刁难之意，于是主持人就反问老者"："您老父亲的名字您也烂熟于心了吧？那请问一共有多少笔画呢？"这位老者没想到主持人会如此反问，一下子愣住了。

这就是反问式的回答，可以避免现场的尴尬气氛。

3. 诙谐式

用诙谐的语言做掩护，避开对实质性问题的回答，是岔开话题的又一手法。

示例

幽默家兼钢琴家波奇，一次在美国密歇根州福林特城演出，发现全场的座位有一半是空着的。当主持人谈到这个局面时，波奇说道："看来本市的人一定很有钱，你们每人都买了两三张票呢。"大厅里立刻充满了笑声。

钢琴家的回答非常幽默机智，避免了尴尬，又转移了话题。

（二）提问技巧

作为主持人，问话时不是直接就把问题提出来那么简单，也需要很多技巧。精妙的提问可以使你获得所需要的信息和知识，帮助你了解对方的需求，达到互相之间的交流。

1. 看对象提问

作为主持人，在提问时应该因人而异，即要从对方的年龄、身份、职业、性格以及不同的民族文化背景出发，选择不同的提问方式和技巧。例如，对高龄老人提问，就要称呼您，问年龄就不宜直接问"您多大了"，而是问"您今年高寿啊"。再比如，不同的文化背景有着不同的提问寒暄方式。在我国，亲朋好友之间见面常问"吃了吗""去哪儿啊"。其实这是一种问候寒暄的方式，不一定非要知道你去哪里，干什么，它就类似于"你好"的作用。可是这样的问法用在欧美等西方人身上，他们会很不高兴，甚至产生误解，他们会认为你在干涉他们的私事。

2. 看情况提问

主持人提问不仅要看对象，还要看场合、对方心境以及把握提问的时机。例如，中国人见面打招呼爱说："吃了吗？"但是如果在公厕里相遇还这么问的话，就有些尴尬了。主持人也一样，提问时要注意区分场合。场合有正式和非正式、庄重和随意之分，切不可在正式场合下说话、提问太过于随意。另外还要注意，在不同场合中，也有自己人和外人之分，所以说话、提问还要注意内外有别的界限。

（三）幽默技巧

1. 运用夸张

这是根据表达的需要，对客观事物的某些方面故意进行夸张，言过其实地进行扩大或缩小，从而引起想象力的修辞手法。

示例

在某机关召开的领导干部思想创新大会上，主持人说道："同志们，时代在飞速发展，社会形势也在不断变化，我们的思想也要与时俱进，不能墨守成规，我们绝不能做一个身体已进入 21 世纪，而脑袋还停留在旧时代的人啊！"

主持人的这番话中运用了夸张手法，联想丰富，不同凡响。

2. 适当自嘲

主持人在节目中适当自嘲，可以活跃气氛，收到很好的效果。

示例

节目主持人崔永元曾在节目中这么介绍自己："我姓崔，叫崔永元。'永'是永远的'永'，'元'是元帅的'元'。这两天，有朋友给我来信，写崔永帅收，我瞬间出了一身冷汗，因为我最初是想说'元'是元旦的'元'。"

仅一个名字的介绍，就让观众在笑声中留下深刻的印象。

3．妙解口误

在现场主持节目，难免会遇到一些意外情况或口误发生，如何应变对主持人是一个很大的考验。此时，主持人应当冷静、机智，用幽默的语言摆脱尴尬，化险为夷。

🖐 示例

在一次某中学高考前的动员大会上，主持人把离高考还有三个月说成了还有一个月，台下有哄笑声，这时只见主持人"辩解"说："同学们，其实我是故意说错的，因为我希望大家能够意识到高考时间的紧迫性，真正感受到时不待我，抓紧当下的每分每秒奋力拼搏！"随后台下响起热烈的掌声。

面对口误，主持人不慌不忙，冷静应对，摆脱尴尬。

4．运用比喻

如果用一些比较形象的比喻来说明事物的性质，语言就具有一定的幽默性了。

🖐 示例

有人问采购员采购工作好不好做，采购员这样回答："出门时要像兔子，办事时要像孙子，回来时要像骆驼。"

大师李教在北大的一次演讲会上，开场白是这样的："你们终于见到我了。我今天准备了一些'金刚怒目'的话，也有一些'菩萨低眉'的话，但你们这么热情，我应该多说一些菩萨的话……"

这两则例子都是话语中运用了比喻手法，既生动形象又风趣幽默。

5．运用熟语

所谓熟语是指在老百姓中广泛流传的谚语、成语、俗语等。主持人在交谈时恰当运用熟语，能大大增强语言的表现力。例如，"笑一笑十年少""百闻不如一见""愁一愁白了头"，等等。

🖐 示例

在一期经济访谈节目中，主持人讲过这样一段话："公务员上岗'先打预防针'。虽然有关国家主管部门从来没有放松过对违规车辆和违规企业的查处，但每次总是'好了伤疤忘了痛'，收到的实效很有限。"

运用俗语也是很好的一种幽默方式，简单明了，很有表现力。

四、主持口才的注意事项

（一）说话时要把握好分寸

主持人在说话时一定要注意把握分寸，说话时也要根据时间、地点、人物、事件的不同，调整讲话的内容。有些主持人不受欢迎，很大程度上和说话没分寸有一定的关系。如果主持人拿捏不好分寸，就会使自己处于很被动的境地，甚至会有更大的损失。

另外，作为主持人，在讲话时是有一定权威性的，所以，主持人讲话一定要实事求是，不能杜撰，不能道听途说，否则就会失去别人的信任。

（二）注意耐心倾听，勿抢话插舌

在生活中，我们常会看到有些人喜欢在别人还没说完话时就插话，有时都有喧宾夺主的意思。这是一个非常不好的习惯。作为主持人也是一样的，如果常常不管对方正在讲什么，就直接将话题转移到自己感兴趣的问题上，这是一种非常不礼貌的行为，甚至会破坏彼此间的关系和氛围。所以，作为主持人，一定要耐心倾听对方的讲话，等别人说完话再进行合理的提问和讲话。

（三）主持人要虚怀若谷，包容别人

有些主持人总认为自己比较聪明，因此在言行上常常喜欢反驳对方，来显示自己的高明，表现出自以为是的样子。其实，这也是非常不好的做法。作为主持人，虽然要求具备广博的知识，但也要虚怀若谷，学会尊重别人，学会接受别人的意见。

第五节　导游口才

【知识要点】

导游语言的功能
导游口才的基本要求
导游的口才技巧
导游口语表达的注意事项

一、导游语言的功能

随着我国人民生活水平的快速提高，旅游已进入了千家万户，成为每一个家庭寻求快乐生活的不可或缺的一部分。导游是旅游从业人员的重要组成部分，导游的服务水平如何，直接影响到游客的感受和旅游效果。而其中，衡量导游服务是否合格最重要的尺度之一便是导游的口才能力。口才优秀的导游能在最短的时间里给游客留下最深刻美好的印象，所以，口才是导游从业的第一武器。

（一）传播知识

导游人员是"游客之师"。导游人员要为来自全国各地乃至世界各地的不同文化层次的游客讲解目的地的政治、历史、经济、地理、民俗风情等，让其在快乐的旅游中增长知识，了解各地文化。

（二）沟通思想

导游人员与游客朝夕相处，随时解答游客提出的各种问题，随时为游客提供帮助和给予照顾，随时都要安抚游客的情绪，等等。这一切都要靠导游的语言来传递信息，表明态度和责任感，使导游人员与游客在思想上相互沟通。

（三）交流情感

导游人员服务的对象是游客，导游人员认真热情的服务，就会得到游客的认可和赞

赏，从而建立感情。导游人员只有在带团实践中不断提高导游语言的质量，才能日益提高导游的服务质量。

二、导游口才的基本要求

（一）热情礼貌

来自不同地方的游客参加旅游的目的只有一个，就是怀着愉快、新奇的心情，希望从壮丽山河的游览中得到心灵的愉悦。这就要求导游以热情的态度、礼貌的用语来对待每一位游客，营造一种愉快、轻松的氛围。

（二）生动幽默

幽默的话语可以营造一个轻松愉快的氛围。导游的语言应该活泼大方、幽默风趣，给旅游者一种亲和力，有利于拉近彼此间的距离，使游客在笑声中完成游览。

（三）内容正确

旅游中，导游的讲解很重要，所以，要求导游对景点、历史渊源、历史事件等的讲解内容正确无误，有据可查，切不可信口开河。如遇到多种解释的情况，可以选择比较权威的意见，或将几种意见都摆出来，供大家讨论。

（四）从容灵活

旅游者往往来自世界各地，有着不同的个性和爱好等，有时导游的讲解也需要因人而异，因地而异，因时而异，以适应游客的差异性、多变性。

三、导游的口才技巧

（一）迎接游客口才技巧

接站是导游与游客初次见面，所以导游必须做到仪容仪表得体。正确地称呼游客，亲切热情地接待游客，给游客留下美好的第一印象，从而为以后工作的顺利开展奠定基础。

1. 恰当称呼游客

中国是一个旅游大国，众多的景点吸引着大量的中外游客前来观光。面对众多的游客，导游首先要学会正确地称呼他们。由于各国各地的文化风俗不同，在称呼上也有很大的不同。如果称呼错了，会引起游客的不满，甚至更大的纠纷。

一般来说，对于男士，不论结婚与否，都可以称其为"先生"；对于已婚女子，可称其为"女士"，未婚女子称为"小姐"。对于地位较高的官方人士，可按国家情况称职衔加"先生"或"阁下"，如"总统阁下""大使先生"等。称呼也可以根据游客的职业和身份来确定，如果接待的是教师团，就可以称其为"老师""教授"；如果接待的是"老年团"，就可以称其为"大爷"或"大妈"等。导游对游客的称呼也没有绝对的要求，但必须做到称呼恰当，亲切有礼貌。

2. 及时送上温馨问候

问候是见到客人表示欢迎的一种礼节，它直接影响客人对导游的第一印象。

导游见到客人后，应笑脸相迎，主动问候客人。例如，"早上好""您好"等。如刚接到客人，就应该安慰说："一路辛苦了""欢迎大家的到来"等。问候时，应该目光正视对方，微笑点头，语气柔和，以表示对宾客的敬意。

另外，问候时要注意礼节的恰当。这是指问候礼节要符合客人的身份和习惯。一般不必主动上前握手，可以招手致意或点头致意。如果在公共场合或距离较远时，可举起右手并点头致意，不可高声叫喊。

3. 自我介绍要热情真诚

导游的自我介绍是与游客初次见面时的必不可少的一项程序，也是导游推销自己的良好时机。想要游客尽快消除对导游的陌生感，建立信任感，也要靠自我介绍来完成。

导游在做自我介绍时，态度一定要诚恳热情，把自己的基本情况介绍清楚，对自己的导游水平也可做个自我评价，但一定要掌握好分寸，切不可给游客留下"缺乏自信"或"自吹自擂"的印象。

另外，导游介绍自己时，不妨适当加几句幽默风趣的语言，从而拉近与游客的距离，增加游客对自己的好感与信任。例如，"十分荣幸，能有机会为各位远道而来的客人进行导游服务。我姓马，古语说得好，老马识途。那就请各位放心，这次旅游活动，有我一马当先，保证各位事事马到成功"。

（二）导游讲解技巧

讲解是导游在陪同游客欣赏景点时进行的解说，是导游口才中最重要的部分。它包括对景点的规模、历史、特色以及涉及的历史事件和历史人物的介绍，语言要通俗易懂，长句少、短句多，抽象少、形象多，表达时要富有变化。讲解的类型可以有以下几种。

1. 围绕景点主题讲解

一个景区的各个景点，内容不同，内涵也不同，讲解时就可以根据各景点的内涵来组织语言，以突出主题。

示例

江苏无锡的统一嘉园风景区的布局设计就有着特殊的意义，体现了全国人民对两岸统一的企盼。其解说如下：游客朋友们，你们来到这里，会深深体会和感受到台胞心中有着强烈的传播中华传统文化的渴望。他们希望利用统一嘉园这一和台湾风光极相似的景色，在无锡建一个台海风景文化特色的景区，以扩大两岸文化交流，让大陆人民了解宝岛台湾的历史文化和自然风光。我们今天主要游览的景点是金门殿、古闽堡和盼归亭。

2. 融入真情实感的讲解

真实的情感是最能打动人心的。一段充满激情与哲理的讲解，一定能触动游客内心。

示例

陕西临潼秦始皇兵马俑的讲解如下：

虽然英雄一世，创立无数丰功伟绩的秦始皇早已去世 2 000 多年了，但这些依旧保存完好的兵马俑留给人们什么思考呢？或者说，我们从中得到什么呢？我想，敢创历史先河，为国家统一不惧死亡的韬略和勇气是值得我们学习的。秦始皇横扫六国，统一中国的非凡气度和魄力仍不失为我们今天克服困难、扫除前进道路上的障碍的巨大动力。一个民族、一个国家想要富强，没有这种魄力是不行的。

3. 突出特色的讲解

导游的讲解必须突出民族特色和地方特色，以满足游客的需要。

示例

海侨东南亚风情园的解说如下：

我们现在来到的地方是海侨东南亚风情园表演场馆。在这里，我们将欣赏到富有印尼、泰国、马来西亚等国民族特色的风情舞蹈表演。下面，我先给大家简单介绍一下这几个国家的民族特色。说起印尼……

4. 充分运用修辞手法的讲解

解说运用修辞手法可以增强语言的表达效果，使导游的口才更富有感染力。

 示例

湖南长沙马王堆汉墓的讲解如下：

下面我们就到地下室去参观马王堆，一号汉墓的主人——西汉女尸辛追。在下楼之前，我先提醒一下各位，辛老太太已经在此安眠 2 100 年了，睡得真是香呢！那一会儿咱们看的时候，要放慢脚步，轻言细语，别打扰了老人家的美梦。如果你不小心吵醒了她老人家，后果可得自负呦！

（三）导游与游客交流技巧

1. 拒绝游客的技巧

在导游活动中，游客会经常向导游提出各种各样的要求和问题。一般情况下，导游应该尽量满足游客提出的各种要求，但对于游客一些不合理的要求，导游就应该回绝。回绝时就要注意方式方法，尽量不要当面说"不""不行"等，以免游客尴尬，甚至激发矛盾。

（1）委婉的拒绝。委婉拒绝是导游用比较温和的语气和语言进行拒绝推脱的方式，这样可以避免导游人员和游客间的对立情绪，也不会让游客感到很失望。

 示例

某旅游团的领队问导游人员是否可以再额外增加两个景点的游览。导游人员知道这是计划外的要求，不应该给予满足，于是采取了委婉的拒绝方式："您的意见很好，大家希望在有限的时间里多游览多看看的心情我非常能理解，如果后面有时间的话，我一定会尽力为大家安排的。"

这位导游人员没有直接回绝领队的要求，而是借助客观原因，采用模糊的语言暗示了拒绝之意。

（2）引申话语的拒绝。引申话语的拒绝是指导游人员根据游客话语中的某些词语加以引申，产生新意后用以回绝游客的方式。

示例

一位游客在旅游结束时把自己喝剩的半瓶药酒送给导游，并对他说："这药酒很贵重，而且对治疗我的病很有疗效，现在送给你做个纪念吧。"这种做法显然很不合适，有轻视人的意思，导游立刻接过话茬儿说："既然这药酒对您有效，而且又贵重，那您还是带回去自己慢慢用吧，送给我这没病的人岂不可惜了。"

引申而出的话维护了自己的尊严，也没有伤害到游客。

2．向游客致歉的技巧

在导游活动中，导游人员难免会因为自己的原因或其他原因，导致工作上出现失误或错误，让游客感到不快。那么，不论什么原因，导游都要妥善处理，向游客致歉或认错，以消除彼此间的误会或不满情绪，缓和彼此间的关系。

（1）微笑。微笑是重要的态势语言，微笑可以缓解导游人员和游客间的紧张气氛，同时，微笑也是向游客传递歉意的一种方式。

 示例

某导游人员在解说八达岭长城时，将八达岭长城说成建于秦朝，后被一名游客指出错误，导游人员意识到了错误，立刻更正，并对这位游客抱歉地微笑，游客也就不再计较了。

其实，采取什么道歉的语言，都离不开微笑，这应该贯穿于导游工作的始终。

（2）自责。自责同样是表示歉意的一种重要手段，出现失误时，推卸责任，针锋相对地辩解等都会激化矛盾。

 示例

某旅游团的行李经过托运后少了一件，客人很生气，指责导游说："你们旅行社偷了我的行李！"导游人员能理解此时客人的心情，没计较他语言上的不妥，并以自责的口吻说："您的行李丢失了，不管怎样，这是一件令人不愉快的事情，我感到抱歉！我也很能理解您的心情，不过请您先不要着急，我们马上去处理这件事情，尽力给您找回行李。"

这样一番话就可以抑制矛盾的激化。

3．劝说游客的技巧

（1）巧妙暗示。这是指导游人员不直接表明自己的意愿，而是用比较含蓄的语言或动作使人领悟的方法。

 示例

有一位游客在车内吸烟，使车内空气污浊。导游人员不便当着满车的游客直接制止他，于是，当抽烟的游客面对和直视导游时，导游人员向他摇了摇头，并用手捂着鼻子轻咳了两声，该游客就意识到了自己的失误，赶紧熄灭了香烟。

这样做既顾及了游客的颜面，又达到了自己的目的。

（2）协商提示。协商语气是一种导游员以商量的口吻间接地对游客进行提示的方法，以取得游客的认同。

 示例

某游客经常迟到，导游人员可以这么对他说："您看，大家都在车上等您好半天了，您下次是不是可以提前一点做好出发准备呢？"又如，某游客经常脱离团队独自行动，导游人员可以这么说："先生，我不知道在游览中您对哪些方面比较感兴趣，您可以告诉我，我好在以后的讲解中予以结合。"

这样做的效果就很好，既达到了目的，又避免了尴尬。

（四）导游欢送游客的技巧

旅游活动结束时，导游致辞欢送，这也是导游工作必不可少的程序之一。欢迎游客要热情，欢送时也要表达出惜别之情，感谢之意，不能给人留下"人走茶凉"的感觉。欢送词里可以包含惜别、感谢、征求意见、期待重逢等要素。

示例

各位朋友，天下没有不散的筵席。我们相处了近20天，今天就要和大家说再见了。20天不算长，各位朋友游览了我国的大江南北，大河上下，观赏了名山大川，名胜古迹，对我国一定有了一个概略的印象。旅途中，我的工作得到了各位朋友的支持与配合，旅行十分顺利。对此，我真诚地向大家表示感谢！同时，也请大家对我工作中的不周之处提出意见并请多包涵。我们有幸相逢在这美丽的南国，相信将来我们还会有缘再次相逢！最后，祝大家归途愉快，一路平安！谢谢！

四、导游口语表达的注意事项

（一）掌握好语音的运用技巧

导游在和游客的口语交流中，语音是最富有表现力的，它借助音量、语调、语气和语速的变化，使同样的词汇和语法在使用时令对方产生语义理解上的差异。所以，掌握好语音的运用技巧，导游员的讲解就会对游客产生较强的感染力。

1. 音量

音量是说话时声音的强弱程度。导游员在导游讲解和同游客对话时，要善于应时应地控制自己声音的强弱。一般来说，导游员在控制声音时应注意两个原则。

第一，根据游客人数的多少和讲解地点的环境状况来控制音量。游客人数多时，导游人员可适当提高音量，反之则适当降低音量，音量大小以每位游客都能听清为宜（必要时可借助扩音器）。

第二，根据导游讲解和言谈对话的内容来调节音量。对于一些重要的内容或信息、关键性的词语等可以加大音量进行强调，以加深游客对这些信息的印象和理解。有时，为了强调，除了加重音量外，还要拖长音节或一字一顿地慢慢说出。

示例

明天早上我们团队八点在中餐厅用餐。加重音量在"八"和"中餐厅"上，并将"八"的音节拖长，强调力度加大。

2. 语调

语调即说话的腔调，是指说话语句中语音高低升降的配置。语调一般分为升调、直调和降调三种，带有相应的感情色彩。

（1）升调多用于表示疑问、兴奋、激动和惊叹等感情状态。

示例

您老来过海南吗？（表示疑问）您老80年代就来过海南？（表示惊叹、疑问）

（2）直调多用于表示庄严、稳重、平静、冷漠等感情状态。

示例

海瑞，是我国明代著名的政治家，一生为官刚直清廉，体恤民情，深受百姓爱戴，世人称之为"南包公""海青天"。（表示庄重）

由于外语和地方方言都有各自的语调习惯，国内游客由于受地方方言的影响，所使用和理解的普通话也各有差异。所以导游员在讲解时语音要标准，使用语调要注意所需表达的情感的变化，符合游客说话的习惯。

3．语速

语速是指说话时语流速度的快慢。导游员的语速要根据游客对讲解所使用的语言的理解程度进行适当的调整，如对于儿童、老人及语言领会能力较弱的游客应适当放慢语速，语速过快会使游客无法跟上导游的思路，不能应时应景地理解游览对象物，也会导致导游工作得不到良好的配合。当然过慢的语速也会招人厌烦。导游员在调整自己的讲解语速时，应考虑以大多数人的特点来进行。

语速还应根据导游过程的进程和讲解的对象物来进行调节。重要的内容或需要重点强调的内容，语速可适当放慢，以便游客理解和记忆，像重要的景观名称、年代、人名、数字及时间、地点等。导游的过程是一个动态的过程，导游讲解还应注意配合引导游览进程的节奏，徐疾有致，较好地控制旅游者的行程安排。

4．语气

语气是指说话时的口气。它通过陈述句、疑问句、感叹句、祈使句等句子形式表现语言的感情色彩，增加句子的变化，使语言富有节奏感。其中，停顿的巧妙运用则能加强句子的语气和表现力。

（二）注意表情语言

表情语是指通过人体面部肌肉的舒张和收缩来表现思想感情的一种信息。它主要有平静、欢笑、哭泣、气愤、紧张、忧郁、迟疑、凶横、傲慢、谦卑等状态。导游员的表情语和语音表达是紧密相连的，与情绪也紧密相关。情绪具有一定的扩散作用，对他人有相应的感染力，对自身心境也有持久的影响力。导游语言是一种工作语言，是提供给游客服务的一部分，所以导游员要学会控制自己个人的情绪，保持微笑的表情语，使游客感到亲切和易于接近。导游员切忌在工作中面无表情或者时时流露出厌烦、焦躁等不良情绪。导游员应以游客之忧而忧，以游客之乐而乐，自然的表情才会令游客放松，令自己放松。

（三）注意谈吐高雅文明

导游员对待游客时，要热情友好、细心周到、谨言慎行，随时能关心、体恤、换位思考游客的内心感受，情绪要职业化。在与游客交流时，要注意不能与游客过分地亲近，不能开一些庸俗的、低级趣味的玩笑，讲话要文明礼貌，语气柔和，体现出良好的自身素质和职业操守。

第六节 应聘口才

【知识要点】

应聘前的准备
应聘面试应把握的原则
应聘语言的基本要领
应聘的语言技巧
应聘口才的注意事项

一、应聘前的准备

近年来，随着经济的发展，人事制度的改革日渐成熟，招聘与应聘已是常态，用人单位与应聘者之间也是双向选择。古语曰："知己知彼，百战不殆。"求职应聘，不仅要对自己有个正确的认识，而且对自己要应聘的公司也要有所了解，要知道对方需要什么样的人才，自己是否合适等。只有做到了知己知彼，才能为自己谋得一份理想的职业，因此做好应聘前的准备是至关重要的。

（一）正确评价自己

应聘者中有一些人往往过高地估计自己而未能得到用人单位的认可，也有一些人因为过于低估自己的优势而使自己错失良机，由此可见，正确地评价自己是非常关键的。

求职者在应聘前要进行自我评价、自我选择，要了解自己的性格、爱好及知识结构类型，从而选择合乎自己兴趣、个性的职业。正确评价自己既不能妄自菲薄，也不能夜郎自大，做到实事求是、客观冷静就好。

（二）了解应聘单位

应聘者在应聘前不仅对自己要有正确的认识，而且对于应聘的企业、公司也要有全方位的了解，包括它的行业背景、行业地位、内部结构、运行原理、管理方式、人员组成等。通过了解，减少盲目性，可以做好应聘前的充分准备，在展示自己的特长时有较强的针对性。

（三）准备有关资料

在双向选择的过程中，大部分用人单位会将应聘者提供的各种书面资料作为面试的根据，因此，拟定有说服力并能引人注意的书面资料是赢得竞争的第一步。需要准备的相关资料包括推荐表、简历、自荐信、各种证件（获奖证书、各种技能等级证书）、发表过的论文、成果等，这些资料要完整齐全、份数充足，为用人单位提供方便。

此外，面试前还应该将上述资料加以浓缩提炼，拟成纲要，并口语化，形成腹稿，熟记心中，以便能在很短的时间内完整流畅地介绍自己，精要地展示自己的知识、能力、特长等，争取给应聘单位留下满意的印象。

二、应聘面试应把握的原则

面试是用人单位以目测和问答的方式，对所需要的人才进行的一项特殊考试。面试通常安排在笔试和其他考核之后进行，对面试者来说这一项考核非常关键，往往有着"一锤定音"的作用。经验证明，成功的面试应把握以下几条原则：

（一）化被动为主动

从形式上看，面试是用人单位对应试者的挑选。通常由应试单位出题，主考官提问等，主考官的态度和评价决定着应试者的去留。这样看来，应试者处于被动的地位。但是，如果换一个角度来看，应试者可以把面试当作推销自己、展示自己的一个机会，那么，应试者就有了很大的主动性，就可以在应试中表现出很高的热情，知识的积累不断被唤醒，实现正常甚至超常发挥，从而赢得考官的好感。

（二）外在形象与内在素质并重

面试的目的是考查应试者的综合素质，因此也包括应试者的外在形象。一般来讲，外在的形象能反映出一个人的内在气质和学识修养等，并容易给他人留下"首因效应"。良好的第一印象影响考官对应试者的评价和态度。因此，应试者应该坚持外在形象和内在素质并重的原则，在着力表现内在素养的同时，注重自己的穿着、举止等，做到自然、自信、礼貌，向考官展示自己良好的形象。

（三）要有良好的心理素质

一般来讲，应试者面对考官时，都会感到紧张，心理压力很大，如不及时调节心态，就会出现心理失控，讲话结巴，乱了阵脚，影响正常的发挥。所以，应试者必须具有良好的心理素质，这就要求应试者在面试前做好充分的准备，注意训练自己的心理素质。面试时要稳定情绪，引导自己进入最佳状态。只有在强大的积极心理的支持下，才会有出色的表现。

三、应聘语言的基本要领

应聘时，你的语言表达艺术标志着你的职业综合素养。毋庸置疑，掌握语言表达艺术是非常重要的，那么，应该掌握哪些基本的谈吐技巧呢？

（一）口齿清晰，语言流利

应聘交谈时，首先要注意发音准确，口齿清晰，在讲话时注意语速，不可过快或过慢，以免影响表达的流畅。

（二）语气平和，语调适中

应聘交谈时要注意语调语气的正确运用。自我介绍时，语调应该比较平缓，如果需要强调某些事项时，语气可适当加重，说话的声音也要控制好，高低以考官能听清楚你讲话为原则。

（三）语言要机智、幽默

说话时，除了要表达清晰以外，适当时可以使用一些幽默的语言，增加轻松愉快的气氛，也可以展示一下自己的机智和气度。机智幽默的谈吐会给人留下深刻的印象。

（四）注意观察听者的反应

应聘交谈往往是双向的，这就要求应聘者随时观察听者的反应。如果看到对方心不在焉，那就很有可能是对你的表述不感兴趣或者声音太小听不清等。这时，应聘者就应该及时调整语气或语态，或转换话题等，这样才能取得良好的沟通效果。

四、应聘的语言技巧

求职应聘是一门艺术，也是一项"系统工程"。求职中，最重要的环节就是面试。在面试时口齿清晰、表达流利，是每一位应聘者想要做到的。那么，如何在面试时彰显自己的素质和魅力，为自己赢得机会呢？现就一些常见的语言问题做如下建议：

（一）自我介绍的原则

（1）独特。要想在众多的应聘者中突出自己，那么在自我介绍时就要把自己与众不同的、独到的特长说出来。例如，向主考官们展示自己曾发表过的很多文章或取得的很多奖状、奖章等。

（2）相关。在自我介绍时一定要重点介绍、说明自己的专业、特长或经历与应聘的岗位有很紧密的关系，不要介绍与职位毫不相干的经历。

（3）简洁。在自我介绍时要抓住重点，做到言简意赅、干脆利落，在很短的时间内介绍自己的基本情况，突出优势与强项。

（4）激情。充满激情地介绍自己会让人觉得你是一个很自信的人，会给考官留下一个非常深刻的印象，因此，讲话时注意语调语气是很重要的。

（二）自我介绍类问题的引申

1．你的家庭情况

这是应聘者常遇到的问题之一。提这样的问题，考官是想通过其家庭状况、家庭成员了解应聘者的性格、观念等。遇到这样的问题，应聘者最好能表明自己受到了良好的家庭教育或说明自己具备某一方面的能力。回答时可以把握以下几个方面：简单罗列家庭成员；强调家庭氛围和谐美好；强调父母对自己的教育很重视；强调家庭对自己工作的支持；强调自己的家庭责任感等。

2．你有什么爱好

这样的问题是考察应聘者的个性特征。通过兴趣爱好反映应聘者与求职岗位的切合度。一个人的业余爱好往往反映这个人的性格、心态等，所以，应聘者在遇到这样的问题时，尽量避免回答"没什么爱好"，而是要暗示出一些积极的因素，如个性随和、有较强的团队合作意识等。

3．你的领导如何评价你

这个问题考察的目的是求职者能否正确看待别人的评价及求职者是否具备职位所需的品质或技能。回答这个问题应该涉及应聘职位所需的各项技能和品质。这类问题还可以理解为"你的领导认为你有哪些优点"。回答这类问题的关键，一是要有相应的事例做支撑，这样更能具体说明；二是要与简历一致，不能撒谎。例如，应聘销售经理职位的人可以这样回答："很高兴，我的领导说我已经取得了显著的进步，有望成为区域销售经理。我成功地与经销商建立了良好的合作关系，并与他们达成了新的供货协议。"

（三）个人能力类问题的展示

1．差异化展示

应聘者的学习与培训的经历作为个人能力提升的重要手段，必定是主考官关注的焦点，所以，应聘者在回答这类问题时一定要突出自己不同于他人之处。应聘者可以从以下几点考虑：一是要在叙述中尽量显示你的教育背景有别于他人，即使学习的内容一样，也要在结果和学习心得上和他人有所不同；二是要让主考官明白，你的教育背景足以支持与满足你所应聘的工作的需要；三是介绍自己的学业成就时，不可平铺直叙，毫无个性，感觉就是流水账。

 示例

我深知自己的专业与所应聘的职位有一定的差距，但是三年前，从我从事会计工作开始就有针对性地制订了学习计划。三年来，我从最基础的会计知识学起，广泛涉猎会计学、财务管理，已经取得了会计资格证书，今年已经报名参加了中级会计师的培训，而上一个岗位为我提供了实战的平台，使我自身的实践水平得到了极大的提高。但是在来面试之前，通过我对贵公司的了解，要完全胜任这项工作还需要不断学习，我会努力的。

这样的回答强调了业余时间的学习与培训，传达了自身的学习能力、计划能力等，有利于减少因专业不对口造成的不利影响。

2. 用事例说明成绩

用具体事例来证明自己的能力。"具体"是指：一是从个人所具有的相应的内涵出发；二是指详细地用事实说服别人。在表述时尽量避免对自己做过分的夸张，一般不使用"第一""最好"等词语来赞美自己。

 示例

"我在大二时，在一家代理中国联通无线公话业务的公司实习，从事业务推广。这项业务与普通业务相比较，最大的优势在于长途电话比较便宜。后来我和同学就分析：长途电话最多的地方一个是火车站，一个是外来人口较多的地方。而火车站关注的人较多，竞争激烈，估计市场不会太大了，而外来人口最多的地方当属建筑工地附近，于是我们赶到建筑工地附近的区域现场调查，发现一条街道竟有几十家公用电话亭，结果我们的业务推广工作大获成功。"

这样的回答就是用具体的事例来证明自己的成绩和实力，比空洞抽象地说要好得多。

（四）个人能力类问题的引申

1. 在大学里，你最不喜欢的课程是什么

这个问题考察的目的是判断应聘者的求职动机及其是否对任何工作都充满兴趣。这也可以看作主考官设计的一个陷阱，如果应聘者直接回答不喜欢"语文""体育"等课程，会让主考官认为你学习只是凭着个人的爱好和兴趣，进而联想到应聘者求职是否也是凭个人兴趣。遇到这样的问题，应聘者可以考虑如下回答。

 示例

"我确实对个别科目不是有很大的兴趣，但正因为如此，我平时用更多的时间去学习这些课程，后来，我发现我对这些科目有了兴趣，从而保证各科成绩的平衡。"

2. 你打算继续学习和深造吗

这个问题考察的目的是应聘者的进取精神及应聘者如何处理工作和深造的关系。如果回答不再学习和深造，给人感觉不够有进取心；如果回答想继续学习，那又面临如何处理和工作的关系。应聘者可以考虑如下回答。

 示例

"我不会为了深造而深造，在将来的工作中，我会认真考虑这个问题。如果深造对工作是必要的，我会考虑在公司允许的时间内继续学习和深造的。"

（五）随机应变展示个人能力的技巧

面试时，主考官随时都会提出各种各样刁钻的、难以回答的问题来检测你的思维水平、品德修养和协调能力，这时，就需要应聘者保持头脑灵活，反应敏捷。

1. 虚实并用，以实补虚

当面试官想了解一下你的应聘动机，或者想搞清楚作为求职者的你为什么在面临众多备选企业时选择了该公司，你可能面对的问题是"你为什么应聘这个职位"。作为主考官不仅仅希望应聘者口头表达出对自己企业或公司的了解和兴趣，更希望通过具体的数据和实例来展现自己感兴趣的程度。所以，作为应聘者，要通过各种渠道多了解求职单位的详细信息，让主考官感到满意。

 示例

"我认为贵公司是我理想的选择。我在校期间，曾经协助进行科研创新，并且我喜欢团队的项目工作。我正在寻找一家注重创新、专注于电子产品尖端研究的高科技公司。在过去的五年中，贵公司在研究开发改善现有电子产品中承担了行业领头人的角色，我知道目前贵公司正在投入大量的研究发展资金用于开发新一代产品，而且这也是我非常感兴趣的一个创新课题。鉴于贵公司对创新的重视，还有我个人愿意为电子技术进步做贡献的决心，贵公司是我理想的选择。"

2. 以退为进，言之有物

薪酬问题也是面试中比较核心的问题，基本在应聘面试过程中都会问到。一般情况下，应聘者如果感到自身条件和优势不是特别突出，尽量不提薪酬标准，而是让主考官给出薪酬标准。

 示例

"我认为通过工作获得酬劳是每个人的权利。我来贵公司最看重的是两个方面：一是获得了绝好的学习机会，我了解到贵公司的管理和内部控制都在行业里是首屈一指的；二是我应聘的职位拥有广阔的发展空间，同时也符合我的职业生涯规划。至于薪酬，我想贵公司一定有一个公平合理的薪酬体系标准，我只要按照这个标准执行就可以了。"

五、应聘口才的注意事项

在面试中，语言是必不可少的，它是应试者与用人单位相互沟通、传递信息的最基本的工具。面试时，应试者在语言表达与交流方面的表现对面试的结果影响很大。因此，应聘时一定要注意以下几点：

（一）称呼要恰当

据心理学家研究，对别人怎样称呼应十分重视。称呼恰当，能使对方产生相容心理，感情就较融洽；称呼不当，可能会招致对方的不满或反感。所以，应聘者在面试时，首先应称呼恰当，千万不可大呼小叫别人的名字。

（二）语言要文明

语言文明在一定意义上表现一个人的文化教养。应聘者面试时，用语文明与礼节性语言尤为重要，对语言的表达要认真细致。不要将自己不文明的口头语带出来，那样会使场面很尴尬。

（三）语气要得体

应聘者问话应朴实、简洁，不要过多地提问，以免使人产生厌烦情绪。另外，也不要说一些不着边际的话，让用人单位产生厌恶的感觉，如"最什么""特什么""非我不可"等，反而显得应试者极不成熟与幼稚。

（四）语言表达要清晰

话不在多而在精。应聘者一件事情不要反反复复地强调，这样反而把重点冲淡了。回答问题也应该简单明了，不要总是喋喋不休，让面试现场成为你自己的演讲论坛。

（五）用词发音要规范

面试时，应聘者最好用标准的普通话来进行沟通，不要用方言、土语，以免使对方在理解上感到困难。

 **相关链接**

应聘中常会遇到的几个经典问题

应聘面试过程中，主考官会向应聘者发问，而应聘者的回答将成为主考官考虑是否接受他的重要依据。对应聘者而言，了解这些问题背后的"猫腻"至关重要。以下就面试中经常出现的一些典型问题进行了整理，并给出相应的回答思路，读者可参考这些面试的规律及回答问题的思维方式，做到"活学活用"。

问题一：你最崇拜谁？

回答思路：

（1）最崇拜的人能在一定程度上反映应聘者的性格、观念、心态等，这是面试官问该问题的主要原因。

（2）不宜说自己谁都不崇拜。

（3）不宜说崇拜自己。

（4）不宜说崇拜一个虚幻的或不知名的人。

（5）不宜说崇拜一个明显具有负面形象的人。

（6）所崇拜的人最好与自己所应聘的工作能"搭"上关系。

（7）最好说出自己所崇拜的人的哪些品质、哪些思想感染着自己，鼓舞着自己。

问题二：你的座右铭是什么？

回答思路：

（1）座右铭能在一定程度上反映应聘者的性格、品质、思想动态等，这是面试官问这个问题的主要原因。

（2）不宜说那些容易引起不好联想的座右铭。

（3）不宜说那些太抽象的座右铭。

（4）不宜说太长的座右铭。

（5）座右铭最好能反映出自己的某种优秀品质。

问题三：谈谈你的缺点。

回答思路：

（1）不宜说自己没缺点。

（2）不宜把那些明显的优点说成缺点。

（3）不宜说出严重影响所应聘工作的缺点。

（4）不宜说出令人不放心、不舒服的缺点。

（5）可以说出一些对于所应聘工作"无关紧要"的缺点，甚至是一些表面上看是缺点，从工作的角度看却是优点的缺点。

问题四：谈一谈你的一次失败经历。

回答思路：

（1）不宜说自己没有失败的经历。

（2）不宜把那些明显的成功说成失败。

（3）不宜说出严重影响所应聘工作的失败经历。

（4）所谈经历的结果应是失败的。

（5）说明失败之前自己曾信心百倍、尽心尽力。

（6）说明仅仅是由于外在客观原因导致失败。

（7）失败后自己很快振作起来，以更加饱满的热情面对以后的工作。

问题讨论

1．请谈一谈领导工作中必须知晓的"比林定律"的含义。

2．谈判过程中谈判者需要注意哪些涵养？

3．如果你是销售人员，顾客说："我认识你们老板，你再给我优惠点，不然我就打电话给他了。"面对这样的顾客，你怎么回答？

4．请谈一谈主持人即兴点评的技巧。

5．请谈一谈导游词的编写技巧。

6．假如在应聘时，主考官提出"你认为你在学生时代最大的收获是什么"。你怎样回答？

实战演练

1．根据以下材料，请分析这位领导的做法是否恰当？如不恰当，应该怎样做？

某公司的一位职员经常上班迟到。一天，公司领导当着全体员工的面狠狠地批评了这位职员："你以为你是谁？你到底想怎样？公司不是你一个人的，也不是你们家，想怎样就怎样。你这种做法就是无视公司的纪律和规定，太不像话了，给你一点时间，你自己好好反省去吧。"

2. 根据以下案例，分析理解谈判准备的意义。

据新华网《新华资料》记载，1972 年 2 月，美国总统尼克松访华，中美双方将要展开一场具有历史重大意义的国际谈判。中方人员在周总理的亲自领导下，对谈判过程中的各种环境都做了精心而周密的准备和安排，甚至对宴会上演奏的中美两国民间乐曲都进行了精心的挑选。在欢迎尼克松总统一行的国宴上，当军乐队熟练地演奏起由周总理亲自挑选的《美丽的亚美利加》时，尼克松总统简直惊呆了，他完全没想到在红色的中国能听到如此迷人的曲子——国宴达到了高潮，一种融洽而热烈的气氛深深感染了美国客人。因为，这是他平时最喜爱的并且指定在其就职典礼上演奏的家乡乐曲。

3. 根据材料完成角色扮演。

假如你是一名办公用品的推销员，准备到一家公司进行推销。你和这家公司的经理没有任何交往，只是知道这位经理非常喜欢集邮，请你就集邮话题与经理交谈，并力争让经理对你的产品产生兴趣。

4. 班里准备组织一场以"大学生就业难的思考"为主题的班会活动，你作为主持人，拟写一份活动方案。假如会上同学们气氛沉闷，发言不积极，你该如何巧妙应对呢？

5. 阅读下面这段材料，分析其中的导游口才技巧。

坐落在武汉月湖畔的古琴台，游客一眼看上去不会发现什么，经导游人员的解说，游客对古琴台的了解就深入透彻很多了。导游人员介绍说："这座古琴台相传是春秋战国时期著名音乐家俞伯牙鼓琴的地方。有一次，俞伯牙坐船遇到大风，阻隔在汉阳。在这里，他遇到了一个叫钟子期的人，伯牙知道钟子期喜欢听琴，就弹了两支曲子，一曲意在高山，一曲意在流水。钟子期听完，很快就把乐曲的含义说了出来。伯牙非常钦佩，两人从此成了莫逆之交。一年后，钟子期病逝，俞伯牙知道后十分难过，特意到钟子期墓前弹奏了一曲'高山流水'，弹完之后就把琴摔了，发誓不再鼓琴，这就是后人所说的"伯牙摔琴谢知音"。北宋时，为了纪念他俩，就在当年他们弹琴、听琴的地方建了一座古琴台，取名伯牙台。"

6. 根据以下面试对话，请分析应聘者面试失败的原因。

面试官：据我了解，你似乎很有赚钱的本事。对吗？

应聘者：是的，不瞒您说，我觉得自己颇有一些赚钱的新招。因为我是名牌大学毕业的，又在某某企业的销售部门兼职，所以，对于赚钱，我还是有把握的。

面试官：哦，原来你是某名牌大学的毕业生。不过，我们单位太小，层次也较低，目前暂时容不下名牌大学的毕业生，很抱歉。

参考文献

[1] 宋欣桥. 普通话语音训练教程（第三版）[M]. 北京：商务印书馆，2017.

[2] 史钟锋，张传洲. 演讲与口才实训[M]. 南京：东南大学出版社，2015.

[3] 蒋红梅，张晶，罗纯. 演讲与口才实用教程[M]. 北京：人民邮电出版社，2015.

[4] 郑一群. 超有效的 10 堂销售口才课[M]. 长沙：湖南科学技术出版社，2014.

[5] 李元授. 演讲与口才[M]. 武汉：华中科技大学出版社，2014.

[6] 林鸿. 普通话语音与发声[M]. 杭州：浙江大学出版社，2014.

[7] 盛安之. 从零开始读懂口才学[M]. 上海：立信会计出版社，2014.

[8] 解芳. 普通话语音发声[M]. 太原：北岳文艺出版社，2014.

[9] 苗郱军，陶晓辉. 职业口才训练[M]. 武汉：武汉大学出版社，2014.

[10] 肖祥银. 说话的艺术[M]. 北京：中国华侨出版社，2013.

[11] 钟祖斌. 领导口才实用技巧[M]. 北京：海潮出版社，2013.

[12] 文叶. 演讲与口才[M]. 北京：红旗出版社，2012.

[13] 岳凯华，沈飞跃，黄瑛，蔡颂，李夫泽. 演讲与口才[M]. 长沙：湖南大学出版社，2011.

[14] 张立莉，庞晓辉. 演讲与口才[M]. 北京：北京师范大学出版社，2011.

[15] 刘川. 实用口才经典训练教程[M]. 北京：中国时代经济出版社，2011.

[16] 宇琦. 领导干部每天一堂口才课[M]. 北京：中国华侨出版社，2011.